WITTGENSTEIN · ZETTEL

LUDWIG WITTGENSTEIN

ZETTEL

Herausgegeben

von

G.E.M. ANSCOMBE

und

G.H. von WRIGHT

UNIVERSITY OF CALIFORNIA PRESS

Berkeley and Los Angeles

LUDWIG WITTGENSTEIN

ZETTEL

Edited by
G.E.M. ANSCOMBE
and G.H. von WRIGHT
Translated by
G.E.M. ANSCOMBE

UNIVERSITY OF CALIFORNIA PRESS
Berkeley and Los Angeles

University of California Press
Berkeley and Los Angeles, California
Copyright © 1967 Basil Blackwell

ISBN 13: 978-0-520-25244-8
Library of Congress Catalog Card Number: 67-17113

Second California Paperback Printing, 2007
First California Paperback Printing, 1967

Printed in the United States of America

14 13 12 11 10 09 08 07
8 7 6 5 4 3 2 1

The paper used in this publication meets the minimum
requirements of ANSI/NISO Z39.48-1992
(R 1997) (*Permanence of Paper*).

EDITORS' PREFACE

WE publish here a collection of fragments made by Wittgenstein himself and left by him in a box-file. They were for the most part cut from extensive typescripts of his, other copies of which still exist. Some few were cut from typescripts which we have not been able to trace and which it is likely that he destroyed but for the bits that he put in the box. Others again were in manuscript, apparently written to add to the remarks on a particular matter preserved in the box.

The earliest time of composition of any of these fragments was, so far as we can judge, 1929. The date at which the latest datable fragment was written was August 1948. By far the greatest number came from typescripts which were dictated from 1945–1948.

Often fragments on the same topic were clipped together; but there were also a large number lying loose in the box. Some years ago Peter Geach made an arrangement of this material, keeping together what were in single bundles, and otherwise fitting the pieces as well as he could according to subject matter. This arrangement we have retained with a very few alterations. We hereby express our indebtedness to him for the work that he did, which was laborious and exacting. Though the arrangement is not the kind of arrangement that Wittgenstein made of his 'remarks', we found that it made a very instructive and readable compilation.

We were naturally at first rather puzzled to account for this box. Were its contents an accidental collection of left-overs? Was it a receptacle for random deposits of casual scraps of writing? Should the large works which were some of its sources be published and it be left on one side? One of these works was one of two total rearrangements of *Investigations* and other material; another was an extremely long and repetitive early typescript presenting great editorial problems. Another—though there are only a few cuttings from this source—has already been published under the title *Philosophische Bemerkungen*.

After most of the typed fragments had been traced to their sources, comparison of them with their original forms, together with certain physical features, shewed clearly that Wittgenstein did not merely keep these fragments, but worked on them, altered and polished them in their cut-up condition. This suggested that the addition of separate MS pieces to the box was calculated; the whole collection had a quite different character from the various bundles of more or less 'stray' bits of writing which were also among his Nachlass.

We therefore came to the conclusion that this box contained remarks which Wittgenstein regarded as particularly useful and intended to weave into finished work if places for them should appear. Now we know that his method of composition was in part to make an arrangement of such short, almost independent pieces as, in the enormous quantity that he wrote, he was fairly satisfied with.

Not every one of these remarks is quite of this kind; very occasionally the cutting was grammatically incomplete, so that it looked as if it were preserved only for the sake of the idea or expression to be seen on it. Here we have supplied the missing words from the original typescript where we could; once we had to supply the last few words ourselves. Very rarely, there is a pronoun or the like demanding a previous reference to explain it; once we supplied the preceding remark from the original typescript; once or twice we have put in appropriate words. Square brackets are the editors'; e.g. when Wittgenstein wrote a mere note on his text in the margin we have printed it, prefaced by the words 'Marginal note', between square brackets. Elsewhere words between square brackets have been supplied by us.

G. E. M. ANSCOMBE
G. H. VON WRIGHT

TRANSLATOR'S NOTE

I AM indebted for the avoidance of many errors in the translation and for various helpful suggestions to Dr. L. Labowsky, Professor G. H. von Wright, Mr. R. Rhees and Professor P. T. Geach. Only I am to blame for any errors that remain.

G. E. M. A.

1. W. James: der Gedanke sei schon am Anfang des Satzes fertig. Wie kann man das wissen?—Aber die *Absicht*, ihn auszusprechen, kann schon bestehen, ehe das erste Wort gesagt ist. Denn fragt man Einen "weißt du, was du sagen willst?", so wird er es oft bejahen.

2. Ich sage Einem "ich werde dir jetzt das Thema : . . . vorpfeifen", ich habe die Absicht, es zu pfeifen, und ich weiß schon, was ich pfeifen werde.
   Ich habe die Absicht, dieses Thema zu pfeifen: habe ich es damit in irgendeinem Sinne etwa in Gedanken schon gepfiffen?

3. "Ich *sage* das nicht nur, ich meine etwas damit."—Soll man darauf fragen "Was?"——Dann kommt wieder ein Satz zur Antwort.—Oder kann man nicht so fragen, da der Satz etwa sagte "Ich *sage* das nicht nur, sondern es bewegt mich auch."

4. (Eine der irreführendsten Redeweisen ist die Frage "Was meine ich damit?"—Man könnte in den meisten Fällen darauf antworten "Gar nichts—ich *sage* . . . .".)

5. Kann ich denn nicht mit Worten meinen, was ich will?—— Schau auf die Tür deines Zimmers, sage dabei eine Reihe beliebiger Laute, und meine damit eine Beschreibung dieser Tür!

6. "Sag 'a b c d' und meine damit: Das Wetter ist schön."—Soll ich also sagen, daß das Aussprechen eines Satzes einer uns geläufigen Sprache ein ganz anderes Erlebnis ist, als das Aussprechen von Lauten, die uns nicht als Satz geläufig sind? Wenn ich also die Sprache erlernte, in welcher *"abcd"* jenen Sinn haben,— würde ich nach und nach das uns bekannte Erlebnis beim Aussprechen dieser Buchstaben kriegen? Ja und nein.—Eine Hauptverschiedenheit der beiden Fälle liegt darin, daß ich mich im ersten *nicht bewegen kann*. Es ist da, als wäre eines meiner Gelenke in Schienen und ich noch nicht an sie gewöhnt und hätte die möglichen Bewegungen noch nicht inne, stieße also sozusagen in einemfort an.

7. Wenn ich zwei Freunde gleichen Namens habe, und ich schreibe einem von ihnen einen Brief; worin liegt es, daß ich ihn nicht dem andern schreibe? Am Inhalt? Aber der könnte für beide passen. (Die Adresse habe ich noch nicht geschrieben.) Nun, die Verbindung kann in der Vorgeschichte liegen. Dann aber auch in dem, was dem Schreiben *folgt*. Wenn mich nun jemand fragt

1. William James: The thought is already complete at the beginning of the sentence. How can one know that?—But the *intention* of uttering the thought may already exist before the first word has been said. For if you ask someone: "Do you know what you mean to say?" he will often say yes.

2. I tell someone: "I'm going to whistle you the theme . . .", it is my intention to whistle it, and I already know what I am going to whistle.

It is my intention to whistle this theme: have I then already, in some sense, whistled it in thought?

3. "I'm not just *saying* this, I mean something by it."—Should one thereupon ask "What?"——Then one gets another sentence in reply. Or perhaps one cannot ask that, as the sentence meant, e.g. "I'm not just *saying* this, it moves me too".

4. (The question "What do I mean by that?" is one of the most misleading of expressions. In most cases one might answer: "Nothing at all—I *say* . . .".)

5. Can I then not use words to mean what I like?——Look at the door of your room, utter a sequence of random sounds and mean by them a description of that door.

6. "Say 'a b c d' and mean: the weather is fine."—Should I say, then, that the utterance of a sentence in a familiar language is a quite different experience from the utterance of sounds which are not familiar to us as a sentence? So if I learnt the language in which "*abcd*" meant that—should I come bit by bit to have the familiar experience when I pronounced the letters? Yes and no.—A major difference between the two cases is that in the first one I *can't move*. It is as if one of my joints were in splints, and I not yet familiar with the possible movements, so that I as it were keep on stumbling.

7. If I have two friends with the same name and am writing one of them a letter, what does the fact that I am not writing it to the other consist in? In the content? But that might fit either. (I haven't yet written the address.) Well, the connexion might be in the antecedents. But in that case it may also be in what *follows* the writing. If someone asks me "Which of the two are you

"An welchen der beiden schreibst du?" und ich antworte ihm, schließe ich die Antwort aus der Vorgeschichte? Gebe ich sie nicht beinahe, wie ich sage "Ich habe Zahnschmerzen"?—Könnte ich im Zweifel darüber sein, welchem von beiden ich schreibe? Und wie sieht so ein Zweifelsfall aus?—Ja, wäre nicht auch der Fall einer Täuschung möglich: ich glaube dem Einen zu schreiben und schreibe dem Andern? Und wie sähe der Fall einer solchen Täuschung aus?

8. (Man sagt manchmal: "Was wollte ich nur in dieser Lade suchen?—Ach ja, die Photographie!" Und wenn uns dies einfällt, erinnern wir uns wieder an den Zusammenhang unsrer Handlung mit dem, was vorherging. Es könnte aber auch den Fall geben: Ich öffne die Lade und krame in ihr; endlich komme ich gleichsam zur Besinnung und frage mich "Warum suche ich in dieser Lade herum?" Und dann kommt die Antwort "Ich will die Photographie des .... sehen". "Ich *will*", nicht "Ich *wollte*". Das Öffnen der Lade etc. geschah sozusagen automatisch und erhielt *nachträglich* eine Interpretation.)

9. "Ich wollte mit dieser Bemerkung *ihn* treffen." Wenn ich das höre, so kann ich mir dazu eine Situation und ihre Geschichte vorstellen. Ich könnte sie auf dem Theater darstellen, mich in den Seelenzustand versetzen, in dem ich 'ihn treffen' will.— Aber wie ist dieser Seelenzustand zu beschreiben? also zu identifizieren?—Ich denke mich in die Situation hinein, nehme eine gewisse Miene und Stimme an etc.. Was verbindet meine Worte mit ihm? Die Situation und meine Gedanken. Und meine Gedanken nicht anders als Worte, die ich ausspreche.

10. Angenommen, ich wollte auf einmal alle Wörter meiner Sprache durch andere ersetzen; wie könnte *ich* wissen, an welcher Stelle eines der neuen Wörter steht? Sind es die Vorstellungen, die die Plätze der Wörter halten?

11. Ich bin geneigt zu sagen: Ich 'zeige' *in verschiedenem Sinne* auf diesen Körper, auf seine Gestalt, auf seine Farbe etc..—Was heißt das?
Was heißt es: Ich 'höre' *in anderem Sinne*: das Klavier, seinen Klang, das Musikstück, den Klavierspieler, seine Geläufigkeit? Ich 'heirate' in einem Sinne eine Frau, in einem andern ihr Geld.

12. Das Meinen stellt man sich hier als eine Art geistiges Zeigen, Hinweisen vor.

writing to?" and I answer him, do I infer the answer from the antecedents? Don't I give it almost as I say "I have toothache"?—Could I be in doubt which of the two I was writing to? And what is a case of such a doubt like?—Indeed, couldn't there also be an illusion of this kind: I believe I am writing to one of them when in fact I am writing to the other? And what would such a case of illusion look like?

8. (One sometimes says: "What was I going to look for in this drawer?—Oh yes, the photograph!" Once this has occurred to us, we recall the connexion between our actions and what was happening before. But the following is also possible: I open the drawer and routle around in it; at last I come to and ask myself "Why am I rummaging in this drawer?" And then the answer comes, "I want to look at the photograph of . . .". "*I want to*", not "*I wanted to*". Opening the drawer, etc. happened so to speak automatically and got interpreted *subsequently*.)

9. "That remark of mine was aimed at *him*." If I hear this I can imagine a situation and a history that fit it. I could present it on the stage, project myself into the state of mind in which I 'aim at him'.—But how is this state of mind to be described, i.e. to be identified?—I think myself into the situation, assume a certain expression and tone, etc.. What connects my words with him? The situation and my thoughts. And my thoughts in just the same way as things I say out loud.

10. Suppose I wanted to replace all the words of my language at once by other ones; how could *I* tell the place where one of the new words belongs? Is it images that keep the places of the words?

11. I am inclined to say: I 'point' *in different senses* to this body, to its shape, to its colour, etc..—What does that mean?

What does it mean to say I 'hear' *in a different sense* the piano, its sound, the piece, the player, his fluency? I 'marry', in one sense a woman, in another her money.

12. Here meaning gets imagined as a kind of mental pointing, indicating.

13. In manchen spiritistischen Handlungen ist es wesentlich, daß man an eine bestimmte Person *denke*. Und wir haben hier den Eindruck, also wäre 'an ihn denken' gleichsam, ihn mit meinen Gedanken aufspießen. Oder es ist, als stäche ich immer wieder mit den Gedanken nach ihm hin. Denn sie schweifen etwa immer wieder ein wenig von ihm ab.

14. "Ich mußte plötzlich an ihn denken." Sein Bild schwebte mir etwa plötzlich vor. Wußte ich, daß es sein, des N. Bild war? Ich sagte es mir nicht. Worin lag es also, daß es das seine war? Vielleicht in dem, was ich später sagte oder tat.

15. Wenn Max sagt "Der Fürst trägt Vatersorge für die Truppen", so meint er Wallenstein.—Angenommen, jemand sagte: Wir wissen nicht, ob er Wallenstein meint; er könne in diesem Satz auch einen andern Fürsten meinen.

16. "Daß du das Klavierspiel meintest, bestand darin, daß du ans Klavierspiel *dachtest*."
"Daß du in diesem Brief diesen Menschen mit dem Wort 'du' meintest, bestand darin, daß du an *ihn* schriebst."
Der Irrtum ist zu sagen, Meinen bestehe in etwas.

17. "Als ich das sagte, wollte ich ihm nur einen Wink geben."— Wie kann ich wissen, daß ich es nur sagte, um ihm einen Wink zu geben? Nun, die Worte "Als ich es sagte etc." beschreiben eine bestimmte uns verständliche Situation. Wie schaut die Situation aus? Um sie zu beschreiben, muß ich einen Zusammenhang beschreiben.

18. Wie tritt *er* in diese Vorgänge ein:
ich stach nach ihm,
ich sprach zu ihm,
ich rief ihn,
ich sprach von ihm,
ich stellte mir ihn vor,
ich achte ihn?

19. Es ist falsch zu sagen: Ich meinte ihn, *indem* ich auf ihn sah. "Meinen" bezeichnet nicht: eine Tätigkeit, die ganz oder teilweise in den 'Äußerungen' des Meinens besteht.

13. In some spiritualistic procedures it is essential to *think* of a particular person. And here we have the impression that 'thinking of him' is as it were nailing him with my thought. Or it is as if I kept on thrusting at him in thought. For the thoughts keep on swerving slightly away from him.

14. "Suddenly I had to think of him." Say a picture of him suddenly floated before me. Did I know that it was a picture of him, N.? I did not tell myself it was. What did its being of him consist in, then? Perhaps what I later said or did.

15. When Max says "The prince has a fatherly concern for the troops", he means Wallenstein.—Suppose someone said: We don't know that he means Wallenstein: he might mean some other prince in this sentence.

16. "Your meaning the piano-playing consisted in your *thinking* of the piano-playing."
   "That you meant that man by the word 'you' in that letter consisted in this, that you were writing to *him*."
   The mistake is to say that there is anything that meaning something consists in.

17. "When I said that, I only wanted to drop a hint."—How can I know that I said it only to drop a hint? Well, the words "When I said it, etc." describe a particular intelligible situation. What is that situation like? In order to describe it, I must describe a context.

18. How does *he* enter into these proceedings:
> I thrust at him,
> I spoke to him,
> I called him,
> I spoke of him
> I imagined him,
> I esteem him?

19. It is wrong to say: I meant him *by* looking at him. "Meaning" does not stand for an activity which wholly or partly consists in the 'utterances' [outward expressions] of meaning.

I-19

20. Es wäre daher dumm, Meinen eine 'geistige Tätigkeit' zu nennen. Weil man damit eine falsche Vorstellung von der Funktion des Wortes begünstigt.

21. Ich sage "Komm her!" und zeige in der Richtung des A. B, der neben ihm steht, macht einen Schritt auf mich zu. Ich sage: "Nein; A soll kommen." Wird man das nun als eine Mitteilung über meine Seelenvorgänge auffassen? Gewiß nicht.—Und könnte man nicht doch daraus Schlüsse auf Vorgänge ziehen, die in mir beim Aussprechen des Befehls "Komm her!" stattgefunden haben?
Aber auf was für Vorgänge? Könnte man nicht mutmaßen, ich habe bei meinem Befehl auf A geschaut; mein Gedankengang habe mich zu ihm geleitet? Aber vielleicht kenne ich den B überhaupt nicht, stehe nur mit A in Verbindung. Dann hätte also, wer meine seelischen Vorgänge mutmaßte, ganz irregehen können, und hätte dennoch verstanden, daß ich den A und nicht den B gemeint habe.

22. Ich zeige mit der Hand und sage "Komm her!". A fragt "Hast du mich gemeint?" Ich sage "Nein; den B."—Was ging da vor, als ich den B meinte (da doch mein Zeigen es zweifelhaft ließ, welchen ich meinte)?—Ich sagte diese Worte, machte diese Handbewegung. Mußte noch mehr vorgehen, daß das Sprachspiel vor sich gehen konnte? Aber wußte ich nicht schon während des Zeigens, wen ich meinte? Wußte? Freilich,—nach den gewöhnlichen Kriterien des Wissens.

23. "Ich wollte in meiner Erklärung auf . . . . lossteuern." Mir schwebte dieses Ziel vor. Ich sah im Geist die Stelle des Buchs, auf die ich hinzielte.
Die Absicht beschreiben, heißt, was vorging, unter einem bestimmten Gesichtspunkte, für einen bestimmten Zweck beschreiben. Ich male ein bestimmtes Porträt der Vorgänge.

24. Statt "Ich habe *ihn* gemeint" kann man auch sagen "Ich habe von *ihm* gesprochen". Und wie macht man das: mit diesen Worten von *ihm* sprechen? Warum klingt es falsch, zu sagen "ich habe von ihm gesprochen, *indem* ich bei diesen Worten auf ihn zeigte"?
"Ihn meinen" heißt etwa: von ihm reden. Nicht: auf ihn zeigen. Und wenn ich *von ihm* rede, besteht freilich eine Verbindung zwischen meiner Rede und ihm, aber diese Verbindung liegt in der Anwendung der Rede, nicht in einem Akt des Zeigens. Das

20.   Hence it would be stupid to call meaning a 'mental activity', because that would encourage a false picture of the function of the word.

21.   I say "Come here" and point towards A. B, who is standing by him, takes a step towards me. I say "No; A is to come". Will that be taken as a communication about my mental state? Certainly not.—Yet couldn't inferences be made from it about processes going on in me when I pronounced the summons "Come here"?

But what kind of processes? Mightn't it be conjectured that I looked at A as I gave the order? That I directed my thoughts towards him? But perhaps I don't know B at all; I am in touch only with A. In that case the man who guessed at my mental processes might have been quite wrong, but all the same would have understood that I meant A and not B.

22.   I point with my hand and say "Come here". A asks "Did you mean me?" I say: "No, B".—What went on when I meant B (since my pointing left it in doubt which I meant)?—I said those words, made that gesture. Must still more have taken place, in order for the language-game to take place? But didn't I already know, while I was pointing, whom I meant? Know? Of course— going by the usual criteria for knowledge.

23.   "What I wanted to get at in my account was . . . .". This was the objective I had before me. In my mind I could see the passage in the book, that I was aiming at.

Describing an intention means describing what went on from a particular point of view, with a particular purpose. I paint a particular portrait of what went on.

24.   Instead of "I meant *him*" one may also say "I was speaking of *him*". And how does one do that, how does one speak of *him* in speaking those words? Why does it sound wrong to say "I spoke of him by pointing to him as I spoke those words"?

"To mean him" means, say, "to talk of him". Not: to point to him. And if I talk *of him*, of course there is a connexion between my talk and him, but this connexion resides in the application of the talk, not in an act of pointing. Pointing is itself only a sign,

Zeigen ist selbst nur ein Zeichen, und es kann im Sprachspiel die Anwendung der Sätze regeln, also, was gemeint ist, anzeigen.

25. Wenn ich sage "Ich habe in diesem Zimmer einen Sessel gesehen", so kann ich mich meistens nur sehr beiläufig an das besondere Gesichtsbild erinnern, und es hat in den meisten Fällen auch gar keine Bedeutung. Der Gebrauch, der von dem Satz gemacht wird, geht an dieser Besonderheit vorbei. Ist es nun so auch, wenn ich sage "Ich habe den N gemeint"? Geht dieser Satz in der gleichen Weise an den Besonderheiten des Vorgangs vorbei?

26. Wenn ich mit einer Bemerkung auf N anspiele, so mag sich dies—wenn bestimmte Umstände gegeben sind--aus meinem Blick, Gesichtsausdruck, etc. ersehen lassen.

Daß du den Ausdruck "auf N anspielen" verstehst, kannst du dadurch zeigen, daß du Beispiele des Anspielens beschreibst. Was wirst du nun alles beschreiben? Vor allem Umstände. Dann was Einer sagt. Etwa auch seinen Blick etc.. Dann, was der Anspielende tun will.

Und teile ich jemand dazu noch meine Gefühle, Vorstellungen etc., während ich diese Bemerkung machte (während dieser Anspielung), mit, so mögen diese das typische Bild des Anspielens (oder *ein* solches Bild) vervollständigen. Aber daraus folgt nicht, daß der Ausdruck "auf N anspielen" bedeute: sich so benehmen, dies fühlen, sich dies vorstellen, etc.. Und hier wird mancher sagen: "Freilich nicht! das haben wir immer schon gesehen. Und es muß sich eben ein roter Faden durch alle diese Erscheinungen ziehen. Er ist mit ihnen sozusagen umsponnen, und daher schwer auffindbar."—Und das ist auch nicht wahr.

Aber es wäre auch falsch zu sagen, "anspielen" bezeichne eine Familie von geistigen und anderen Vorgängen.—Denn man kann zwar fragen "Welches war deine Anspielung auf N?", "Wie hast du den andern zu verstehen gegeben, daß du N meintest?"; aber nicht: "Wie hast du diese Äußerung als Anspielung auf N gemeint?"

"Ich habe in meiner Rede auf ihn angespielt."—"mit welchen Worten?"—"Ich habe auf ihn angespielt, als ich von einem Mann redete, der . . . .".

"Ich habe auf ihn angespielt", heißt ungefähr: Ich *wollte*, daß jemand bei diesen Worten an ihn denken solle. Aber "Ich wollte" ist nicht die Beschreibung eines Seelenzustandes, und "verstehen, daß N gemeint war" ist dies auch nicht.

and in the language-game it may direct the application of the sentence, and so shew what is meant.

25. If I say "I saw a chair in this room", I can mostly recall the particular visual impression only very roughly, nor does it have any importance in most cases. The use that is made of the sentence bypasses this particular feature. Now is it also like that when I say "I meant N"? Does this sentence bypass the particular features of the proceeding in the same way?

26. When I make a remark with an allusion to N., I may let this appear—given particular circumstances—in my glance, my expression, etc.
   You can shew that you understand the expression "to allude to N." by describing examples of alluding. What will you describe? First of all, circumstances. Then what someone says. Perhaps his glance etc. as well. Then what someone making an allusion is trying to do.
   And if I go on to tell someone the feelings, images etc. which I had while I was making that remark (while I was making that allusion), these may fill out the typical picture of an allusion (or *one* such picture). But it doesn't follow that the expression "alluding to N" means: behaving like this, feeling this, imagining this, etc. And here some will say: "Of course not! We knew that all along. A red thread must run through all these phenomena. It is, so to speak, entangled with them and so it is difficult to pick out."—And that is not true either.
   But it would also be wrong to say that "alluding" stands for a family of mental and other processes.—For one can well ask "Which was your allusion to N.?" "How did you give others to understand that you meant N.?"; but not: "How did you mean this utterance as an allusion to N.?".
   "I alluded to him in my talk."—"When you said what?"—"I was alluding to him when I spoke of a man who . . . ."
   "I was alluding to him" means roughly: "I *wanted* someone to think of him at these words. But "I wanted" is not the description of a state of mind. Neither is "understanding that N was meant" such a description.

27.   Wenn die Situation zweideutig ist, ist es dann zweifelhaft, ob ich ihn meine? Bei meiner Aussage, ich habe ihn oder habe ihn nicht gemeint, urteile ich nicht nach der Situation. Und wenn ich nun nicht nach der Situation urteile, wonach urteile ich? Scheinbar nach gar nichts. Denn ich erinnere mich wohl an die Situation, aber *deute* sie. Ich kann z. B. meinen Seitenblick auf ihn *jetzt nachahmen*, aber das Meinen erscheint als eine ganz ungreifbare, feine Atmosphäre des Sprechens und Handelns. (Ein verdächtiges Bild!)

28.   Im Laufe eines Gesprächs will ich auf etwas zeigen; ich habe bereits den Anfang einer Zeigebewegung gemacht; führe sie aber nicht aus. Später sage ich: "Ich wollte damals darauf zeigen. Ich erinnere mich noch deutlich, daß ich schon den Finger aufgehoben hatte." In dem Strom dieser Vorgänge, Gedanken und Empfindungen war dies der Anfang einer Gebärde des Zeigens.

Ja, wenn ich die ganze Gebärde machte und sagte "Er liegt dort drüben", so wäre das kein Zeigen, wenn nicht diese Worte zu einer Sprache gehörten.

29.   "Du hast mit der Hand eine Bewegung gemacht; hast du etwas damit gemeint?—Ich dachte, du meintest, ich solle zu dir kommen."

Also er konnte etwas meinen oder auch nichts meinen. Und wenn das erstere: dann eben seine Handbewegung,—oder etwas Anderes? Hat er mit seinem Ausdruck etwas Anderes als diesen gemeint, oder hat er nur seinen Ausdruck—*gemeint*?

30.   Könnte man auch antworten: "Ich habe etwas mit dieser Bewegung gemeint, was ich nur durch diese Bewegung ausdrücken kann"? (Musik, musikalischer Gedanke.)

31.   "Freilich dachte ich an ihn: ich habe ihn vor mir gesehen!"
—Aber nicht nach seinem Bilde *erkannt*.

32.   Stelle dir einen deiner Bekannten vor!——Nun sage, wer es war!—Manchmal kommt das Bild zuerst und der Name danach. Aber errate ich den Namen nach der Ähnlichkeit des Bildes?—Und wenn nun der Name dem Bild erst nachfolgt,— war die Vorstellung jenes Menschen schon mit dem Bild da, oder war sie erst mit dem Namen vollständig? Ich habe ja auf den Namen nicht aus dem Bild geschlossen; und eben darum kann ich sagen, die Vorstellung von ihm sei schon mit dem Bild gekommen.

27. When the situation is ambiguous, is it doubtful whether I mean him? When I say that I did or did not mean him, I don't go by the situation. And if not by the situation, what do I go by? Apparently not by anything at all. For I do remember the situation, but I *interpret* it. I may, e.g., *now imitate* my sidelong glance at him; but *meaning* him appears as a quite impalpable fine atmosphere of the speaking and acting. (A fishy picture!)

28. In the course of a conversation I want to point at something; I have already begun a pointing movement, but I don't complete it. Later on I say "I was going to point to it then. I still remember quite clearly that I was already raising my finger." In the current of those events, thoughts, and experiences, that was the beginning of a pointing gesture.

And if I completed the gesture and said: "He is lying over there", this would not be a case of pointing unless these words belonged to a language.

29. "You moved your hand—did you mean anything by the movement?—I thought you meant me to come to you."

So he may have meant something or nothing. And if the former, then was it the movement that he meant—or something else? When he used an expression, did he mean something other than the expression or did he simply *mean* the expression?

30. Could one also reply: "I meant something by this movement, which I can only express by this movement"? (Music, musical thought.)

31. "Of course I was thinking of him: I saw him in my mind's eye!"—But I did not *recognize* him by his appearance.

32. Imagine someone you know.——Now say who it was.— Sometimes the picture comes first and the name afterwards. But do I guess the name by the picture's likeness to the man?—And if the name only comes after the picture—was the idea of that man there as soon as the picture was, or was it only complete when I had the name? I did not infer the name from the picture; and just for that reason I can say that the idea of him was already there once the picture was there.

33. Es ist, wie wenn man eine *Tendenz*, eine Bereitschaft erlebte (James). Und warum soll ich es nicht so nennen? (Und manche würden auch, was da geschieht, durch Innervationen von Muskeln, Ansätze zu Bewegungen oder gar Vorstellungen von ihnen erklären.) Nur mußt du das Erlebnis einer Tendenz nicht unter dem Bild eines nicht ganz fertigen Erlebnisses ansehen.

Es scheint uns oft, als mache der Geist beim Verstehen der Bedeutung kleine rudimentäre Bewegungen, wie ein Unschlüssiger, der nicht weiß, welchen Weg er gehen soll—gehe also das Gebiet der möglichen Anwendungen ab.

34. Denke dir Menschen, die von Kind auf mit großer Schnelligkeit kritzeln, während sie reden: was sie reden, gleichsam illustrieren.

Muß ich annehmen, daß, wer aus der Vorstellung oder Erinnerung etwas zeichnet oder beschreibt oder nachahmt, seine Darstellung von irgend etwas *abliest*?!—Was spricht dafür?

35. Gedanken erraten. Spielkarten liegen auf einem Tisch. Ich will, daß der Andre eine von ihnen berühren soll. Ich schließe die Augen und denke an eine dieser Karten; der Andre soll erraten, welche ich meine.—Er läßt sich darauf etwa eine Karte einfallen und wünscht dabei, meine Meinung zu treffen. Er berührt die Karte, und ich sage "Ja, die war's", oder sie war's nicht. Eine Variante dieses Spiels wäre es, daß ich auf eine bestimmte Karte *schaue*, so zwar, daß der Andre die Richtung meines Blicks nicht sieht, und daß er nun die Karte erraten muß, auf die ich schaue. Daß dies eine Variante des ersten Spiels ist, ist wichtig. Es kann hier wichtig sein, *wie* ich an die Karte denke, weil *es* sich zeigen könnte, daß davon die Zuverlässigkeit des Erratens abhängt. Sage ich aber im gewöhnlichen Leben "Ich dachte soeben an N", so fragt man mich nicht "*Wie* hast du an ihn gedacht?".

36. Man möchte fragen: "Hätte einer, der in dein Inneres zu sehen imstande wäre, dort sehen können, daß du *das* sagen *wolltest*?"

Angenommen, ich hätte mir meinen Vorsatz auf einem Zettel notiert, so hätte ein Andrer meinen Vorsatz dort lesen können. Und kann ich mir denken, daß er ihn auf irgend einem Wege hätte *sicherer* erfahren können, als so? Gewiß nicht.

37. (Über einem Musikstück steht, vom Komponisten darübergeschrieben, ♩ = 88, aber um es heute richtig zu spielen, muß es ♩ = 94 gespielt werden: welches ist *das vom Komponisten gemeinte Tempo*?)

33. It is as if one experienced a *tendency*, a readiness (James). And why shouldn't I call it that? (And some would explain what happens here by innervations of muscles, dispositions to move, or even images of movement.) Only there is no need to see the experience of a tendency as a not quite complete experience.

It often strikes us as if in grasping meaning the mind made small rudimentary movements, like someone irresolute who does not know which way to go—i.e. it tentatively reviews the field of possible applications.

34. Imagine humans who from childhood up scribble very fast as they talk: as it were illustrating what they say.

Must I assume that if someone draws or describes or imitates something from memory, he *reads off* his representation from something or other?!—What supports this?

35. Guessing thoughts. There are playing-cards on the table. I want the other man to touch one. I shut my eyes and think of one of the cards; the other is supposed to guess which I mean.— He makes himself think of a card, and at the same time wills to hit on the one I mean. He touches the card and I say "Yes, that was it"; or else it wasn't. A variant of this game would be for me to *look* at a particular card, but so that the other can't see the direction of my gaze; he has to guess the card I am looking at. It is important that this is a variant of the other game. Here it may be important *how* I think of the card, because *it* might turn out that the reliability of the guessing depended on that. But if I say in ordinary life: "I thought of so-and-so" I am not asked "*How* did you think of him?"

36. One would like to ask: "Would someone who could look into your mind have been able to see that you *meant* to say *that*?"

Suppose I had written my intention down on a slip of paper, then someone else could have read it there. And can I imagine that he might in some way have found it out *more surely* than that? Certainly not.

37. (At the beginning of a piece of music it says ♩ = 88, written there by the composer. But in order to play it right nowadays it must be played ♩ = 94: which is *the tempo intended by the composer*?)

38. Unterbrich einen Menschen im gänzlich unvorbereiteten und
fließenden Reden. Dann frag ihn, was er sagen wollte; und er
wird in vielen Fällen den angefangenen Satz fortführen können.—
"Dazu mußte ihm schon vorgeschwebt haben, was er sagen
wollte."—Ist nicht vielleicht jenes Phänomen der Grund, warum
wir sagen, die Fortsetzung hätte ihm vorgeschwebt?

39. Ist es aber nicht sonderbar, daß es so eine Reaktion, so ein
Geständnis der Intention gibt? Ist es nicht ein höchst merkwürdiges Sprachinstrument? Was ist eigentlich merkwürdig
daran? Nun,—es ist schwer vorstellbar, wie der Mensch diesen
Wortgebrauch lernt. Er ist gar so subtil.

40. Aber ist er wirklich subtiler, als der der Worte "Ich habe
mir ihn vorgestellt" z. B.? Ja, merkwürdig, sonderbar ist jede
solche Sprachverwendung, wenn man nur auf die Betrachtung der
Beschreibungen physikalischer Gegenstände eingestellt ist.

41. Sage ich "Ich wollte damals das und das tun", und beruht
diese Aussage auf den Gedanken, Vorstellungen, etc., an die
ich mich erinnere, so muß ein Andrer, dem ich nur diese Gedanken, Vorstellungen etc. mitteile, daraus mit ebensolcher Sicherheit schließen können, ich hätte damals das und das tun wollen.—
Er könnte das aber oft nicht. Ja, schlösse ich selbst nun aus
dieser Evidenz auf meine Absicht, so würde der Andre mit
Recht sagen, dieser Schluß sei sehr unsicher.

42. Und wie lernt [das Kind] den Ausdruck gebrauchen "Ich
war damals im Begriffe zu werfen"? Und wie weiß man, daß es
damals wirklich in jenem Seelenzustand war, den *ich* "im Begriffe
sein . . ." nenne?

43. Wie nun, wenn ein Mensch den Ausdruck "Ich war damals
im Begriffe . . . .", oder "Ich wollte damals . . . ." nie gebrauchte
und seinen Gebrauch nicht erlernen könnte? Der Mensch kann
doch viel denken, ohne *das* zu denken. Er kann ein großes Gebiet
der Sprachspiele beherrschen, ohne dieses zu beherrschen.
   Ist es aber dann nicht sonderbar, daß wir in dieser Art defekten
Menschen nicht begegnen, bei aller der Verschiedenheit der
Menschen? Oder finden sich eben diese Leute unter den
Geistesschwachen, und es wird nur nicht genügend beobachtet,
welcher Sprachverwendungen solche fähig sind und welcher
nicht?

38. Interrupt a man in quite unpremeditated and fluent talk. Then ask him what he was going to say; and in many cases he will be able to continue the sentence he had begun.—"For that, what he was going to say must already have swum into view before his mind."— Is not that phenomenon perhaps the ground of our saying that the continuation had swum into his mental view?

39. But is it not peculiar that there is such a thing as this reaction, this confession of intention? Is it not an extremely remarkable instrument of language? What is really remarkable about it? Well—it is difficult to imagine how a human being learns this use of words. It is so very subtle.

40. But is it really subtler than that of the phrase "I imagined him", for example? Yes, every such use of language is remarkable, peculiar, if one is adjusted only to consider the description of physical objects.

41. If I say "I was then going to do such-and-such", and if this statement is based on the thoughts, images etc. which I remember, then someone else to whom I tell only these thoughts, images etc. ought to be able to infer with as great certainty as mine that I was then going to do such-and-such.—But often he could not do so. Indeed, were I myself to infer my intention from the evidence, other people would be right to say that this conclusion was very uncertain.

42. And how does [a child] learn to use the expression "I was just on the point of throwing then"? And how do we tell that he was then really in that state of mind then which I call "being on the point of"?

43. Suppose a human being never learnt the expression "I was on the point of" or "I was just going to . . ." and could not learn their use? A man can after all think a good deal without thinking *that*. He can master a great field of language-games without mastering this one.
    But isn't it odd that among all the diversity of mankind we do not encounter defective humans of this sort? Or are such people just to be found among the feeble-minded, only it is not closely enough observed which uses of language such people are capable of and which not?

44. "Ich hatte die Absicht . . . ." drückt nicht die Erinnerung an ein Erlebnis aus. (So wenig wie: "Ich war im Begriffe, ...")

45. Absicht (Intention) ist weder Gemütsbewegung, Stimmung, noch Empfindung oder Vorstellung. Sie ist kein Bewußtseinszustand. Sie hat nicht echte Dauer.

46. "Ich habe die Absicht, morgen zu verreisen."—Wann hast du die Absicht? Die ganze Zeit; oder intermittierend?

47. Schau in die Lade, in der du sie zu finden glaubst. Die Lade ist leer.—Ich glaube, du hast sie unter den Empfindungen gesucht.
    Überlege, was das eigentlich heißen würde "eine Absicht intermittierend haben". Es hieße etwa: die Absicht haben, sie fallen lassen, sie wieder aufnehmen u. s. f..

48. Unter was für Umständen sagt man "Diese Vorrichtung ist eine Bremse, funktioniert aber nicht"? Das heißt doch: sie erfüllt ihren Zweck nicht. Worin liegt es, daß sie diesen Zweck hat? Man könnte auch sagen: "Es war die *Absicht*, daß dies als Bremse wirken sollte." Wessen Absicht? Hier entschwindet uns die Absicht als Zustand der Seele gänzlich.
    Könnte man sich nicht auch das denken, daß mehrere Leute eine Absicht hätten, ausführten, ohne daß einer von ihnen sie hat? So kann eine Regierung eine Absicht haben, die kein *Mensch* hat.

49. Es könnte ein Verbum geben, welches bedeutet: die Absicht durch Worte oder andere Zeichen laut oder in Gedanken aussprechen. Dies Zeitwort wäre nicht gleichbedeutend unserem "beabsichtigen".
    Es könnte ein Verbum geben, welches bedeutet: einer Absicht gemäß handeln; und dieses wäre auch nicht gleichbedeutend unserem "beabsichtigen".
    Wieder ein Anderes könnte bedeuten: über eine Absicht brüten; oder sie im Kopfe hin und her wälzen.

50. Man kann einen im Denken stören,—aber im Beabsichtigen?——Im Planen wohl. Auch im Festhalten einer Absicht, nämlich im Denken oder Handeln.

44. "I had the intention of . . . " does not express the memory of an experience. (Any more than "I was on the point of . . . ".)

45. Intention is neither an emotion, a mood, nor yet a sensation or image. It is not a state of consciousness. It does not have genuine duration.

46. "I have the intention of going away tomorrow."—When have you that intention? The whole time; or intermittently?

47. Look in the drawer where you think you'll find it. The drawer is empty.—I believe you were looking for it among the sensations.
   Consider what it would really mean "to have an intention intermittently". It would mean: to have the intention, to abandon it, to resume it, and so on.

48. In what circumstances does one say "This appliance is a brake, but it doesn't work"? That surely means: it does not fulfil its purpose. What is it for it to have this purpose? It might also be said: "It was the *intention* that this should work as a brake." Whose intention? Here intention as a state of mind entirely disappears from view.
   Might it not even be imagined that several people had carried out an intention without any one of them having it? In this way a government may have an intention that no *man* has.

49. There might be a verb which meant: to formulate an intention in words or other signs, out loud or in one's thoughts. This word would not mean the same as our "intend".
   There might be a verb which meant: to act according to an intention; and neither would this word mean the same as our "intend".
   Yet another might mean: to brood over an intention; or to turn it over and over in one's head.

50. One may disturb someone in thinking—but in intending?——Certainly in planning. Also in keeping to an intention, that is in thinking or acting.

51. Anwendung des Imperativs. Vergleiche die Befehle:
        Heb den Arm!
        Stell dir . . . . . vor!
        Rechne . . . . . im Kopf!
        Überlege dir . . . . . !
        Konzentrier deine Aufmerksamkeit auf . . . . . !
        Sieh diese Figur als Würfel an!
mit diesen:
        Beabsichtige . . . . . !
        Meine mit diesen Worten . . . . . !
        Vermute, daß es sich so verhält!
        Glaube, daß es so ist!
        Sei der festen Überzeugung . . . . . !
        Erinnere dich daran, daß dies geschehen ist!
        Zweifle daran, ob es geschehen ist!
        Hoffe auf seine Wiederkehr!
Ist *das* der Unterschied, daß die ersten willkürliche, die zweiten
unwillkürliche Bewegungen des Geistes sind? Eher kann ich
sagen, die Verben der zweiten Gruppe bezeichnen keine Handlungen. (Vergleiche damit den Befehl: "Lache herzlich über
diesen Witz!")

52. Kann man jemandem befehlen, einen Satz zu verstehen?
Warum kann man einem nicht befehlen: "Versteh das!"? Könnte
ich nicht den Befehl "Versteh diesen griechischen Satz!" dadurch
befolgen, daß ich Griechisch lernte?——Ähnlich: Man kann
sagen "Rufe dir Schmerzen hervor!", aber nicht "Habe Schmerzen!" Man sagt: "Versetz dich in diesen Zustand!" aber nicht:
"Sei in diesem Zustand!"

53. Ich erwarte jeden Augenblick eine Explosion. Ich bin nicht
imstande, einer andern Sache meine volle Aufmerksamkeit zu
schenken; schaue in ein Buch, aber ohne zu lesen. Auf die Frage,
warum ich zerstreut oder nervös scheine, sage ich, ich erwarte
jeden Augenblick die Explosion.—Wie war es nun: Beschrieb
dieser Satz eben jenes Verhalten? Aber wie unterscheidet sich
dann der Vorgang des Erwartens der Explosion vom Vorgang
des Erwartens eines ganz andern Ereignisses, z. B. eines bestimmten Signals? Und wie unterscheidet sich die Erwartung *eines*
Signals von der Erwartung eines um weniges verschiedenen
Signals?. Oder war meine Handlungsweise nur Nebenerscheinung
der eigentlichen Erwartung, und diese ein besonderer geistiger
Vorgang? Und war dieser Vorgang homogen oder gegliedert

51. Application of the imperative. Compare these orders:

    Raise your arm.
    Imagine . . .
    Work . . . out in your head
    Consider . . .
    Concentrate your attention on . . .
    See this figure as a cube

with these:

    Intend . . .
    Mean . . . by these words
    Suspect that this is the case
    Believe that it is so
    Be of the firm conviction . . .
    Remember that this happened
    Doubt whether it has happened
    Hope for his return.

Is *this* the difference, that the first are voluntary, the second involuntary mental movements? I may rather say that the verbs of the second group do not stand for actions. (Compare with this the order: "Laugh heartily at this joke.")

52. Can one order someone to understand a sentence? Why can't one tell someone: "Understand that!" Couldn't I obey the order "Understand this Greek sentence" by learning Greek?—— Similarly: one can say "Produce pain in yourself", but not "Have pain". One says "Bring yourself into this condition" but not "Be in this condition".

53. I expect an explosion any moment. I can't give my full attention to anything else; I look in a book, but without reading. Asked why I seem distracted or tense, I say I am expecting the explosion any moment.—Now how was it: did this sentence describe that behaviour? But then how is the process of expecting the explosion distinguished from the process of expecting some quite different event, e.g. a particular signal? And how is the expectation of *one* signal distinguished from the expectation of a slightly different one? Or was my behaviour only a side-effect of the real expectation, and was that a special mental process? And was this process homogeneous or articulated like a sentence (with an *internal* beginning and end)?—But how does

wie ein Satz (mit *internem* Anfang und Ende)?—Wie weiß aber der, in dem er vorgeht, welches Ereignisses Erwartung der Vorgang ist? Er scheint nämlich nicht darüber im Ungewissen. Es ist nicht, als konstatierte er einen seelischen oder andern Zustand und machte eine Vermutung über dessen Ursache. Er mag wohl sagen "Ich weiß nicht, ist es nur diese Erwartung, die mich heute so unruhig macht"; aber er wird nicht sagen: "Ich weiß nicht, ist dieser Seelenzustand, in dem ich jetzt bin, die Erwartung einer Explosion, oder von etwas Anderm."

Die Aussage "Ich erwarte jeden Moment einen Knall" ist eine *Äußerung* der Erwartung. Diese Wortreaktion ist der Ausschlag des Zeigers, der den Gegenstand der Erwartung anzeigt.

54. Es scheint: die Erwartung und die Tatsache, die die Erwartung befriedigt, passen doch irgendwie zusammen. Man möge nun eine Erwartung beschreiben und eine Tatsache, die zusammenpassen, damit man sieht, worin diese Übereinstimmung besteht. Da denkt man sofort an das Passen einer Vollform in eine entsprechende Hohlform. Aber wenn man diese beiden beschreiben will, so sieht man, daß, soweit sie passen, *eine* Beschreibung für beide gilt. (Vergleiche dagegen, was es heißt "Diese Hose paßt nicht zu diesem Rock".)

55. Wie alles Metaphysische ist die Harmonie zwischen Gedanken und Wirklichkeit in der Grammatik der Sprache aufzufinden.

56. Mein Gedanke ist hier: Wenn Einer die Erwartung selbst sehen könnte—er müßte sehen, *was* erwartet wird. (So aber, daß es nicht noch einer Projektionsmethode, Vergleichsmethode bedürfte, um von dem, was er sieht, zu der Tatsache zu kommen, die erwartet wird.)

Aber so ist es ja auch: Wer den Ausdruck der Erwartung sieht, sieht, 'was erwartet wird'.

57. Der Gedanke, daß uns erst das Finden zeigt, was wir gesucht, erst die Erfüllung des Wunsches, was wir gewünscht haben, heißt, den Vorgang so beurteilen, wie die Symptome der Erwartung oder des Suchens bei einem Andern. Ich sehe ihn unruhig in seinem Zimmer auf und ab gehen; da kommt jemand zur Tür herein, und er wird ruhig und gibt Zeichen der Befriedigung. Und nun sage ich "Er hat offenbar diesen Menschen erwartet".

the person in whom it goes on know which event the process is the expectation of? For he does not seem to be in uncertainty about it. It is not as if he observed a mental or other condition and formed a conjecture about its cause. He may well say: "I don't know whether it is only this expectation that makes me so uneasy today"; but he will not say: "I don't know whether this state of mind, in which I now am, is the expectation of an explosion or of something else."

The statement "I am expecting a bang at any moment" is an *expression* of expectation. This verbal reaction is the movement of the pointer, which shows the object of expectation.

54. It seems as if the expectation and the fact satisfying the expectation fitted together somehow. Now one would like to describe an expectation and a fact which fit together, so as to see what this agreement consists in. Here one thinks at once of the fitting of a solid into a corresponding hollow. But when one wants to describe these two one sees that, to the extent that they fit, a *single* description holds for both. (On the other hand compare the meaning of: "These trousers don't go with this jacket".)

55. Like everything metaphysical the harmony between thought and reality is to be found in the grammar of the language.

56. Here my thought is: If someone could see the expectation itself—he would have to see *what* is being expected. (But in such a way that it doesn't further require a method of projection, a method of comparison, in order to pass from what he sees to the fact that is expected.)

But that's how it is: if you see the expression of expectation you see 'what is expected'.

57. The idea that it takes finding to show what we were looking for, and fulfilment of a wish to show what we wanted, means one is judging the process like the symptoms of expectation or search in someone else. I see him uneasily pacing up and down his room; then someone comes in at the door and he relaxes and gives signs of satisfaction. And I say "Obviously he was expecting this person".

58. Wir sagen, der Ausdruck der Erwartung 'beschreibe' die erwartete Tatsache und denken an sie, wie an einen Gegenstand oder Komplex, der als Erfüllung der Erwartung in die Erscheinung tritt.—Aber der Erwartete ist nicht die Erfüllung, sondern: daß er kommt.

Der Fehler ist tief in unserer Sprache verankert: Wir sagen "ich erwarte ihn" und "ich erwarte sein Kommen" und "ich erwarte, daß er kommt".

59. Es ist uns schwer, von dem Vergleich loszukommen: Der Mensch tritt ein—das Ereignis tritt ein. Als wäre das Ereignis schon vorgebildet vor der Tür der Wirklichkeit und würde nun in diese (wie in ein Zimmer) eintreten.

60. Die Realität ist keine Eigenschaft, die dem Erwarteten noch fehlt, und die nun hinzutritt, wenn die Erwartung eintritt.—Die Realität ist auch nicht wie das Tageslicht, das den Dingen erst Farbe gibt, wenn sie im Dunkeln schon gleichsam farblos vorhanden sind.

61. Man kann vom Träger eines Namens sagen, daß er nicht existiert; und das ist natürlich keine Tätigkeit, obwohl man es mit einer vergleichen könnte und sagen: er müsse doch dabei sein, wenn er nicht existiert. (Und das ist von einem Philosophen bestimmt schon einmal geschrieben worden.)

62. Das schattenhafte Antizipieren der Tatsache besteht darin, daß wir jetzt denken können, daß *das* eintreffen wird, was erst eintreffen *wird*. Oder, wie es irreführenderweise heißt: daß wir jetzt *das* (oder an das) denken können, was erst eintreffen *wird*.

63. Mancher wird vielleicht sagen wollen "Die Erwartung ist ein Gedanke." Das entspricht offenbar einem Gebrauch des Wortes "erwarten". Und wir wollen uns nur erinnern, daß der Vorgang des Gedankens *sehr verschiedenerlei* sein kann.

64. Ich pfeife, und jemand fragt mich, warum ich guter Dinge bin. Ich antworte, "Ich hoffe, N wird heute kommen."—Aber während ich pfiff, dachte ich nicht an ihn. Und doch wäre es falsch zu sagen: ich hätte aufgehört zu hoffen, als ich zu pfeifen anfing.

58. We say that the expression of expectation describes the expected fact and think of this as of an object or complex which makes its appearance as fulfilment of the expectation. —But the fulfilment is not the man who is expected, but rather: that he come.

The mistake is deeply rooted in our language: we say "I expect him" and "I expect his arrival", and "I expect he is coming".

59. It is difficult for us to shake off this comparison: a man makes his appearance—an event makes its appearance. As if an event even now stood in readiness before the door of reality and were then to make its appearance in reality—like coming into a room.

60. Reality is not a property still missing in what is expected and which accedes to it when one's expectation comes about.— Nor is reality like the daylight that things need to acquire colour, when they are already there, as it were colourless, in the dark.

61. One may say of the bearer of a name that he does not exist; and of course that is not an activity, although one may compare it with one and say: he must be there all the same, if he does not exist. (And this has certainly already been written some time by a philosopher.)

62. The shadowy anticipation of a fact consists in this: something is only *going* to happen, but we can think that *it* is going to happen. Or; as it misleadingly goes: we can now think *what* (or of what) is only *going* to happen.

63. Some will perhaps want to say "An expectation is a thought". And we need to remember that the process of thinking may be *very various*.

64. I whistle and someone asks me why I am so cheerful. I reply "I'm hoping N. will come today".—But while I whistled I wasn't thinking of him. All the same, it would be wrong to say: I stopped hoping when I began to whistle.

65. Wenn ich sage "Ich erwarte . . . . ."—ist das die Feststellung: die Situation, meine Handlungen, Gedanken etc. seien die des Erwartens dieses Ereignisses; oder gehören die Worte "Ich erwarte . . . . ." zum Vorgang des Erwartens?

Unter gewissen Umständen werden diese Worte heißen (ersetzt werden können durch) "Ich glaube, das und das wird eintreten". Manchmal auch: "Mach dich darauf gefaßt, daß . . . . ."

66. Die psychologischen—trivialen—Erörterungen über Erwartung, Assoziation u.s.w., lassen immer das eigentlich Merkwürdige aus, und man merkt ihnen an, daß sie herumreden, ohne den springenden Punkt zu berühren.[1]

67. Eine Erwartung ist in einer Situation eingebettet, aus der sie entspringt. Die Erwartung einer Explosion kann z.B. aus einer Situation entspringen, in der eine Explosion *zu erwarten ist.* Der sie erwartet, hatte zwei Leute flüstern hören: "Morgen um zehn Uhr wird die Lunte angebrannt". Dann denkt er: vielleicht will jemand hier ein Haus in die Luft sprengen. Gegen zehn Uhr wird er unruhig, fährt bei jedem Lärm zusammen, und endlich antwortet er auf die Frage, warum er nervös sei: "Ich erwarte . . . .". Diese Antwort wird z. B. sein Benehmen verständlich machen. Sie wird uns auch in den Stand setzen, uns seine Gedanken und Gefühle auszumalen.[2]

68. Die Erfüllung der Erwartung besteht nicht darin, daß ein Drittes geschieht, das man, außer eben als "die Erfüllung dieser Erwartung" auch noch anders beschreiben könnte, also z. B. als ein Gefühl der Befriedigung oder der Freude oder wie immer. Die Erwartung, daß etwas der Fall sein wird, ist das Gleiche, wie die Erwartung der Erfüllung jener Erwartung. [*Randbemerkung:* Erwartung dessen was nicht ist.][3]

69. Sokrates zu Theaitetos: "Und wer vorstellt, sollte nicht *etwas* vorstellen?"—Th.: "Notwendig".—Sok.: "Und wer etwas vorstellt, nichts Wirkliches?"— Th.: "So scheint es."

Setzen wir in diesem Argument statt des Wortes "vorstellen" etwa das Wort "töten", so gibt es eine Regel für den Gebrauch dieses Worts: es hat keinen Sinn zu sagen "Ich töte etwas, was nicht existiert". Ich kann mir einen Hirsch auf dieser Wiese vorstellen, der nicht da ist, aber keinen töten, der nicht da ist.

---

[1] S. *Philosophische Bemerkungen* § 31. Herausg.
[2] S. *Philosophische Untersuchungen* § 581. Herausg.
[3] S. *Philosophische Bemerkungen* § 25. Herausg.

65. If I say "I am expecting . . .",—am I remarking that the situation, my actions, thoughts etc. are those of expectancy of this event; or are the words: "I am expecting . . ." part of the process of expecting?

In certain circumstances these words will mean (will be replaceable by) "I believe such-and-such will occur". Sometimes also: "Be prepared for this to happen. . . ."

66. Psychological—trivial—discussions about expectation, association etc. always pass over what is really noteworthy and it is noticeable that they talk around, without touching, the *punctum saliens*.[1]

67. An expectation is embedded in a situation from which it takes its rise. The expectation of an explosion for example, may arise from a situation in which an explosion is *to be expected*. The man who expects it had heard two people whispering: "To-morrow at ten o'clock the fuse will be lit". Then he thinks: perhaps someone means to blow up a house here. Towards ten o'clock he becomes uneasy, jumps at every sound, and at last answers the question why he is so tense: "I'm expecting . . . ". This answer will e.g. make his behaviour intelligible. It will enable us to fill out the picture of his thoughts and feelings.[2]

68. Fulfilment of expectation doesn't consist in this: a third thing happens which can be described otherwise than *as* "the fulfilment of this expectation", i.e. as a feeling of satisfaction or joy or whatever it may be. The expectation that something will be the case is the same as the expectation of the fulfilment of that expectation. [*Marginal note*: Expectation of what is not.][3]

69. Socrates to Theaetetus: "If you have an idea, must it not be an idea of *something*?"—Theaetetus: "Necessarily".—Socrates: "And if you have an idea of something mustn't it be of something real?"—Theaetetus: "It seems so".

If we put the word "kill", say, in place of "have an idea of" in this argument, then there is a rule for the use of this word: it makes no sense to say "I am killing something that does not exist". I can imagine a stag that is not there, in this meadow,

---

[1] See *Philosophical Bemerkungen* § 31. Eds.
[2] See *Philosophical Investigations* § 581. Eds.
[3] See *Philosophische Bemerkungen* § 25. Eds.

Und "sich einen Hirsch auf dieser Wiese vorstellen", heißt: sich vorstellen, daß ein Hirsch da ist. Einen Hirsch töten aber heißt nicht: töten, daß etc.. Wenn aber jemand sagt "Damit ich mir einen Hirsch vorstellen kann, muß es ihn doch in einem gewissen Sinne geben"—so ist die Antwort: nein, es muß ihn dazu in keinem Sinne geben. Und wenn geantwortet würde: "Aber die braune Farbe z. B. muß es doch geben, damit ich sie mir vorstellen kann",—so ist zu sagen: "es gibt die braune Farbe", heißt überhaupt nichts; außer etwa, daß sie da oder dort als Färbung eines Gegenstands vorhanden ist; und das ist nicht nötig, damit ich mir einen braunen Hirsch vorstellen kann.

70. Etwas tun können, erscheint wie ein Schatten des wirklichen Tuns, gerade wie der Sinn des Satzes als Schatten einer Tatsache, oder das Verstehen des Befehls als Schatten seiner Ausführung. Im Befehl wirft die Tatsache gleichsam "ihren Schatten schon voraus". Dieser Schatten aber, was immer er wäre, ist nicht das Ereignis.

71. Vergleiche die Anwendungen von:
"Ich habe seit gestern Schmerzen."
"Ich habe ihn seit gestern erwartet."
"Ich wußte seit gestern."
"Ich kann seit gestern integrieren."

72. Der gemeinsame Unterschied aller Bewußtseinszustände von den Dispositionen scheint mir zu sein, daß man sich nicht durch Stichproben überzeugen kann, ob sie noch andauern.

73. Man muß manchen Satz öfter lesen, um ihn als Satz zu verstehen.

74. Ein Satz sei mir in einer Chiffer gegeben und auch ihr Schlüssel; dann ist mir natürlich in einer Beziehung alles zum Verständnis des Satzes gegeben. Und doch würde ich auf die Frage "Verstehst du diesen Satz?" antworten: Nein, noch nicht; ich muß ihn erst entziffern. Und erst, wenn ich ihn z. B. ins Deutsche übertragen hätte, würde ich sagen "Jetzt verstehe ich ihn".

Wenn man nun die Frage stellt "In welchem Moment der Übertragung *verstehe* ich nun den Satz?", würde man einen Einblick in das Wesen dessen erhalten, was wir "verstehen" nennen.

75. Ich kann auf den Verlauf meiner Schmerzen achten; aber nicht ebenso auf den meines Glaubens, meiner Übersetzung oder meines Wissens.

but not kill one that is not there. And "to imagine a stag in this meadow" means to imagine *that* a stag is there. But to kill a stag does not mean to kill *that*. . . . But if someone says "In order for me to be able to imagine a stag it must after all exist in some sense",—the answer is: no, it does not have to exist in any sense. And if it should be replied: "But the colour brown at any rate must exist, for me to be able to have an idea of it"—then we can say: "The colour brown exists" means nothing at all; except that it exists here or there as the colouring of an object, and that is not necessary in order for me to be able to imagine a brown stag.

70. Being able to do something seems like a shadow of the actual doing, just as the sense of a sentence seems like the shadow of a fact, or the understanding of an order the shadow of its execution. In the order the fact as it were "casts its shadow before". But this shadow, whatever it may be, is not the event.

71. Compare the applications of:
    "I have been in pain since yesterday"
    "I have been expecting him since yesterday"
    "I have known since yesterday"
    "Since yesterday I've known how to integrate".

72. The general differentiation of all states of consciousness from dispositions seems to me to be that one cannot ascertain by spot-check whether they are still going on.

73. Some sentences have to be read several times to be understood as sentences.

74. A sentence is given me in code together with the key. Then of course in one way everything required for understanding the sentence has been given me. And yet I should answer the question "Do you understand this sentence?": No, not yet; I must first decode it. And only when e.g. I had translated it into English would I say "Now I understand it".

If now we raise the question "At what moment of translating do I *understand* the sentence?", we shall get a glimpse into the nature of what is called "understanding".

75. I can attend to the course of my pains, but not in the same way to that of my belief, or my translation, or my knowledge.

76. Man kann die Fortdauer einer Erscheinung durch ununterbrochene Beobachtung feststellen oder durch Proben. Das Beobachten der Dauer kann ununterbrochen oder unterbrochen sein.

77. Wie beobachte ich mein Wissen, meine Meinungen? Und andererseits, ein Nachbild, einen Schmerz? Gibt es ein ununterbrochenes Beobachten meiner Fähigkeit die Multiplikation . . . . auszuführen?

78. Ist "Ich hoffe . . . ." eine Beschreibung eines Seelenzustandes? Ein Seelenzustand hat eine Dauer. "Ich habe den ganzen Tag gehofft . . . .", ist also so eine Beschreibung. Sage ich aber einem "Ich hoffe, du kommst"—wie, wenn er mich fragte "Wie lange hoffst du es"? Ist die Antwort: "Ich hoffe, während ich's sage"? Angenommen ich hätte auf diese Frage irgend eine Antwort, wäre sie nicht für den Zweck der Worte "Ich hoffe, du wirst kommen" ganz irrelevant?

79. Man sagt "Ich hoffe, du wirst kommen", aber nicht "Ich glaube, ich hoffe, du wirst kommen"; wohl aber wäre es möglich zu sagen: "Ich glaube, ich hoffe noch immer, er werde kommen".

80. Was ist die Vergangenheitsform von "Nicht wahr, du kommst!"?

81. Wo es echte Dauer gibt, da kann man einem sagen: "Merk auf und gib mir ein Zeichen, wenn das Bild, das Erlebte, das Geräusch etc. sich ändert."
   Es gibt da überhaupt ein Aufmerken. Während man nicht das Vergessen des Gewußten und dergleichen mit der Aufmerksamkeit verfolgen kann. [*Randbemerkung:* Stimmt nicht, denn man kann auch die eigenen Vorstellungen nicht mit der Aufmerksamkeit verfolgen.]

82. Denk an das Sprachspiel: Bestimm mit der Stoppuhr, wie lange der Eindruck dauert. Man könnte so nicht die Dauer des Wissens, Könnens, Verstehens bestimmen.

83. "Aber die Verschiedenheit von Wissen und Hören liegt doch nicht einfach in so einem Merkmal, wie die Art ihrer Dauer. Sie sind doch ganz und gar grundverschieden!" Freilich. Aber man kann eben nicht sagen: "*Wisse* und *höre*, und du wirst den Unterschied merken!"

76. One can observe the duration of a phenomenon by uninterrupted observation or by trials. The observation of duration may be continuous or intermittent.

77. How do I observe my knowledge, my opinions? And on the other hand an after-image, a pain? Is there such a thing as uninterrupted observation of my capacity to carry out the multiplication . . .?

78. Is "I hope . . ." a description of a state of mind? A state of mind has duration. So "I have been hoping for the whole day" is such a description; but suppose I say to someone: "I hope you come"—what if he asks me "For how long have you been hoping that?" Is the answer "For as long as I've been saying so"? Supposing I had some answer or other to that question, would it not be quite irrelevant to the purpose of the words "I hope you'll come"?

79. We say "I hope you'll come", but not "I believe I hope you'll come", but we may well say: "I believe I still hope he'll come."

80. What is the past tense of "You are coming, aren't you?"?

81. Where there is genuine duration one can tell someone: "Pay attention and give me a signal when the picture, the thing you are experiencing, the rattling etc. alters."
Here there *is* such a thing as paying attention. Whereas one cannot follow with attention the forgetting of what one knew or the like. [*Marginal note:* Not right, for one also cannot follow one's own mental images with attention.]

82. Think of this language-game: Determine how long an impression lasts by means of a stop-watch. The duration of knowledge, ability, understanding, could not be determined in this way.

83. "But the difference between knowing and hearing surely doesn't reside simply in such a characteristic as the kind of duration they have. They are surely wholly and utterly distinct!" Of course. But one can't say: "*Know* and *hear*, and you will notice the difference".

84. "Schmerz ist ein Bewußtseinszustand, Verstehen nicht."—
"Nun, ich *fühle* eben das Verstehen nicht."—Aber diese Erklärung
taugt nichts. Es wäre auch keine Erklärung zu sagen: Was man
in irgend einem Sinne *fühlt*, sei ein Bewußtseinszustand. Das
hieße ja nur: Bewußtseinszustand = Gefühl. (Man hätte nur ein
Wort durch ein anderes ersetzt.)

85. Man sagt wohl überhaupt kaum, man habe etwas seit gestern
"ununterbrochen" geglaubt, verstanden oder beabsichtigt. Eine
Unterbrechung des Glaubens wäre eine Zeit des Unglaubens,
nicht z. B. die Abwendung der Aufmerksamkeit von dem Ge-
glaubten, z. B. der Schlaf.
   (Unterschied zwischen 'knowing' und 'being aware of'.)

86. Das Wichtigste ist hier dies: es besteht ein Unterschied;
man merkt den Unterschied 'der ein kategorischer ist'—ohne
sagen zu können, worin er besteht. Das ist der Fall, in dem man
gewöhnlich sagt, man erkenne den Unterschied eben durch
Introspektion.

87. Das ist wohl der Punkt, an dem man sagt, man könne dem
Andern eben nur die Form mitteilen, nicht aber den Inhalt.—So
redet man also zu sich selbst *über den Inhalt*——Wie 'beziehen'
sich aber meine Worte auf den mir bewußten Inhalt? und zu
welchem Zweck?

88. Es ist sehr merkwürdig, daß die *Vorgänge* beim Denken uns
so gut wie nie interessieren. Es ist merkwürdig, aber nicht
seltsam.

89. (Gedanken, gleichsam nur Winke.)
   Ist es hier nicht wie beim Kunstrechner?—Er hat richtig
gerechnet, wenn das Richtige herauskam. Was in ihm vorging,
kann er vielleicht selbst nicht sagen. Und hörten wir's, so erschiene es vielleicht wie ein seltsames *Zerrbild* einer Rechnung.

90. Was weiß ich von den inneren Vorgängen Eines, der mit
Aufmerksamkeit einen Satz liest? Und kann er mir sie beschreiben, nachdem er's getan hat; und ist, was er etwa beschreibt,
eben der charakteristische Vorgang der Aufmerksamkeit?

91. Frage: Welche Wirkung will ich erzielen, wenn ich Einem
sage "Lies aufmerksam!"? Etwa, daß ihm das und jenes auffällt,
er davon berichten kann.—Wieder könnte man, glaube ich, sagen,
daß, wer einen Satz mit Aufmerksamkeit liest, oft von Vorgängen

84. "Pain is a state of consciousness, understanding is not."—"Well, the thing is, I don't *feel* my understanding."—But this explanation achieves nothing. Nor would it be any explanation to say: What one in some sense *feels* is a state of consciousness. For that would only mean: State of consciousness = feeling. (One word would merely have been replaced by another.)

85. Really one hardly ever says that one has believed, understood or intended something "uninterruptedly" since yesterday. An interruption of belief would be a period of unbelief, not e.g. the withdrawal of attention from what one believes—e.g. sleep.
   (Difference between 'knowing' and 'being aware of'.)

86. The most important thing here is this: there is a difference; one notices the difference which is 'a category-difference'—without being able to say what it consists in. That is the case where it is usually said that we know the difference by introspection.

87. This is likely to be the point at which it is said that only form, not content, can be communicated to *others*.—So one talks to oneself *about the content*.——But how do my words 'relate' to the content I know? And to what purpose?

88. It is very noteworthy that *what goes on* in thinking practically never interests us. It is noteworthy, but not queer.

89. (Thoughts, as it were only hints.)
   Isn't it the same here as with a calculating prodigy?—He has calculated right if he has got the right answer. Perhaps he himself cannot say what went on in him. And if we were to hear it, it would perhaps seem like a queer caricature of calculation.

90. What do I know of what goes on within someone who is reading a sentence attentively? And can he describe it to me afterwards, and, if he does describe something, will it be *the* characteristic process of attention?

91. Ask: What result am I aiming at when I tell someone: "Read attentively"? That, *e.g.*, this and that should strike him, and he be able to give an account of it.—Again, it could, I think, be said that if you read a sentence with attention you will often be able to

in seinem Geist, Vorstellungen etwa, wird berichten können. Aber das heißt nicht, daß diese Vorgänge "Aufmerksamkeit" hießen.

92. "Hast du den Satz denkend gelesen?"—"Ja, ich habe ihn denkend gelesen; jedes Wort war mir wichtig."
Das ist nicht das gewöhnliche Erlebnis. Man hört sich für gewöhnlich nicht halb erstaunt etwas reden; folgt der eigenen Rede nicht mit der Aufmerksamkeit; denn man redet für gewöhnlich eben willkürlich, nicht unwillkürlich.

93. Wenn ein sonst normaler Mensch unter normalen Umständen ein normales Gespräch führt, und ich gefragt würde, wie sich in so einem Falle der Denkende vom Nichtdenkenden unterschiede,——ich wüßte nicht zu antworten. Und ich könnte *gewiß nicht* sagen, daß der Unterschied in etwas liegt, was während des Sprechens vor sich ginge oder nicht vor sich ginge.

94. Die Grenzlinie zwischen 'denken' und 'nicht denken', die hier gezogen würde, liefe zwischen zwei Zuständen, die sich durch nichts einem Spiel der Vorstellungen auch nur Ähnliches unterschieden. (Denn das Spiel der Vorstellungen ist ja doch das Vorbild, wonach man sich das Denken denken möchte.)

95. Nur unter ganz speziellen Umständen tritt die Frage auf, ob *denkend* geredet wurde oder nicht.

96. Ja, wenn man von einer *Erfahrung* des Denkens spricht, so ist die Erfahrung des Redens so gut wie jede andere. Aber der Begriff 'denken' ist kein Erfahrungsbegriff. Denn man vergleicht Gedanken nicht, wie man Erfahrungen vergleicht.

97. Was man nachmacht, ist etwa der Ton der Rede, die Miene und dergleichen, und das genügt uns. Das beweist, daß *hier* die wichtigen Begleitphänomene der Rede liegen.

98. Sagen wir, es denke *jeder*, der sinnvoll spricht? Z. B. der Bauende im Sprachspiel No.2?[1] Könnten wir uns nicht das Bauen und Rufen der Wörter etc. in einer Umgebung denken, in der wir es mit einem Denken nicht im entferntesten in Zusammenhang brächten?

---

[1] *Philosophische Untersuchungen* § 2. Herausg.

give an account of what has gone on in your mind, e.g. the occurrence of images. But that does not mean that these things are what we call "attention".

92. "Did you think as you read the sentence?"—"Yes, I did think as I read it; every word was important to me."

That is not the usual experience. One is not usually half-astonished to hear oneself say something; one doesn't follow one's own talk with attention; for one ordinarily talks voluntarily, not involuntarily.

93. If a normal human is holding a normal conversation under normal circumstances, and I were to be asked what distinguishes thinking from not-thinking in such a case,——I should not know what answer to give. And I could *certainly not* say that the difference lay in something that goes on or fails to go on while he is speaking.

94. The boundary-line that is drawn here between 'thinking' and 'not thinking' would run between two conditions which are not distinguished by anything in the least resembling a play of images. (For the play of images is admittedly the model according to which one would like to think of thinking.)

95. Only under quite special circumstances does the question arise whether one spoke *thinkingly* or not.

96. Sure, if we are to speak of an *experience* of thinking, the experience of speaking is as good as any. But the concept 'thinking' is not a concept of an experience. For we don't compare thoughts in the same way as we compare experiences.

97. What one mimics is, say, a man's tone in speaking, his expression and similar things; and that suffices us. This proves that the important accompanying phenomena of talking are found *here*.

98. Do we say that *anyone* who is speaking significantly is thinking? For example the builder in language-game no. 2?[1] Couldn't we imagine him building and calling out the words in surroundings in which we should not connect this even remotely with thinking?

[1] See *Philosophical Investigations* § 2. Eds.

99. (Zum Sprachspiel No.2)[1] "Du setzt eben stillschweigend schon voraus, daß diese Menschen *denken*; daß sie in *dieser* Beziehung den uns bekannten Menschen gleichen; daß sie jenes Sprachspiel nicht rein mechanisch betreiben. Denn stelltest du dir vor, sie täten's, so würdest du's selbst nicht den Gebrauch einer rudimentären Sprache nennen.

Was soll ich nun dem antworten? Es ist natürlich wahr, das Leben jener Menschen muß dem unsern in vieler Beziehung gleichen, und ich habe über diese Ähnlichkeiten nichts gesagt. Das Wichtige aber ist, daß ihre Sprache, wie auch ihr Denken, rudimentär sein kann, daß es ein 'primitives Denken' gibt, welches durch ein primitives *Verhalten* zu beschreiben ist. Die Umgebung ist nicht die 'Denkbegleitung' des Sprechens.

100. Denken wir uns, daß einer eine Arbeit verrichtet, in der es ein Vergleichen, Versuchen, Wählen gibt. Er stellt etwa einen Gebrauchsgegenstand aus gewissen Materialstücken mit gegebenen Werkzeugen her. Immer wieder entsteht das Problem "Soll ich *dies* Stück dazu nehmen?"—Das Stück wird verworfen, ein anderes versucht. Stücke werden versuchsweise zusammengestellt, auseinandergenommen; es wird nach einem passenden gesucht etc., etc.. Ich denke mir nun diesen ganzen Hergang gefilmt. Der Arbeitende gibt etwa auch Laute von sich, wie "hm" oder "ha!" Sozusagen Laute des Zögerns, des plötzlichen Findens, des Entschlusses, der Zufriedenheit, der Unzufriedenheit. Aber kein Wort wird geredet. Jene Laute mögen im Film aufgenommen werden. Der Film wird mir vorgeführt, und ich erfinde nun ein Selbstgespräch des Arbeitenden, welches zu seiner Arbeitsweise, dem Rhythmus seiner Arbeit, seinem Mienenspiel, seinen Gebärden und Naturlauten paßt, welches all dem entspricht. Ich lasse ihn also manchmal sagen "Nein, das Stück ist zu lang, vielleicht paßt ein anderes besser."——Oder "Was soll ich jetzt tun?"——"Ich hab's!"——Oder "Das ist ganz gut" etc..

Wenn der Arbeitende reden kann,—wäre es eine Verfälschung des wirklichen Vorgangs, wenn er ihn genau beschriebe und etwa sagte: "Dann dachte ich: Nein, das geht nicht; ich muß es anders versuchen." u.s.w.—obwohl er während der Arbeit nicht gesprochen und sich auch diese Worte nicht vorgestellt hatte?

Ich will sagen: Kann er nicht seine wortlosen Gedanken später in Worten wiedergeben? So zwar, daß wir, die den Arbeitsvorgang sähen, mit dieser Wiedergabe einverstanden sein könnten? —Umsomehr, wenn wir den Mann nicht nur einmal, sondern öfters bei der Arbeit zugesehen hätten?

[1] *Philosophische Untersuchungen* § 2. Herausg.

99. (On language-game no. 2[1]) You are just tacitly assuming that these people *think*; that they are like people as we know them in *that* respect; that they do not carry on that language-game merely mechanically. For if you imagined them doing that, you yourself would not call it the use of a rudimentary language.

What am I to reply to this? Of course it is true that the life of those men must be like ours in many respects, and I said nothing about this similarity. But the important thing is that their language, and their thinking too, may be rudimentary, that there is such a thing as 'primitive thinking' which is to be described via primitive *behaviour*. The surroundings are not the 'thinking accompaniment' of speech.

100. Let us imagine someone doing work that involves comparison, trial, choice. Say he is constructing an appliance out of various bits of stuff with a given set of tools. Every now and then there is the problem "Should I use *this* bit?"—The bit is rejected, another is tried. Bits are tentatively put together, then dismantled; he looks for one that fits etc., etc.. I now imagine that this whole procedure is filmed. The worker perhaps also produces sound-effects like "hm" or "ha!" As it were sounds of hesitation, sudden finding, decision, satisfaction, dissatisfaction. But he does not utter a single word. Those sound-effects may be included in the film. I have the film shewn me, and now I invent a soliloquy for the worker, things that fit his manner of work, its rhythm, his play of expression, his gestures and spontaneous noises; they correspond to all this. So I sometimes make him say "No, that bit is too long, perhaps another'll fit better."——Or "What am I to do now?"——"Got it!"——Or "That's not bad" etc.

If the worker can talk—would it be a falsification of what actually goes on if he were to describe that precisely and were to say e.g. "Then I thought: no, that won't do, I must try it another way" and so on—although he had neither spoken during the work nor imagined these words?

I want to say: May he not later give his wordless thoughts in words? And in such a fashion that we, who might see the work in progress, could accept this account?—And all the more, if we had often watched the man working, not just once?

[1] See *Philosophical Investigations* § 2. Eds.

101. Wir könnten natürlich sein 'Denken' von der Tätigkeit nicht trennen. Das Denken ist eben keine Begleitung der Arbeit; so wenig wie der denkenden Rede.

102. Wenn wir Wesen bei der Arbeit sähen, deren Arbeits-*rhythmus*, deren Mienenspiel etc. dem unseren ähnlich wäre, nur daß sie nicht *sprächen*, dann würden wir vielleicht sagen, sie dächten, überlegten, machten Entscheidungen. Es wäre eben da *viel*, was dem Tun des gewöhnlichen Menschen entspricht. Und es ist nicht zu entscheiden, *wie* genau die Entsprechung sein muß, damit wir den Begriff 'denken' auch bei ihnen anzuwenden ein Recht haben.

103. Und wozu sollen wir auch diese Entscheidung fällen?

Wir werden einen wichtigen Unterschied machen zwischen Wesen, die eine Arbeit, selbst eine komplizierte, 'mechanisch' zu verrichten lernen können und solchen, die bei der Arbeit probieren, vergleichen.——Was aber "probieren" und "vergleichen" zu nennen ist, kann ich nur wieder an Beispielen erklären, und diese Beispiele werden unserm Leben oder einem, das dem unsern ähnlich ist, entnommen sein.

104. Hat er etwa spielend oder durch Zufall eine Kombination gemacht und verwendet sie nun als Methode, das und jenes zu tun, so werden wir sagen, er denke.—Beim Überlegen würde er Mittel und Wege an seinem geistigen Auge vorbeiziehen lassen. Aber dazu muß er schon welche im Vorrat haben. Das Denken gibt ihm die Möglichkeit zur *Vervollkommnung* seiner Methoden. Oder vielmehr: Er 'denkt', wenn er in bestimmter Art und Weise seine Methode vervollkommnet. [*Randbemerkung:* Wie schaut denn das Forschen aus?]

105. Man könnte auch sagen: einer denkt, wenn er in bestimmter Weise *lernt*.

106. Und auch dies (könnte man sagen): Wer bei der Arbeit *denkt*, der wird oft *Hilfstätigkeiten* in sie einschalten. Das Wort "denken" nun bezeichnet nicht diese Hilfstätigkeiten, wie Denken ja auch nicht Reden ist. Obwohl der Begriff 'denken' nach Art einer imaginären Hilfstätigkeit gebildet ist. (So wie man sagen könnte, der Begriff des Differentialquotienten sei nach Art eines idealen Quotienten gebildet.)

101. Of course we cannot separate his 'thinking' from his activity. For the thinking is not an accompaniment of the work, any more than of thoughtful speech.

102. Were we to see creatures at work whose *rhythm* of work, play of expression etc. was like our own, but for their not *speaking*, perhaps in that case we should say that they thought, considered, made decisions. For there would be a *great deal* there corresponding to the action of ordinary humans. And there is no deciding *how* close the correspondence must be to give us the right to use the concept 'thinking' in their case too.

103. And anyhow what should we come to this decision for?
 We shall be making an important distinction between creatures that can learn to do work, even complicated work, in a 'mechanical' way, and those that make trials and comparisons as they work.——But what should be called "making trials" and "comparisons" can in turn be explained only by giving examples, and these examples will be taken from our life or from a life that is like ours.

104. If he has made some combination in play or by accident and he now uses it as a method of doing this and that, we shall say he thinks.—In considering he would mentally review ways and means. But to do this he must already have some in stock. Thinking gives him the possibility of *perfecting* his methods. Or rather: He 'thinks' when, in a definite kind of way, he perfects a method he has. [*Marginal note:* What does the search look like?]

105. It could also be said that a man thinks when he *learns* in a particular way.

106. And this too could be said: Someone who *thinks* as he works will intersperse his work with *auxiliary activities*. The word "thinking" does not now mean these auxiliary activities, just as thinking is not talking either. Although the concept 'thinking' is formed on the model of a kind of imaginary auxiliary activity. (Just as we might say that the concept of the differential quotient is formed on the model of a kind of ideal quotient.)

107. Diese Hilfstätigkeiten sind nicht das Denken; aber man stellt sich das Denken vor als den Strom der unter der Oberfläche dieser Hilfsmittel fließen muß, wenn sie nicht doch nur mechanische Handlungen sein sollen.

108. Nimm an, es handle sich um Wesen (menschenähnliche Tiere), die wir als Sklaven benützen, kaufen und verkaufen. Sie können nicht sprechen lernen, wohl aber kann man die begabteren unter ihnen zu oft recht komplizierten Arbeiten erziehen; und manche von diesen arbeiten 'denkend', andre bloß mechanisch. Für einen Denkenden zahlen wir mehr, als für einen bloß mechanisch Geschickten.

109. Wenn es nur ganz wenige Menschen gäbe, die die Antwort auf eine Rechenaufgabe finden könnten, ohne zu sprechen oder zu schreiben, könnte man diese nicht zum Zeugnis dafür anführen, daß man auch ohne Zeichen rechnen könne. Weil es nämlich nicht klar wäre, daß diese Leute überhaupt 'rechnen'. Ebenso kann auch das Zeugnis des Ballard (bei James) einen nicht davon überzeugen, daß man ohne Sprache denken könne.

Ja, warum soll man, wo keine Sprache gebraucht wird, vom 'Denken' reden? Tut man's, so zeigt das eben etwas über den *Begriff* des Denkens.

110. 'Denken', ein weit verzweigter Begriff. Ein Begriff, der viele Lebensäußerungen in sich verbindet. Die Denk-*phänomene* liegen weit auseinander.

111. Wir sind auf die Aufgabe gar nicht *gefaßt*, den Gebrauch des Wortes "denken" z. B. zu beschreiben. (Und warum sollten wir's sein? Wozu ist so eine Beschreibung nütze?)

Und die naive Vorstellung, die man sich von ihm macht, entspricht gar nicht der Wirklichkeit. Wir erwarten uns eine glatte, regelmäßige Kontur und kriegen eine zerfetzte zu sehen. Hier könnte man wirklich sagen, wir hätten uns ein falsches Bild gemacht.

112. Es ist von diesem Wort nicht zu erwarten, daß es eine einheitliche Verwendung habe; es ist vielmehr das Gegenteil zu erwarten.

113. Woher nehmen wir den Begriff 'denken', den wir hier betrachten wollen? Aus der Alltagssprache. Was unsrer Aufmerksamkeit zuerst ihre Richtung gibt, ist das Wort "denken".

107. These auxiliary activities are not the thinking; but one imagines thinking as the stream which must be flowing under the surface of these expedients, if they are not after all to be mere mechanical procedures.

108. Suppose it were a question of buying and selling creatures (anthropoid brutes) which we use as slaves. They cannot learn to talk, but the cleverer among them can be taught to do quite complicated work; and some of these creatures work 'thinkingly', others quite mechanically. For a thinking one we pay more than for one that is merely mechanically clever.

109. If there were only quite few people who could get the answer to a sum without speaking or writing, they could not be adduced as testimony to the fact that calculating can be done without signs. The reason is that it would not be clear that these people were 'calculating' at all. Equally Ballard's testimony (in James) cannot convince one that it is possible to think without a language.
   Indeed, where no language is used, why should one speak of 'thinking'? If this is done, it shows something about the *concept* of thinking.

110. 'Thinking', a widely ramified concept. A concept that comprises many manifestations of life. The *phenomena* of thinking are widely scattered.

111. We are not at all *prepared* for the task of describing the use of e.g. the word "to think" (And why should we be? What is such a description useful for?)
   And the naïve idea that one forms of it does not correspond to reality at all. We expect a smooth contour and what we get to see is ragged. Here it might really be said that we have constructed a false picture.

112. It is not to be expected of this word that it should have a unified employment; we should rather expect the opposite.

113. Where do we get the concept 'thinking' from which we want to consider here? From everyday language. What first fixes the direction of our attention is the word "thinking". But

Aber der Gebrauch dieses Worts ist verworren. Und wir können es nicht anders erwarten. Und das läßt sich natürlich von allen psychologischen Verben sagen. Ihre Verwendung ist nicht so klar und so leicht zu übersehen, wie die der Wörter der Mechanik z. B..

114. Man lernt das Wort "denken", d. i. seinen Gebrauch, unter gewissen Umständen, die man aber nicht beschreiben lernt.

115. Aber ich *kann* einen Menschen den Gebrauch des Wortes *lehren*! Denn dazu ist ein Beschreiben jener Umstände nicht nötig.

116. Ich lehre ihn eben das Wort *unter bestimmten Umständen.*

117. Man lernt es etwa nur vom Menschen sagen, es von ihm behaupten oder leugnen. Die Frage "Denkt ein Fisch?" existiert unter seinen Sprachanwendungen nicht, *wird nicht gestellt.* (Was kann natürlicher sein, als so ein Zustand, so eine Sprachverwendung?)

118. "An *diesen* Fall hat niemand gedacht"—kann man sagen. Ich kann zwar nicht die Bedingungen aufzählen, unter denen das Wort "denken" zu gebrauchen ist,—aber, wenn ein Umstand den Gebrauch zweifelhaft macht, so kann ich's sagen und auch, *wie* die Lage von der gewöhnlichen abweicht.

119. Wenn ich in einem bestimmten Zimmer eine bestimmte Tätigkeit auszuführen gelernt habe (das Aufräumen des Zimmers etwa) und diese Technik beherrsche, so folgt doch nicht, daß ich bereit sein müsse, die Einrichtung des Zimmers zu beschreiben; auch wenn ich jede Veränderung in ihr gleich merken würde und auch sofort beschreiben könnte.

120. "Dieses Gesetz wurde nicht in Voraussicht solcher Fälle gegeben." Ist es darum sinnlos?

121. Es wäre doch sehr wohl denkbar, daß einer sich genau in einer Stadt auskennt, d. h., von jedem Ort der Stadt zu jedem andern mit Sicherheit den kürzesten Weg fände,—und dennoch ganz außer Stande wäre, einen Plan der Stadt zu zeichnen. Daß er, sobald er es versucht, nur *gänzlich Falsches* hervorbringt. (Unser Begriff vom 'Instinkt'.)

the use of this word is confused. Nor can we expect anything else. And that can of course be said of all psychological verbs. Their employment is not so clear or so easy to get a synoptic view of, as that of terms in mechanics, for example.

114. One learns the word "think", i.e. its use, under certain circumstances, which, however, one does not learn to describe.

115. But I *can teach* a person the use of the word! For a description of those circumstances is not needed for that.

116. I just teach him the word *under particular circumstances.*

117. We learn to say it perhaps only of human beings; we learn to assert or deny it of them. The question "Do fishes think?" does not exist among our applications of language, *it is not raised.* (What can be more natural than such a set-up, such a use of language?)

118. "No one thought of *that* case"—we may say. Indeed, I cannot enumerate the conditions under which the word "to think" is to be used—but if a circumstance makes the use doubtful, I can say so, and also say *how* the situation is deviant from the usual ones.

119. If I have learned to carry out a particular activity in a particular room (putting the room in order, say) and am master of this technique, it does not follow that I must be ready to describe the arrangement of the room; even if I should at once notice, and could also describe, any alteration in it.

120. "This law was not given with such cases in view." Does that mean it is senseless?

121. It could very well be imagined that someone knows his way around a city perfectly, i.e. would confidently find the shortest way from any place in it to any other,—and yet would be quite incompetent to draw a map of the city. That, as soon as he tries, he produces nothing that is not *completely wrong.* (Our concept of 'instinct'.)

122. Bedenke, unsere Sprache könnte verschiedene Wörter besitzen: fürs 'laute Denken'; fürs denkende Selbstgespräch in der Vorstellung; fürs Innehalten, wobei irgend etwas uns vorschwebt, woraufhin wir aber die Antwort mit Sicherheit geben können.

Ein Wort für den Gedanken, der im Satz ausgedrückt ist; eines für den Gedankenblitz, den ich später 'in Worte kleiden' kann, eines für das denkende Arbeiten ohne Worte.

123. "Denken ist eine geistige Tätigkeit."——Denken ist *keine* körperliche Tätigkeit. Ist Denken eine Tätigkeit? Nun, man kann einem befehlen "denk darüber nach!". Wenn aber einer in Befolgung dieses Befehls zu sich selbst oder auch zum Andern spricht, verrichtet er da *zwei* Tätigkeiten?

124. Die Anteilnahme an dem Gesprochenen hat ihre spezifischen Zeichen. Sie hat auch ihre spezifischen Folgen und Vorbedingungen. Die Anteilnahme ist ein Erlebtes: man sagt sie von sich selbst, nicht auf Grund einer Beobachtung, aus. Sie ist keine Begleitung des Gesprochenen. Wodurch wäre, was den Satz begleitet, eine Anteilnahme am Inhalt dieses Satzes? (Logische Bedingung.)

125. Vergleiche das Phänomen des Denkens mit dem Phänomen des Brennens! Kann nicht das Brennen, die Flamme uns rätselhaft erscheinen? Und warum die Flamme mehr als der Tisch?——Und wie klärst du dieses Rätsel auf?

Und wie soll nun das Rätsel des Denkens aufgelöst werden?— Wie das der Flamme?

126. Ist die Flamme nicht rätselhaft, weil sie ungreifbar ist? Wohl—aber warum macht sie das rätselhaft? Warum soll das Ungreifbare rätselhafter sein, als das Greifbare? Außer, weil wir es greifen *wollen*.—

127. Man sagt, die Seele *verläßt* den Körper. Um ihr dann aber jede Ähnlichkeit mit dem Körper zu nehmen, und damit man beileibe nicht denkt, es sei irgend ein gasförmiges Ding gemeint, sagt man, die Seele ist unkörperlich, unräumlich; aber mit dem Worte "verläßt" hat man schon alles gesagt. Zeige mir, wie du das Wort "seelisch" gebrauchst, und ich werde sehen, ob die Seele "unkörperlich" ist, und was du unter "Geist" verstehst.

122. Remember that our language might possess a variety of different words: one for 'thinking out loud'; one for thinking as one talks to oneself in the imagination; one for a pause during which something or other floats before the mind, after which, however, we are able to give a confident answer.

One word for a thought expressed in a sentence; one for the lightning thought which I may later 'clothe in words'; one for wordless thinking as one works.

123. "Thinking is a mental activity"——Thinking is *not* a bodily activity. Is thinking an activity? Well, one may tell someone: "Think it over". But if someone in obeying this order talks to himself or even to someone else, does he then carry out *two* activities?

124. Concern with what we say has its own specific signs. It also has its own specific consequences and preconditions. Concern is something experienced; we attribute it to ourselves, not on grounds of observation. It is not an accompaniment of what we say. What would make an accompaniment of a sentence into concern about the content of that sentence? (Logical condition.)

125. Compare the phenomenon of thinking with the phenomenon of burning. May not burning, flame, seem mysterious to us? And why flame more than furniture?——And how do you clear up the mystery?

And how is the riddle of thinking to be solved?—Like that of flame?

126. Isn't flame mysterious because it is impalpable? All right—but why does that make it mysterious? Why should something impalpable be more mysterious than something palpable? Unless it's because we *want* to catch hold of it.—

127. The soul is said to *leave* the body. Then, in order to exclude any similarity to the body, any sort of idea that some gaseous thing is meant, the soul is said to be incorporeal, non-spatial; but with that word "leave" one has already said it all. Shew me how you use the word "spiritual" and I shall see whether the soul is non-corporeal and what you understand by "spirit".

128. Ich bin geneigt, vom Leblosen zu reden als von einem, dem etwas abgeht. Ich sehe das Leben unbedingt als ein Plus an, als etwas dem Leblosen Hinzugefügtes. (Psychologische Atmosphäre.)

129. Man sagt vom Tisch und Stuhl nicht: "er denkt jetzt", noch "er denkt jetzt nicht", noch "er denkt nie"; auch von der Pflanze nicht, auch vom Fisch nicht, kaum vom Hund; aber vom Menschen. Und auch nicht von allen Menschen.
   "Ein Tisch denkt nicht" ist nicht vergleichbar einer Aussage wie "ein Tisch wächst nicht". (Ich wüßte gar nicht, 'wie das wäre, wenn' ein Tisch dächte.) Und hier gibt es offenbar einen graduellen Übergang zu dem Fall des Menschen.

130. Man redet nur vom 'Denken' unter ganz bestimmten Umständen.

131. Wie können denn der Sinn und die Wahrheit (oder die Wahrheit und der Sinn) der Sätze zugleich zusammenbrechen? (Mit einander stehen und fallen?)

132. Und ist es nicht, als wolltest du sagen: "Wenn es sich nicht so und so verhält, hat es keinen Sinn mehr zu sagen, es verhalte sich so"?

133. Also z. B.: "Wenn *immer* falsch gezogen worden wäre, so hätte es keinen Sinn, von einem 'falschen Zug' zu reden." Aber das ist nur eine paradoxe Form, es zu sagen. Die nicht-paradoxe Form wäre: "Die allgemeine Beschreibung . . . . . hat keinen Sinn."

134. Statt "man kann nicht", sage: "es gibt in diesem Spiel nicht". Statt "man kann im Damespiel nicht rochieren"—"es gibt im Damespiel kein Rochieren"; statt "ich kann meine Empfindung nicht vorzeigen"—"es gibt in der Verwendung des Wortes 'Empfindung' kein Vorzeigen dessen, was man hat"; statt "man kann nicht alle Kardinalzahlen aufzählen"—"es gibt hier kein Aufzählen aller Glieder".

135. Das Gespräch, die Anwendung und Ausdeutung der Worte fließt dahin, und nur im Fluß hat das Wort seine Bedeutung.
   "Er ist abgereist."—"Warum?"—Was meintest du, als du das Wort "warum" aussprachst? Woran *dachtest* du?

128. I am inclined to speak of a lifeless thing as lacking something. I see life definitely as a plus, as something added to a lifeless thing. (Psychological atmosphere.)

129. We don't say of a table and a chair: "Now they are thinking," nor "Now they are not thinking," nor yet "They never think"; nor do we say it of plants either, nor of fishes; hardly of dogs; only of human beings. And not even of all human beings.
   "A table doesn't think" is not assimilable to an expression like "a table doesn't grow". (I shouldn't know 'what it would be like if' a table were to think.) And here there is obviously a gradual transition to the case of human beings.

130. We only speak of 'thinking' in quite particular circumstances.

131. How then can the sense and the truth (or the truth and the sense) of sentences collapse together? (Stand or fall together?)

132. And isn't it as if you wanted to say: "If such-and-such is not the case, then it makes no *sense* to say it is the case"?

133. Like this, e.g.: "If all moves were *always* false, it would make no sense to speak of a 'false move'." But that is only a paradoxical way of putting it. The non-paradoxical way would be: "The general description . . . makes no sense".

134. Do not say "one cannot", but say instead: "it doesn't exist in this game". Not: "one can't castle in draughts" but—"there is no castling in draughts"; and instead of "I can't exhibit my sensation"—"in the use of the word 'sensation', there is no such thing as exhibiting what one has got"; instead of "one cannot enumerate all the cardinal numbers"—"there is no such thing here as enumerating all the members".

135. Conversation flows on, the application and interpretation of words, and only in its course do words have their meaning.
   "He has gone away" "Why?"—What did you mean, when you uttered the word "why"? What did you *think* of?

136. Denk ans Aufzeigen in der Schule. Muß einer sich die Antwort im Stillen vorgesagt haben, um mit Recht aufzeigen zu können? Und *was* muß in ihm dazu vorgegangen sein?—Nichts. Aber es ist wichtig, daß er für gewöhnlich eine Antwort wisse, wenn er aufzeigt; und das ist das Kriterium dafür, daß er das Aufzeigen *versteht*.

Es muß nichts in ihm vorgegangen sein; und doch wäre der merkwürdig, der in so einem Falle nie etwas über innere Vorgänge zu berichten wüßte.

137. Manchmal, wenn ich sage "Ich dachte damals . . . . .", kann ich berichten, daß ich mir eben diese Worte laut oder im Stillen gesagt hatte; oder wenn nicht diese, so andere Worte, wovon die gegenwärtigen eine sinngemäße Wiedergabe sind. Das kommt doch manchmal vor! Aber eben auch dies, daß meine gegenwärtigen Worte 'nicht eine *Wieder*gabe' sind. Denn 'Wiedergabe' sind sie nur, wenn sie es nach Regeln der Abbildung sind.

138. Es scheint so, als wäre in einem Satz, der z. B. das Wort "Kugel" enthält, schon der Schatten anderer Verwendungen dieses Worts enthalten. Nämlich eben die *Möglichkeit*, jene andern Sätze zu bilden.—Wem scheint es so? und unter welchen Umständen?

139. Man kommt nicht davon weg, daß der Sinn des Satzes den Satz begleitet; bei dem Satz steht.

140. Man will etwa sagen: "Die eine Verneinung *tut* dasselbe mit dem Satz, wie die andere,—sie schließt, was er beschreibt, aus." Aber das sind nur andere Worte für eine Gleichsetzung der beiden negativen Sätze (welche nur gilt, wenn der verneinte Satz nicht selbst ein negativer Satz ist). Immer wieder der Gedanke, daß, was wir vom Zeichen sehen, nur eine Außenseite zu einem Innern ist, worin sich die eigentlichen Operationen des Sinnes und der Bedeutung abspielen.[1]

141. Unser Problem könnte man (sehr klar) so stellen: Angenommen, wir hätten zwei Systeme der Längenmessung; eine Länge wird in beiden durch ein Zahlzeichen ausgedrückt, diesem folgt ein Wort, das das Maß angibt. Das eine System bezeichnet eine Länge als "n Fuß", und Fuß ist eine Längeneinheit im gewöhnlichen Sinne; im andern System wird eine Länge mit "n W" bezeichnet und 1 Fuß = 1 W. Aber 2 W = 4 Fuß,

[1] S. *Philosophische Untersuchungen* § 556. Herausg.

136. Think of putting your hand up in school. Need you have rehearsed the answer silently to yourself, in order to have the right to put your hand up? And *what* must have gone on inside you?—Nothing need have. But it is important that you usually know an answer when you put your hand up; and that is the criterion for one's *understanding* of putting one's hand up.

Nothing need have gone on in you; and yet you would be remarkable if on such occasions you never had anything to report about what went on in you.

137. Sometimes when I say "Just then I had the thought . . . ." I may report that I had said those very words to myself, out loud or silently; or if not those, then others of which the present ones reproduce the gist. Surely that often happens. But it does also happen that my present words are 'not a *reproduction*', for they are only a reproduction if they are so by rules of projection.

138. It looks as if a sentence with e.g. the word "ball" in it already contained the shadow of other uses of this word. That is to say, the *possibility* of forming those other sentences.—To whom does it look like that? And under what circumstances?

139. We don't get free of the idea that the sense of a sentence accompanies the sentence: is there alongside of it.

140. One wants to say e.g.: "The one negation *does* the same thing with the proposition as the other, it excludes what it describes." But that is only another way of expressing one's assimilation of the two negative propositions. (Which is valid only when the negated proposition is not itself a negative proposition.) Ever and again comes the thought that what we see of a sign is only the outside of something within, in which the real operations of sense and meaning go on.[1]

141. Our problem could be (very clearly) formulated like this: suppose we had two systems for measuring length; in both a length is expressed by a numeral which is followed by a word giving the unit. One system designates a length as "n ft", and a foot is a unit of length in the ordinary sense; in the other system a length is designated by "n W" and 1 ft = 1 W. But 2 W = 4 ft,

[1] See *Philosophical Investigations* § 556. Eds.

3 W = 9 Fuß u.s.w..—Also heißt der Satz "Dieser Stock ist 1 W lang" dasselbe wie "Dieser Stock ist 1 Fuß lang". Frage: Hat in diesen beiden Sätzen "W" und "Fuß" dieselbe Bedeutung?

142. Die Frage ist falsch gestellt. Das sieht man, wenn wir die Bedeutungsgleichheit durch eine Gleichung ausdrücken. Die Frage kann nur lauten: "Ist W = Fuß oder nicht?"—Von den Sätzen, in denen diese Zeichen stehen, ist hier nicht die Rede.— Ebenso wenig kann man natürlich in dieser Terminologie fragen, ob "ist" hier das Gleiche bedeutet, wie "ist" dort; wohl aber, ob die Kopula das Gleiche bedeutet, wie das Gleichheitszeichen. Nun, wir sagten ja: 1 Fuß = 1 W; aber Fuß ≠ W.

143. Man könnte sagen: in allen Fällen meint man mit "Gedanke" das *Lebende* am Satz. Das, ohne welches er tot, eine bloße Lautfolge oder Folge geschriebener Figuren ist.

Wenn ich aber ebenso von einem Etwas spräche, welches einer Konfiguration von Schachfiguren Bedeutung gibt, d. h., sie von einer beliebigen Zusammenstellung von Holzklötzchen unterscheidet,—was könnte ich da nicht alles meinen? Die Regeln, die die Schachkonfiguration zu einer Situation eines Spiels machen; die besondern Erlebnisse, die wir mit solchen Spielstellungen verbinden; den Nutzen des Spiels.

Oder wenn wir von einem Etwas sprächen, welches das Papiergeld von bloßen bedruckten Zetteln unterscheidet und ihm seine Bedeutung, sein Leben gibt!

144. Wie ein Wort verstanden wird, das sagen Worte allein nicht. (Theologie.)

145. Es könnte auch eine Sprache geben, in deren Verwendung der Eindruck, den wir von den Zeichen erhalten, keine Rolle spielt; in der es ein Verstehen im Sinne eines solchen Eindrucks nicht gibt. Die Zeichen werden uns etwa geschrieben übermittelt, und wir können *sie* uns nun *merken*. (D. h. der einzige Eindruck, von dem da die Rede ist, ist das Bild des Zeichens.) Wenn es nun ein Befehl ist, so übertragen wir nach Regeln, Tabellen, das Zeichen in Handlung. Zum Eindruck, ähnlich dem eines Bildes, kommt es nicht und man schreibt auch nicht Geschichten in dieser Sprache.

146. In diesem Fall könnte man sagen: "Das Zeichen lebt nur im System."

3 W = 9 ft and so on.—So the sentence "This stick is 1 W long" means the same as "This stick is 1 ft long". Question: have "W" and "ft" the same meaning in these two sentences?

142.   The question is wrongly framed. We can see this, if we express the identity of meaning by an equation. The question can only run: "Does W = ft or not?"—The sentences in which these signs occur do not come in here.—No more, of course, can we ask in this terminology whether "is" in one place means the same as "is" in another; what we can ask is whether the copula means the same as the equals sign. Well, what we said was: 1 ft = 1 W; but ft ≠ W.

143.   We might say: in all cases what one means by "thought" is what is *alive* in the sentence. That without which it is dead, a mere sequence of sounds or written shapes.

If however I were to speak in the same way of a something that gives meaning to a configuration of chess pieces, that is to say distinguishes them from any old arrangement of little bits of wood—couldn't I mean all sorts of things? The rules that make the chess arrangement into a situation in a game; the special experiences that we associate with such positions in a game; the usefulness of the game.

Or suppose we were to speak of a something that distinguishes paper money from mere printed slips of paper and gives it its meaning, its life!

144.   How words are understood is not told by words alone. (Theology.)

145.   There could also be a language in whose use the impression made on us by the signs played no part; in which there was no such thing as understanding, in the sense of such an impression. The signs are e.g. written and transmitted to us, and we are able to *take notice of them*. (That is to say, the only impression that comes in here is the pattern of the sign.) If the sign is an order, we translate it into action by means of rules, tables. It does not get as far as an impression, like that of a picture; nor are stories written in this language.

146.   In this case one might say: "Only in the system has the sign any life."

147. Es wäre natürlich auch denkbar, daß wir einen Satz der Wortsprache, um von ihm einen *Eindruck* zu erhalten, nach Regeln in ein gezeichnetes Bild übertragen müßten. (Daß erst dies Bild eine Seele hätte.)

148. Es wäre eine Sprache denkbar, in der die Bedeutungen von Worten nach bestimmten Regeln abwechselten, etwa: Vormittag heißt das Wort A dies, Nachmittag jenes.

Oder eine Sprache, in der die Wörter sich täglich änderten, indem an jedem Tag jeder Buchstabe des vorigen Tages durch den nächsten im Alphabet (und z durch a) ersetzt würde.

149. Denke dir diese Sprache: Wörter und Grammatik sind die des Deutschen, aber die Wörter im Satz stehen in der entgegengesetzten Reihenfolge. Ein Satz dieser Sprache klingt also wie ein deutscher Satz, den man vom Schlußpunkt zum Anfang hin liest. Die Ausdrucksmöglichkeiten haben also die gleiche Mannigfaltigkeit, wie im Deutschen. Aber was wir als Satzklang kennen, ist vernichtet.

150. Jemand, der nicht Deutsch kann, hört mich bei gewissen Anlässen ausrufen: "Welch herrliche Beleuchtung!" Er errät den Sinn und gebraucht nun den Ausruf selber, wie ich es tue, ohne jedoch die drei Wörter zu verstehen. Versteht er den Ausruf?

151. Ich hatte mit Absicht ein Beispiel gewählt, in dem der Mensch einer Empfindung Ausdruck gibt. Denn in diesem Fall sagt man, Laute, die keiner Sprache angehören, seien voll von Bedeutung.

152. Wäre es ebenso leicht, sich den analogen Fall zu denken für diesen Satz: "Wenn der Zug nicht pünktlich um 5 Uhr ankommt, wird er den Anschluß versäumen"? Was hieße es etwa in diesem Falle: den Sinn erraten?

153. Es stört uns gleichsam, daß der Gedanke eines Satzes in keinem Moment ganz vorhanden ist. Wir sehen ihn wie einen Gegenstand an, den wir erzeugen und nie ganz besitzen, denn kaum entsteht ein Teil, so verschwindet ein anderer.

147. We could of course also imagine that we had to use rules, and translate a verbal sentence into a drawing in order to get an *impression* from it. (That only the picture had a soul.)

148. We could imagine a language in which the meanings of expressions changed according to definite rules, e.g.: in the morning the expression A means this, in the afternoon it means that.

Or a language in which the individual words altered every day; each day each letter of the previous day would be replaced by the next one in the alphabet (and z by a).

149. Imagine the following language: its vocabulary and grammar are those of English, but the words occur in the sentences in reverse order. So a sentence of this language sounds like an English sentence read from the full stop back to the beginning. Thus the possibilities of expression have the same multiplicity as in English. But the familiar ring of our sentences is done away with.

150. Someone who doesn't know English hears me say on certain occasions: "What marvellous light!" He guesses the sense and now uses the exclamation himself, as I use it, but without understanding the three individual words. Does he understand the exclamation?

151. I intentionally chose an example in which a man gives expression to his sensation. For in this case sounds belonging to no language are said to be full of meaning.

152. Would it be equally easy to imagine the analogous case for this sentence: "If the train does not arrive punctually at five o'clock, he'll miss the connexion"? What would guessing the sense mean in this case?

153. It somehow worries us that the thought in a sentence is not wholly present at any one moment. We regard it as an object which we are making and have never got all there, for no sooner does one part appear than another vanishes.

154. (Zu No. 150) Man kann sich leicht eine Sprache vorstellen, in der Menschen ein einziges Wort für jenen Ausruf benutzen. Aber wie wäre es mit einem Wort für den Satz "Wenn der Zug . . . ."? In was für einem Fall würden wir sagen, daß das Wort tatsächlich für diesen Satz steht?

Etwa in diesem: Die Leute benützten anfänglich einen Satz, wie den unsern; dann aber träten Umstände ein, in denen der Satz so häufig ausgesprochen werden müßte, daß sie ihn zu einem Wort zusammenzögen. Diese Leute könnten also noch das Wort durch den Satz erklären.

Aber kann es auch den Fall geben, in dem Leute *nur* ein Wort für jenen Sinn besäßen, also für jenen Gebrauch? Warum nicht? Man muß sich vorstellen, wie einer den Gebrauch dieses Wortes lernt, und unter welchen Umständen wir sagen würden, daß das Wort wirklich jenen Satz vertritt.

Bedenk aber dies: In unserer Sprache sagt jemand "Er kommt um 5 Uhr an"; ein Andrer antwortet "Nein, 10 Minuten nach 5". Gibt es diese Art Gespräch auch in der andern Sprache?

Darum sind Sinn und Bedeutung vage Begriffe.

155. Worte eines Dichters können uns durch und durch gehen. Und das hängt *kausal* natürlich mit dem Gebrauch zusammen, den sie in unserm Leben haben. Und es hängt auch damit zusammen, daß wir, diesem Gebrauch gemäß, unsere Gedanken dorthin und dahin in die wohlbekannte Umgebung der Worte schweifen lassen.

156. Gibt es *einen* Unterschied der Bedeutung, der sich erklären läßt und einen, der in einer Erklärung nicht zu Tage tritt?

157. Der seelenvolle Ausdruck in der Musik,—er ist doch nicht nach Regeln zu erkennen. Und warum können wir uns nicht vorstellen, daß er's für andere Wesen wäre?

158. Wenn dir plötzlich ein Thema, eine Wendung etwas sagt, so brauchst du dir's nicht erklären zu können. Es ist dir plötzlich auch *diese* Geste zugänglich.

159. Du redest doch vom *Verstehen* der Musik. Du verstehst sie doch, *während* du sie hörst! Sollen wir davon sagen, es sei ein Erlebnis, welches das Hören begleite?

160. Das Sprechen der Musik. Vergiß nicht, daß ein Gedicht, wenn auch in der Sprache der Mitteilung abgefaßt, nicht im Sprachspiel der Mitteilung verwendet wird.

154. (On no. 150) A language may easily be imagined in which people use a single word for the exclamation. But what about one word for the sentence "If the train. . . ."? In what kind of case should we say that the word actually stood for that sentence?

Say in this one: people begin by using a sentence like ours, but then circumstances arise in which the sentence has to be uttered so often that they contract it to a single word. So these people could still explain the word by means of the sentence.

But is the further case possible in which people possess *only* a single word with that sense, that is for that use? Why not? One needs to imagine how the use of this word is learnt, and in what circumstances we should say that the word really stands in place of that sentence.

But remember this: in our language someone says "He is arriving at five o'clock"; someone else replies "No, at ten past five". Is there also this sort of exchange in the other language?

That is why sense and reference are vague concepts.

155. A poet's words can pierce us. And that is of course *causally* connected with the use that they have in our life. And it is also connected with the way in which, conformably to this use, we let our thoughts roam up and down in the familiar surroundings of the words.

156. Is there *a* difference of meaning that can be explained and another that does not come out in an explanation?

157. Soulful expression in music—this cannot be recognized by rules. Why can't we imagine that it might be, by other beings?

158. If a theme, a phrase, suddenly means something to you, you don't have to be able to explain it. Just *this* gesture has been made accessible to you.

159. But you do speak of *understanding* music. You understand it, surely, *while* you hear it! Ought we to say this is an experience which accompanies the hearing?

160. The way music speaks. Do not forget that a poem, even though it is composed in the language of information, is not used in the language-game of giving information.

161. Könnte man sich nicht denken, daß einer, der Musik nie gekannt hat und zu uns kommt und jemanden einen nachdenklichen Chopin spielen hört, daß der überzeugt wäre, dies sei eine Sprache, und man wolle ihm nur den Sinn geheimhalten. In der Wortsprache ist ein starkes musikalisches Element. (Ein Seufzer, der Tonfall der Frage, der Verkündigung, der Sehnsucht, alle die unzähligen *Gesten* des Tonfalls.)

162. Wenn ich aber eine Melodie mit Verständnis höre, geht da nicht etwas Besonderes in mir vor—was nicht vorgeht, wenn ich sie verständnislos höre? Und *was*?—Es kommt keine Antwort; oder was mir einfällt, ist abgeschmackt. Ich kann wohl sagen: "Jetzt habe ich sie verstanden" und nun etwa über sie reden, sie spielen, sie mit andern vergleichen etc.. *Zeichen* des Verständnisses mögen das Hören begleiten.

163. Es ist falsch, das Verstehen einen Vorgang zu nennen, der das Hören begleitet. (Man könnte ja auch die Äußerung davon, das ausdrucksvolle Spiel, nicht eine Begleitung des Hörens nennen.)

164. Denn wie läßt sich erklären, was 'ausdrucksvolles Spiel' ist? Gewiß nicht durch etwas, was das Spiel begleitet.—Was gehört also dazu? Eine Kultur, möchte man sagen.—Wer in einer bestimmten Kultur erzogen ist,—dann auf Musik so und so reagiert, dem wird man den Gebrauch des Wortes "ausdrucksvolles Spiel" beibringen können.

165. Das Verstehen der Musik ist weder eine Empfindung, noch eine Summe von Empfindungen. Es ein Erlebnis zu nennen, ist aber dennoch insofern richtig, als *dieser* Begriff des Verstehens manche Verwandtschaften mit andern Erlebnisbegriffen hat. Man sagt "Ich habe diese Stelle diesmal ganz anders erlebt". Aber doch sagt dieser Ausdruck *'was geschah'* nur für den, der in einer besonderen, diesen Situationen angehörigen Begriffswelt zu Hause ist. (Analogie: "Ich habe die Partie gewonnen".)

166. Beim Lesen schwebt mir *das* vor. So geht also etwas beim Lesen vor sich . . . . ?—Diese Frage führt ja nicht weiter.

167. Wie kann mir doch das vorschweben?—Nicht in den Dimensionen, an die du denkst.

161. Mightn't we imagine a man who, never having had any acquaintance with music, comes to us and hears someone playing a reflective piece of Chopin and is convinced that this is a language and people merely want to keep the meaning secret from him?

There is a strongly musical element in verbal language. (A sigh, the intonation of voice in a question, in an announcement, in longing; all the innumerable *gestures* made with the voice.)

162. But if I hear a tune with understanding, doesn't something special go on in me—which does not go on if I hear it without understanding? And *what*?—No answer comes; or anything that occurs to me is insipid. I may indeed say: "Now I've understood it," and perhaps talk about it, play it, compare it with others etc. *Signs* of understanding may accompany hearing.

163. It is wrong to call understanding a process that accompanies hearing. (Of course its manifestation, expressive playing, cannot be called an accompaniment of hearing either.)

164. For how can it be explained what 'expressive playing' is? Certainly not by anything that accompanies the playing.—What is needed for the explanation? One might say: a culture.—If someone is brought up in a particular culture—and then reacts to music in such-and-such a way, you can teach him the use of the phrase "expressive playing".

165. The understanding of music is neither sensation nor a sum of sensations. Nevertheless it is correct to call it an experience inasmuch as *this* concept of understanding has some kinship with other concepts of experience. You say "I experienced that passage quite differently". But still this expression tells you '*what happened*' only if you are at home in the special conceptual world that belongs to these situations. (Analogy: "I won the match".)

166. *This* floats before my mind as I read. So does something go on in reading ...?—This question doesn't get us anywhere.

167. But how can it float before me?—Not in the dimensions you are thinking of.

168. Wie weiß ich, daß einer entzückt ist? Wie lernt man den sprachlichen Ausdruck des Entzückens? Woran knüpft er sich? An den Ausdruck von Körperempfindungen? Fragen wir einen, was er in der Brust, in den Gesichtsmuskeln spürt um herauszufinden, ob er Genuß empfindet?

169. Heißt das aber, es gäbe nicht Empfindungen, die oft beim Genießen der Musik wiederkehren? Durchaus nicht.

170. Ein Gedicht macht uns beim Lesen einen Eindruck. "Fühlst du dasselbe, während du es liest, wie wenn du etwas Gleichgültiges liest?"—Wie habe ich auf diese Frage antworten gelernt? Ich werde vielleicht sagen: "Natürlich nicht!"—was soviel heißt, wie: mich ergreift *dies*, und das Andere nicht.
   "Ich erlebe dabei etwas Anderes."—Und welcher Art ist dies? —Ich kann nichts Befriedigendes antworten. Denn, was ich angebe, ist nicht das Wichtigste.—"Hast du aber nicht *während* des Lesens genossen?" Freilich——denn die entgegengesetzte Antwort hieße: ich hätte es früher oder später genossen; und das will ich nicht sagen.
   Aber nun erinnerst du dich ja doch an Empfindungen und Vorstellungen beim Lesen und zwar solche, die mit dem Genießen, mit dem Eindruck zusammenhängen.—Aber die hatten ihre Bedeutsamkeit nur durch ihre Umgebung erhalten: durch das Lesen des Gedichts, durch meine Vertrautheit mit der Sprache, dem Metrum und unzähligen Zusammenhängen.
   Du mußt dich doch fragen, wie haben wir den Ausdruck "Ist das nicht herrlich!" überhaupt gelernt?—Niemand erklärte ihn uns, indem er sich auf Empfindungen, Vorstellungen oder Gedanken bezog, die das Hören begleiten! Ja, wir würden nicht bezweifeln, daß er's genossen hat, wenn er keine solchen Erlebnisse anzugeben wüßte; wohl aber, wenn es sich zeigte, daß er gewisse Zusammenhänge nicht versteht.

171. Aber zeigt sich das Verständnis nicht z. B. darin, mit welchem Ausdruck einer das Gedicht liest, die Melodie singt? Gewiß. Aber was ist nun hier das Erlebnis während des Lesens? Da müßte man ja sagen: der genieße und verstehe es, der es gut gelesen hört oder in den Sprechorganen fühlt.

172. Man kann auch vom Verstehen einer musikalischen Phrase sagen, es sei das Verstehen einer *Sprache*.

168. How do I know that someone is enchanted? How does one learn the linguistic expression of enchantment? What does it connect up with? With the expression of bodily sensations? Do we ask someone what he feels in his breast and facial muscles in order to find out whether he is feeling enjoyment?

169. But does that mean that there are not sensations which often return when one is enjoying music? Certainly not.

170. A poem makes an impression on us as we read it. "Do you feel the same while you read it as when you read something indifferent?"—How have I learnt to answer this question? Perhaps I shall say "Of course not!"—which is as much as to say: *this* takes hold of me, and the other not.

"I experience something different"—And what kind of thing? —I can give no satisfactory answer. For the answer I give is not what is most important.—"But didn't you enjoy it *during* the reading?" Of course——for the opposite answer would mean: I enjoyed it earlier or later, and I don't want to say that.

But now, surely you remember sensations and images as you read, and they are such as to connect up with the enjoyment, with the impression.—But they got their significance only from the surroundings: through the reading of this poem, from my familiarity with its language, with its metre and with innumerable associations.

You must ask how we learnt the expression "Isn't that glorious!" at all.—No one explained it to us by referring to sensations, images or thoughts that accompany hearing! Nor should we doubt whether he had enjoyed it if he had no account to give of such experiences; though we should, if he shewed that he did not understand certain tie-ups.

171. But isn't understanding shewn e.g. in the expression with which someone reads the poem, sings the tune? Certainly. But what is the experience during the reading? About that you would just have to say: you enjoy and understand it if you hear it well read, or feel it well read in your speech-organs.

172. Understanding a musical phrase may also be called understanding a *language*.

173. Ich denke an eine ganz kurze von nur zwei Takten. Du sagst "Was liegt nicht alles in ihr!" Aber es ist nur sozusagen eine optische Täuschung, wenn du denkst, beim Hören gehe vor, was in ihr liegt. ("Es kommt drauf an, *wer's* sagt".) (Nur in dem Fluß der Gedanken und des Lebens haben die Worte Bedeutung.)

174. Nicht *das* enthält die Täuschung: "*Jetzt* habe ich's verstanden"—und nun folgt vielleicht eine lange Erklärung dessen, was ich verstanden habe.

175. Weist das Thema auf nichts außer sich? Oh ja! Das heißt aber:—Der Eindruck, den es mir macht, hängt mit Dingen in seiner Umgebung zusammen—z. B. mit unserer Sprache und ihrer Intonation, also mit dem ganzen Feld unserer Sprachspiele.
Wenn ich z. B. sage: Es ist, als ob hier ein Schluß gezogen würde oder, als ob hier etwas bekräftigt würde oder, als ob *dies* eine Antwort auf das Frühere wäre,—so setzt mein Verständnis eben die Vertrautheit mit Schlüssen, Bekräftigungen, Antworten voraus.

176. Die Worte "Gottlob! Noch etwas Weniges hat man geflüchtet—vor den Fingern der Kroaten"[1], mit ihrem Ton und Blick, scheinen allerdings schon jede Nuance ihrer Bedeutung in sich zu tragen. Nur darum aber, weil wir sie als Teil einer bestimmten Szene kennen. Man könnte aber eine ganz andere Szene um diese Worte (im gleichen Tone gesprochen) bauen um zu zeigen, wie ihre besondere Seele in der Geschichte liegt, zu der sie gehören.

177. Wenn ich einen mit verbannender Gebärde sagen höre "Weiche!", 'erlebe' ich hier die Bedeutung des Wortes, wie in dem Spiel, wenn ich mir's für mich vorsage und es einmal *so* und einmal *so* 'meine'?—Denn er konnte ja auch sagen "Weiche von mir", und dann erlebte ich vielleicht die ganze Phrase so und so; aber auch das einzelne Wort? Die ergänzenden Worte waren es vielleicht, die mir den Eindruck machten.

---

[1] Schiller, *Wallenstein, Die Piccolomini*, 1. Akt, 2. Szene.

173. I think of a quite short phrase, consisting of only two bars. You say "What a lot that's got in it!" But it is only, so to speak, an optical illusion if you think that what is there goes on as we hear it. ("It all depends *who* says it.") (Only in the stream of thought and life do words have meaning.)

174. What contains the illusion is not *this*: "*Now* I've understood"—followed perhaps by a long explanation of what I have understood.

175. Doesn't the theme point to anything outside itself? Yes, it does! But that means:—it makes an impression on me which is connected with things in its surroundings—e.g. with our language and its intonations; and hence with the whole field of our language-games.
   If I say for example: Here it's as if a conclusion were being drawn, here as if something were being confirmed, *this* is like an answer to what was said before,—then my understanding presupposes a familiarity with inferences, with confirmation, with answers.

176. The words "Gottlob! Noch etwas Weniges hat man geflüchtet—vor den Fingern der Kroaten,"[1] and the tone and glance that go with them seem indeed to carry within themselves every last *nuance* of the meaning they have. But only because we know them as part of a particular scene. But it would be possible to construct an entirely different scene around these words so as to shew that the special spirit they have resides in the story in which they come.

177. If I hear someone say: "Away!" with a gesture of repulsion, do I have an 'experience' of meaning *here* as I do in the game where I pronounce that to myself meaning it now in one sense, now in another?—For he could also have said "Get away from me!" and then perhaps I'd have experienced the whole phrase in such-and-such a way—but the single word? Perhaps it was the supplementary words that made the impression on me.

---

[1] "Heaven be praised! A little slipped—out of the Croat clutches." Schiller, *Wallenstein, Die Piccolomini*, Act 1, Scene 2.

178. Das besondere Erlebnis der Bedeutung ist charakterisiert dadurch, daß wir mit einer Erklärung und der Vergangenheitsform reagieren: gerade so, als erklärten wir die Bedeutung eines Worts für praktische Zwecke.

179. *Vergiß*, vergiß, daß du diese Erlebnisse selber hast!

180. Wie konnte er das Wort in der Bedeutung hören? Wie war es möglich?| Gar nicht——in *diesen* Dimensionen.——

181. Aber ist es also nicht wahr, daß das Wort für mich jetzt das bedeutet? Warum nicht? Es kommt ja dieser Sinn mit der übrigen Verwendung des Wortes nicht in Konflikt.

Es sagt einer: "Gib ihm die Nachricht . . . . und *meine* damit . . . . !"——Was wäre der Sinn dieses Befehls?

182. "Als ich das Wort jetzt aussprach, bedeutete es für mich . . . .". Warum sollte das nicht einfach Wahnsinn sein? Weil *ich* das erlebte? Das ist kein Grund.

183. Der, den ich bedeutungsblind nenne, wird wohl den Auftrag verstehen: "Sag ihm, er solle zur Bank gehen,—ich meine die Gartenbank", aber nicht: "Sag das Wort Bank und meine damit Gartenbank". Welche Formen geistiger Defekte bei Menschen vorgefunden werden, kümmert diese Untersuchung nicht; wohl aber die Möglichkeit solcher Formen. Nicht, ob es Menschen gibt, die eines Gedankens vom Typus "Ich wollte damals . . . ." nicht fähig sind,—sondern wie der Begriff so eines Defekts durchzuführen wäre, interessiert uns.

Wenn du annimmst, daß einer *das* nicht kann, wie ist es dann mit *dem*? Soll er es auch nicht können?—Wohin führt uns dieser Begriff? Denn wir haben ja hier Paradigmen.

184. Verschiedene Menschen empfinden es sehr verschieden stark, wenn die Rechtschreibung eines Worts geändert wird. Und die Empfindung ist nicht nur Pietät für einen alten Gebrauch.—Wem die Orthographie nur eine praktische Frage ist, dem geht ein Gefühl ab, nicht unähnlich dem, welches einem "Bedeutungsblinden" mangeln würde. (Goethe über Personennamen. Die Nummer des Gefangenen.)

185. Wie mancher auch die Frage nicht versteht "Welche Farbe hat für dich der Vokal *a*?"—Wenn einer sie nicht verstünde, wenn er erklärte, sie sei Unsinn,—könnten wir sagen, er verstehe

178. The peculiar experience of meaning is characterized by the fact that we come out with an explanation and use the past tense: just as if we were explaining the meaning of a word for practical purposes.

179. *Forget*, forget that you have these experiences yourself!

180. How could he hear the word with that meaning? How was it possible?! It just wasn't——not in *these* dimensions.——

181. But isn't it true, then, that the word means that to me now? Why not? For this sense doesn't come into conflict with the rest of the use of the word.
   Someone says: "Give him the news that . . . , and *mean* by it. . . ."——What sense would this order make?

182. "When I uttered the word just now, it meant . . . to me." Why should that not be mere lunacy? Because *I* experienced that? That is not a reason.

183. The man I call meaning-blind will understand the instruction "Tell him he is to go to the bank—I mean the river bank," but not "Say the word bank and mean the bank of a river". What concerns this investigation is not the forms of mental defect that are found among men; but the possibility of such forms. We are interested, not in whether there are men incapable of a thought of the type: "I was then going to . . ."—but in how the concept of such a defect should be worked out.
   If you assume that someone cannot do *this*, how about *that*? Are you supposing he can't do that either?—Where does this concept take us? For what we have here are of course paradigms.

184. Different people are very different in their sensitiveness about changes in the orthography of a word. And the feeling is not just piety towards an old use.—If for you spelling is just a practical question, the feeling you are lacking in is not unlike the one that a 'meaning-blind' man would lack. (Goethe on people's names. Prisoners' numbers.)

185. It's just like the way some people do not understand the question "What colour has the vowel *a* for you?"—If someone did not understand this, if he were to declare it was nonsense—

nicht deutsch, oder nicht die Bedeutungen der Wörter "Farbe", "Vokal", etc.?

Im Gegenteil: Wenn er diese Worte verstehen gelernt hat, dann kann er auch auf jene Fragen 'mit Verständnis' oder 'ohne Verständnis' reagieren.

186. Mißverständnis—Unverständnis. Verständnis wird durch Erklärung bewirkt; aber auch durch Abrichtung.

187. Warum kann man einer Katze nicht das Apportieren beibringen? Versteht sie nicht, was man will? Und worin besteht hier Verstehen und Unverständnis?

188. "Ich lese jedes Wort mit dem ihm entsprechenden Gefühl. Das Wort 'aber' z. B. mit dem Abergefühl—u.s.w."——Und selbst wenn das wahr ist,—was bedeutet es eigentlich? Was ist die Logik des Begriffs 'Abergefühl'?—Es wird ja nicht ein Gefühl dadurch, daß ich es "Gefühl" nenne.

189. Ist Lügen ein bestimmtes Erlebnis? Nun, kann ich denn jemandem sagen "Ich werde dich jetzt anlügen" und es dann tun?

190. Inwiefern ist mir die Lüge bewußt, während ich lüge? Nur insofern, als sie mir nicht später erst zum Bewußtsein kommt, und ich doch später weiß, daß ich gelogen habe. Das Sich-der-Lüge-bewußt-sein ist ein *Können*. Dem widerspricht nicht, daß es charakteristische Gefühle des Lügens gibt. [*Randbemerkung:* Absicht.]

191. Das Wissen wird eben nicht in Worte *übersetzt*, wenn es sich äußert. Die Worte sind keine Übersetzung eines Andern, welches vor ihnen da war.

192. "Sich etwas vornehmen, ist ein besonderer innerer Vorgang."—Aber was für ein Vorgang—auch wenn du ihn erdichten dürftest—könnte denn das leisten, was wir vom Vorsatz fordern?

193. Ist es nicht genau so mit dem Verbum "verstehen"? Es erklärt mir jemand die Route, die ich dort und dorthin zu nehmen habe. Er fragt "Hast du mich verstanden?" Ich antworte "Ich hab's verstanden."—Will ich ihm mitteilen, was in mir während seiner Erklärung vorging?—Und doch ließe sich auch das mitteilen.

could we say he did not understand English, or the meaning of the individual words "colour", "vowel" etc.?

On the contrary: Once he has learned to understand these words, then it is possible for him to react to such questions 'with understanding' or 'without understanding'.

186. Misunderstanding—non-understanding. Understanding is effected by explanation; but also by training.

187. Why can't a cat be taught to retrieve? Doesn't it understand what one wants? And what constitutes understanding or failure to understand here?

188. "I read each word with the feeling appropriate to it. The word 'but' e.g. with the but-feeling—and so on."——And even if that is true—what does it really signify? What is the logic of the concept 'but-feeling'?—It certainly isn't a feeling just because I call it "a feeling".

189. Is lying a particular experience? Well, can I tell someone "I am going to tell you a lie" and straightway do it?

190. To what extent am I aware of lying while I'm telling a lie? Just in so far as I don't 'only realise it later on', and all the same I do know later that I was lying. The awareness that one is lying is a knowing-how. It is no contradiction of this that there are characteristic feelings of lying. [*Marginal note:* Intention.]

191. Knowledge is not *translated* into words when it is expressed. The words are not a translation of something else that was there before they were.

192. "To purpose to do something is a special inner process." —But what sort of process—even if you could dream one up— could satisfy our requirements about purpose?

193. Isn't it just like this with the verb "to understand"? Someone tells me the route I have to take to some place and from there on. He asks "Did you understand?" I reply "Yes I did". —Do I mean to tell him what was going on within me during his explanation?—And after all that could be told him too.

194. Denk dir dieses Spiel: Eine Liste von Wörtern verschiedener Sprachen und von sinnlosen Lautreihen wird mir vorgelesen. Ich soll nach jedem sagen, ob ich es verstehe oder nicht; auch, was beim Verstehen oder Nichtverstehen in mir vorging.—Auf das Wort "Baum" werde ich, ohne mich zu bedenken, mit "ja" antworten (ein Bild mag mir dabei vorschweben); auf eine Lautzusammenstellung, die ich noch nie gehört habe, antworte ich ebenso unbedenklich mit "nein". Bei Wörtern, die einen speziellen Farbton bezeichnen, wird häufig ein Vorstellen der Antwort vorhergehen; bei seltenen Wörtern ("Kontinuum" etwa) ein Überlegen; bei Wörtern, wie der Artikel "das" etwa ein Achselzucken; Wörter einer fremden Sprache werde ich *manchmal* ins Deutsche übersetzen; schweben mir Bilder vor, so sind es manchmal die der Gegenstände, die von den Worten bezeichnet werden (wieder tausenderlei Fälle), manchmal andere Bilder.

Dies Spiel könnte man durch eines ergänzen, in welchem einer die Namen von *Tätigkeiten* nennt und bei jeder fragt: "Kannst du das?"—Das Subjekt soll angeben, welche Gründe es hatte, die Frage mit "ja" oder "nein" zu beantworten.

195. Denken wir uns eine Art Vexierbild, worin nicht *ein* bestimmter Gegenstand aufzufinden ist, sondern das uns auf den ersten Blick als ein Gewirr nichtssagender Striche erscheint und nach einigem Suchen erst als, sagen wir, ein Landschaftsbild.— Worin besteht der Unterschied zwischen dem Anblick des Bildes vor und nach der Lösung? Daß wir es beide Male anders sehen, ist klar. In wiefern aber kann man nach der Auflösung sagen, jetzt sage uns das Bild etwas, früher habe es uns nichts gesagt?

196. Wir können diese Frage auch so stellen: Was ist das allgemeine Charakteristikum dafür, daß die Lösung gefunden ist?

197. Ich will annehmen, daß ich, sobald es gelöst ist, die Lösung dadurch kenntlich mache, daß ich gewisse Striche des Bildes stark nachziehe und etwa Schatten eintrage. Warum nennst du nun das Bild, was du eingezeichnet hast, eine Auflösung?

(a) Weil es die klare Darstellung einer Gruppe räumlicher Gegenstände ist.

(b) Weil es die Darstellung eines regelmäßigen Körpers ist.

(c) Weil es eine symmetrische Figur ist.

194. Imagine the following game: A list of words from various languages and of senseless sound-sequences is read out to me. I am to say after each whether I understand it or not; and also what went on within me as I understood or failed to understand.— At the word "tree" I shall answer "yes" without reflection (perhaps an image floats before my mind); at a collocation of sounds that I have never heard before, I answer "No" equally without reflection. At words which stand for particular shades of colour, the answer will often be preceded by an image, at a few words ("continuum," say) there will be consideration; at words like the article "the" perhaps a shrug of the shoulders; words of a foreign language I shall *sometimes* translate into English; when images rise in my mind they are sometimes images of the objects that are designated by the words (in turn a host of cases), sometimes different pictures.

This game might be supplemented by one in which someone calls out the names of *activities* and at each one asks: "Can you do that?"—The subject is to give his reasons for answering the question "yes" or "no".

195. Let us imagine a kind of puzzle picture: there is not *one* particular object to find; at first glance it appears to us as a jumble of meaningless lines, and only after some effort do we see it as, say, a picture of a landscape.—What makes the difference between the look of the picture before and after the solution? It is clear that we see it differently the two times. But what does it amount to to say that after the solution the picture means something to us, whereas it meant nothing before?

196. We can also put this question like this: What is the general mark of the solution's having been found?

197. I will assume that as soon as it is solved I make the solution obvious by strongly tracing certain lines in the picture and perhaps putting in some shadows. Why do you call the picture you have sketched in a solution?
   (a) Because it is the clear representation of a group of spatial objects.
   (b) Because it is the representation of a regular solid.
   (c) Because it is a symmetrical figure.

(d) Weil es eine Figur ist, die mir einen ornamentalen Eindruck macht.

(e) Weil es die Darstellung eines Körpers ist, der mir bekannt vorkommt.

(f) Weil es eine Liste von Auflösungen gibt und diese Figur (dieser Körper) auf der Liste steht.

(g) Weil es eine Art von Gegenstand darstellt, die ich wohl kenne: denn er macht mir den augenblicklichen Eindruck der Wohlbekanntheit, ich verbinde augenblicklich alle möglichen Assoziationen mit ihm; ich weiß, wie er heißt; ich weiß, daß ich ihn oft gesehen habe; ich weiß, wozu man ihn gebraucht; etc..

(h) Weil ich den Gegenstand wohl zu kennen scheine: es fällt mir sogleich ein Wort als sein Name ein (obwohl das Wort keiner bestehenden Sprache angehört); ich sage mir "Natürlich, das ist ja ein . . . . ." und gebe mir eine unsinnige Erklärung, die mir in diesem Augenblick sinnvoll erscheint. (Wie im Traum.)

(i) Weil es ein Gesicht darstellt, welches mir bekannt vorkommt.

(j) Weil es ein Gesicht darstellt, welches ich erkenne: es ist das Gesicht meines Freundes N; es ist ein Gesicht, welches ich oft abgebildet gesehen habe. Etc..

(k) Weil es einen Gegenstand darstellt, den ich mich erinnere, einmal gesehen zu haben.

(l) Weil es ein Ornament ist, das ich gut kenne (obwohl ich nicht weiß, wo ich es gesehen habe).

(m) Weil es ein Ornament ist, das ich gut kenne: ich kenne seinen Namen, weiß, wo ich es schon gesehen habe.

(n) Weil es einen Einrichtungsgegenstand meines Zimmers darstellt.

(o) Weil ich instinktiv diese Striche nachgezogen habe und mich nun beruhigt fühle.

(p) Weil ich mich erinnere, daß dieser Gegenstand beschrieben worden ist.

U. s. w..

(Wer nicht versteht, warum wir über diese Dinge reden, muß, was wir sagen, als leere Spielerei empfinden.)

198. Kann ich mir den Eindruck der Bekanntschaft wegdenken, wo er ist; und hinzudenken, wo er nicht ist? Und was heißt das? Ich sehe z. B. das Gesicht eines Freundes an und frage mich: Wie schaut dieses Gesicht aus, wenn ich es als ein mir fremdes Gesicht sehe (als sähe ich es etwa jetzt zum erstenmal)? Was bleibt

(d) Because it is a shape that makes an ornamental impression on me.

(e) Because it is the representation of a body I am familiar with.

(f) Because there is a list of solutions and this shape (this body) is on the list.

(g) Because it represents a kind of object that I am very familiar with; for it gives me an instantaneous impression of familiarity, I instantly have all sorts of associations in connexion with it; I know what it is called; I know I have often seen it; I know what it is used for etc.

(h) Because I seem to be familiar with the object, a word occurs to me at once as its name (although the word does not belong to any existent language); I tell myself "Of course that's a . . ." and give myself a nonsensical explanation, which at that moment seems to me to make sense. (Like in a dream.)

(i) Because it represents a face which strikes me as familiar.

(j) Because it represents a face which I recognize; it is the face of my friend N; it is a face which I have often seen pictures of, etc.

(k) Because it represents an object which I remember having seen at some time.

(l) Because it is an ornament that I know well (though I don't remember where I have seen it).

(m) Because it is an ornament that I know well; I know its name, I know where I have seen it.

(n) Because it represents part of the furniture of my room.

(o) Because I instinctively traced out those lines and now feel easy.

(p) Because I remember that this object has been described. And so on.

(Anyone who does not understand why we talk about these things must feel what we say to be mere trifling.)

198. Can I think away the impression of familiarity where it exists; and think it into a situation where it does not? And what does that mean? I see e.g. the face of a friend and ask myself: What does this face look like if I see it as a strange face (as if I were seeing it now for the first time)? What remains, as it were,

sozusagen von dem Anblick des Gesichts, wenn ich den Eindruck der Bekanntheit wegdenke, abziehe?—Hier bin ich nun geneigt zu sagen: "Es ist *sehr schwer*, die Bekanntheit von dem Eindruck des Gesichts zu trennen." Aber ich fühle auch, daß das eine schlechte Ausdrucksweise ist. Ich weiß nämlich gar nicht, wie ich es auch nur versuchen soll, diese beiden zu trennen. Der Ausdruck "sie trennen" hat für mich gar keinen klaren Sinn.

Ich weiß, was *es heißt*: "Stell dir diesen Tisch schwarz vor statt braun." Dem entspricht: "Male diesen Tisch, aber schwarz statt braun".

199.   Wie, wenn man sagte: "Denke dir diesen Schmetterling genau so wie er ist, aber häßlich statt schön"?!

200.   *Wir* haben in diesem Fall nicht *bestimmt*, was es heißen soll, sich die Wohlbekanntheit wegzudenken.

Es könnte etwa heißen, sich des Eindrucks entsinnen, den ich hatte, als ich das Gesicht zum ersten Male sah.

201.   Die zeichnerische Darstellung des Innern eines Radioempfängers wird für den, der keine Kunde von solchen Dingen hat, Gewirr sinnloser Striche sein. Hat er aber den Apparat und seine Funktion kennengelernt, so wird jene Zeichnung für ihn ein sinnvolles Bild sein.

Gegeben nun irgend eine mir jetzt sinnlose körperliche Gestalt (etwa im Bild)—kann ich nach Belieben sie sinnvoll vorstellen? Das wäre, als fragte man: Kann ich mir einen beliebig geformten Gegenstand als Gebrauchsgegenstand vorstellen? Aber für welchen Gebrauch?

Man könnte eine Klasse von Körperformen sich methodisch als Wohnungen von Tieren oder Menschen denken. Eine andere Klasse als Waffen. Eine etwa als Modelle von Landschaften. Etc. etc.. Und hier weiß ich also, wie ich einer sinnlosen Form Sinn andichten kann.

202.   Überlege wohl, wie wir das Wort "erkennen" benützen! Ich erkenne die Möbel in meinem Zimmer, meinen Freund, den ich täglich sehe. Aber kein 'Wiedererkennen spielt sich ab'.

203.   Man könnte sagen: Ich hätte keinen Eindruck von dem Zimmer als Ganzes, könnte ich nicht meinen Blick schnell in ihm dahin und dorthin schweifen lassen und mich nicht frei in ihm herumbewegen. (Stream of thought.) Aber nun ist die Frage,

of the look of this face, if I think away, subtract, the impression of familiarity from it? Here I am inclined to say: "It is *very difficult* to separate the familiarity from the impression of the face". But I also feel that this is a bad way of putting things. For I have no notion how I should so much as *try* to separate these two things. The expression "to separate them" does not have any clear sense for me.

I know what *this means*: "Imagine this table black instead of brown". To this there corresponds: "Paint this table, but black instead of brown".

199. Suppose someone were to say: "Imagine this butterfly exactly as it is, but ugly instead of beautiful"?!

200. In this case *we* have not *determined* what thinking the familiarity away is to mean.

It might mean, say, to recall the impression which I had when I saw the face for the first time.

201. For someone who has no knowledge of such things a diagram representing the inside of a radio receiver will be a jumble of meaningless lines. But if he is acquainted with the apparatus and its function, that drawing will be a significant picture for him.

Given some solid figure (say in a picture) that means nothing to me at present—can I at will imagine it as meaningful? That's as if I were asked: Can I imagine an object of any old shape as an appliance? But to be applied to what?

One class of corporeal shapes might readily be imagined as dwellings for beasts or men. Another class as weapons. Another as models of landscapes. Etc. etc. So here I know how I can ascribe meaning to a meaningless shape.

202. Consider well how we use the word "recognize". I recognize the furniture in my room, my friend whom I see every day. But no 'act of recognition takes place'.

203. Someone might say: I should have no impression of the room as a whole, if I could not let my glance roam rapidly to and fro in it and myself move about in it freely. (Stream of thought.) But now the question is: How is it manifested that I 'have an

wie manifestiert es sich, daß ich 'von ihm als Ganzes einen Eindruck habe'? Z. B. in der Selbstverständlichkeit, mit der ich mich in ihm zurechtfinde; in der Abwesenheit des Suchens, Zweifelns und der Verwunderung. Darin, daß eine Unzahl von Tätigkeiten durch seine Wände begrenzt sind, und daß ich alles das als "mein Zimmer" in der Rede zusammenfasse. Darin, daß ich es nützlich und notwendig finde, mich immer wieder des Begriffs 'mein Zimmer' zu bedienen im Gegensatz zu seinen Wänden, Ecken, etc..

204. Wie sieht die Beschreibung einer 'Einstellung' aus?

Man sagt z. B.: "Sieh von diesen Flecken ab und auch von dieser kleinen Unregelmäßigkeit, und schau es als Bild eines . . . . an!"

"Denk dir das weg! Wär's dir auch ohne dieses . . . . unangenehm?" Man wird doch sagen, ich ändere mein Gesichtsbild— wie durch Blinzeln oder Weghalten eines Details. Dieses "Absehen von . . ." spielt doch eine ganz ähnliche Rolle, wie etwa die Anfertigung eines neuen Bildes.

205. Nun wohl,—und das sind gute Gründe dafür zu sagen, wir hätten durch unsre Einstellung unsern Gesichtseindruck geändert. D. h., es sind (dies) gute Gründe, den Begriff 'Gesichtseindruck' so zu begrenzen.

206. "Aber ich kann doch offenbar im Sehen Elemente (Striche z. B.) *zusammennehmen*!" Aber warum nennt man es "zusammennehmen"? Warum braucht man hier ein Wort—*wesentlich*—das schon eine andere Bedeutung hat? (Es ist hier natürlich wie im Fall des Wortes "Kopf*rechnen*".)

207. Wenn ich jemandem sage: "Nimm diese Striche (oder anderes) zusammen!" was wird er tun? Nun, Verschiedenes, je nach den Umständen. Vielleicht soll er sie zu zwei und zwei zählen oder in eine Lade legen oder anblicken etc..

208. Überlegen wir uns, was man über ein Phänomen, wie dieses, sagt:

Die Figur ⊦ einmal als ein F, einmal als das Spiegelbild eines F sehen.

Ich will fragen: Worin besteht es, die Figur einmal so, einmal anders sehen?—Sehe ich wirklich jedesmal etwas Anderes? Oder *deute* ich nur, was ich sehe, auf verschiedene Weise?—Ich bin geneigt, das erste zu sagen. *Aber warum?* Nun, Deuten ist eine Handlung. Es kann z. B. darin bestehen, daß einer sagt "Das

impression of the room as a whole'? For one thing, in its being a matter of course that I find my way around in it; in the absence of hunting about, hesitation, and surprise. In there being no end of activities that are encompassed by its walls and in all this being covered by the expression "my room" when I'm talking. In my finding it useful and necessary to keep on using the idea 'my room', as opposed to its walls, its corners etc.

204. What is the description of an 'attitude' like?
  One says e.g. "Disregard these spots and this little irregularity, and look at it as a picture of a. . . ."
  "Think *that* away. Would you dislike the thing even without this. . . ." Of course it will be said that I alter my visual image —as by blinking or blocking out a detail. This "Disregarding . . ." does indeed play a part quite like, say, the production of a new picture.

205. Very well—that is good reason to say that we altered our visual impression through our attitude. That is to say, there are good reasons to delimit the concept 'visual impression' in this way.

206. "But in seeing I can obviously *take elements together* (lines for example)." But why does one call it "taking together"? Why does one here—*essentially*—need a word that already has another meaning? (This is of course like the case of the phrase "*calculating in one's head*".)

207. If I tell someone "Take these lines (or something else) together" what will he do? Well, various things, according to the circumstances. Perhaps he is supposed to count them two by two, or to put them in a drawer, or to look at them etc.

208. Let us consider what is said about a phenomenon like this:
  Seeing the figure ꓩ now as an F, now as the mirror image of an F.
  I want to ask: what constitutes seeing the figure now like this, now another way?—Do I really see something different every time? Or do I merely *interpret* what I see in a different way?—I am inclined to say the first. *But why?* Well, interpreting is a procedure. It may for example consist in somebody's saying

soll ein F sein"; oder daß er's nicht sagt, aber das Zeichen beim Kopieren durch ein F ersetzt; oder sich überlegt: "Was mag das wohl sein? Es wird ein F sein, das dem Schreiber mißglückt ist." —Sehen ist keine Handlung, sondern ein Zustand. (Grammatische Bemerkung.) Und wenn ich die Figur nie anders als F gelesen, mir nie überlegt habe, was es wohl sein mag, so wird man sagen, ich *sehe* sie als F; wenn man nämlich weiß, daß es sich auch anders sehen läßt. "Deuten" würde ich es nennen, wenn ich sagte: "Das soll gewiß ein 'F' sein; der Schreiber schreibt alle seine 'F' so."

Wie ist man denn überhaupt zu dem Begriff des 'Dies als das sehen' gekommen? Bei welchen Gelegenheiten wird er gebildet, ist für ihn ein Bedarf? (Sehr häufig in der Kunst.) Dort z. B., wo es sich um ein Phrasieren durchs Auge oder Ohr handelt. Wir sagen "Du mußt diese Takte als Einleitung hören", "Du mußt nach dieser Tonart hin hören", "Wenn man diese Figur einmal als . . . . gesehen hat, ist es schwer, sie anders zu sehen", "Ich höre das französische 'ne . . . . pas' als zweiteilige Verneinung, aber nicht als 'nicht ein Schritt' ", etc. etc.. Ist es nun ein wirkliches Sehen oder Hören? Nun: so nennen wir es; mit diesen Worten reagieren wir in bestimmten Situationen. Und *auf* diese Worte reagieren wir wieder durch bestimmte Handlungen.

209. Diese Form, die ich sehe—möchte ich sagen—ist nicht einfach *eine* Form, sondern sie ist eine von den mir bekannten Formen; sie ist eine im Vorhinein ausgezeichnete Form. Sie ist eine von den Formen, deren Bild schon früher in mir war, und nur weil sie so einem Bild entspricht, ist sie die wohlbekannte Form. (Ich trage gleichsam einen Katalog solcher Formen mit mir herum und die Gegenstände, die dort abgebildet sind, sind dann die wohlbekannten.)

210. Aber daß ich das Bild schon früher mit mir herumgetragen habe, wäre nur eine kausale Erklärung des gegenwärtigen Eindrucks. Es ist, als sagte man: diese Bewegung geht so leicht, als wäre sie eingeübt worden.

211. "Wenn ich gefragt werde 'Siehst du dort eine Kugel?', ein andermal 'Siehst du dort die Halbkugel?', so kann, was ich sehe, beide Male das Gleiche sein, und wenn ich antworte 'Ja', so unterscheide ich doch zwischen den beiden Hypothesen. Wie ich im Schachspiel zwischen einem Bauern und dem König unterscheide, auch wenn der gegenwärtige Zug einer ist, den beide machen könnten, und wenn selbst eine Königsfigur als Bauer

"That is *supposed* to be an F"; or not saying it, but replacing the sign with an F in copying; or again considering: "What can that be? It'll be an F that the writer did not hit off."—Seeing is not an action but a state. (A grammatical remark.) And if I have never read the figure as anything but an F, or considered what it might be, we shall say that I *see* it as F; if, that is, we know that it can also be seen differently. I should call it "interpretation" if I were to say "That is certainly supposed to be an F; the writer does all his F's like that."

For how do we arrive at the concept 'seeing this as that' at all? On what occasions does it get formed, when is there need of it? (Very frequently in art.) Where, for example, there is a question of phrasing by eye or ear. We say "You have to hear these bars as an introduction," "You must hear it as in this key." "Once you have seen this figure as . . . it is difficult to see it otherwise", "I hear the French 'ne . . . pas' as a negation in two parts, not as 'not a step'" etc., etc. Now, is it a real case of seeing or hearing? Well, we call it that; we react with these words in particular situations. And we react *to* these words in turn by particular actions.

209. This shape that I see—I want to say—is not simply *a* shape; it is one of the shapes I know; it is a shape marked out in advance. It is one of those shapes of which I already had a pattern in me; and only because it corresponds to such a pattern is it this familiar shape. (I as it were carry a catalogue of such shapes around with me, and the objects portrayed in it *are* the familiar ones.)

210. But my already carrying the pattern around with me would be only a causal explanation of the present impression. It is like saying: this movement is made as easily as if it had been practised.

211. "When I am asked 'Do you see a ball over there' and another time 'Do you see half a ball over there?' what I see may be the same both times, and if I answer 'Yes', still I distinguish between the two hypotheses. As I distinguish between pawn and king in chess, even if the present move is one that either might make, and even if an actual king-piece were being

fungierte."—Man ist in der Philosophie immer in Gefahr, einen Mythus des Symbolismus zu erzeugen, oder einen der seelischen Vorgänge. Statt einfach zu sagen, was jeder weiß und zugeben muß.

212. Ist es Introspektion, was mich lehrt, ob ich's mit einem echten Sehen zu tun habe, oder doch mit einem Deuten? Zuerst einmal muß ich mir klar werden, was ich denn ein Deuten nennen würde; woran sich erkennen läßt, ob etwas ein Deuten oder ein Sehen zu nennen ist. [*Randbemerkung:* Einer Deutung entsprechend sehen.]

213. Sehe ich die Figur nicht einmal so, einmal anders, auch wenn ich nicht mit Worten oder sonst wie reagiere?
   Aber "einmal so", "einmal anders" sind ja Worte, und mit welchem Recht gebrauche ich sie hier? Kann ich dir oder mir selbst mein Recht erweisen? (Es sei denn durch eine weitere Reaktion.)
   Aber ich weiß doch, daß es zwei Eindrücke sind, auch wenn ich's nicht sage! Aber wie weiß ich, daß, was ich dann sage, das ist, was ich wußte? Welche Konsequenzen folgen daraus, daß ich dies als das deute? Welche daraus, daß ich dies als das sehe?

214. Erlebnis der wirklichen Größe. Wir sehen ein Bild, das die Form eines Sessels zeigt; man sagt uns, es stelle eine Konstruktion von Hausgröße vor. Nun sehen wir sie anders.

215. Denk dir, jemand, der auf die Sonne schaut, hätte plötzlich die *Empfindung*, daß nicht sie sich bewegt,—sondern wir an ihr vorüberziehen. Nun will er sagen, er habe einen neuen Bewegungszustand gesehen, in dem wir uns befinden; und denke, er zeigt nun durch Gebärden, welche Bewegung er meint, und daß es nicht die der Sonne ist.—Wir hätten es hier mit zwei verschiedenen Anwendungen des Wortes "Bewegung" zu tun.

216. Nicht den Aspektwechsel sieht man, sondern den Deutungswechsel.

217. Du siehst es nicht einer Deutung, sondern einem Deuten gemäß.

218. Ich deute die Worte; wohl—aber deute ich auch die Mienen? Deute ich einen Gesichtsausdruck als drohend oder freundlich?—Es *kann* geschehen.

used as a pawn."—In philosophy one is in constant danger of producing a myth of symbolism, or a myth of mental processes. Instead of simply saying what anyone knows and must admit.

212. Does introspection tell me whether what I have here is a genuine case of seeing, or one of interpretation after all? First of all I must make clear to myself what I should call an interpretation; how to tell whether something is to be called a case of interpreting or of seeing. [*Marginal note:* Seeing according to an interpretation.]

213. Don't I see the figure now like this, now another way, even when I do not react verbally or otherwise?

But "now like this" "now another way" are words, and what right have I to use them here? Can I shew my right to you or to myself? (Unless by a further reaction.)

But I surely know that they are two impressions, even if I don't say so. But how do I know that what I say is what I knew? What consequences follow from my interpreting this as that, or from my seeing this as that?

214. Experience of the real size. We see a picture showing a chair-shape; we are told it represents a construction the size of a house. Now we see it differently.

215. Imagine someone watching the sun and suddenly having the *feeling* that it is not the sun that moves—but we that move past it. Now he wants to say he has seen a new state of motion that we are in; imagine him showing by gestures which movement he means, and that it is not the sun's movement.—We should here be dealing with two different applications of the word "movement".

216. We see, not change of aspect, but change of interpretation.

217. You see it conformably, not to an interpretation, but to an act of interpreting.

218. I interpret words; yes—but do I also interpret looks? Do I interpret a facial expression as threatening or kind?—That *may* happen.

Wenn ich nun sagte: "Es ist nicht genug, daß ich das drohende Gesicht wahrnehme, sondern ich muß es erst deuten."—Es zückt jemand das Messer auf mich, und ich sage: "Ich fasse das als eine Drohung auf."

219. Chinesische Gebärden verstehen wir so wenig wie chinesische Sätze.

220. Das Bewußtsein in des Andern Gesicht. Schau ins Gesicht des Andern, und sieh das Bewußtsein in ihm und einen bestimmten Bewußtsein*ton*. Du siehst auf ihm, in ihm, Freude, Gleichgültigkeit, Interesse, Rührung, Dumpfheit u.s.f.. Das Licht im Gesicht des Andern.

Schaust du in *dich*, um den Grimm in *seinem* Gesicht zu erkennen? Er ist dort so deutlich wie in deiner eigenen Brust.

(Und was will man nun sagen? Daß das Gesicht des Andern mich zur Nachahmung anregt, und daß ich also kleine Bewegungen und Muskelspannungen im eigenen empfinde und die Summe dieser *meine*? Unsinn. Unsinn,—denn du machst Annahmen statt bloß zu beschreiben. Wem hier Erklärungen im Kopf spuken, der vernachlässigt es, sich auf die wichtigsten Tatsachen zu besinnen.)

221. "Das Bewußtsein ist so deutlich in seinem Gesicht und Benehmen, wie in mir selbst."

222. Das menschliche Auge sehen wir nicht als Empfänger, es scheint nicht etwas einzulassen, sondern auszusenden. Das Ohr empfängt; das Auge blickt. (Es wirft Blicke, es blitzt, strahlt, leuchtet.) Mit dem Auge kann man schrecken, nicht mit dem Ohr, der Nase. Wenn du das Auge siehst, so siehst du etwas von ihm ausgehen. Du siehst den Blick des Auges.

223. "Wenn du nur von deinen physiologischen Vorurteilen wegkommst, wirst du gar nichts daran finden, daß das Blicken des Auges auch gesehen werden kann." Ich sage ja auch, ich sehe den Blick, den du dem Andern zuwirfst. Und wollte man mich verbessern und sagen, ich *sähe* ihn eigentlich nicht, so hielte ich das für bloße Dummheit.

Anderseits habe ich mit meiner Redeweise nicht etwas *zugegeben*, und ich widerspreche dem, der mir sagt, ich sähe den Blick 'geradeso' wie die Gestalt und Farbe des Auges.

Denn das 'naive Sprechen', d.h. unsere naive, normale Ausdrucksweise enthält ja keine Theorie des Sehens—zeigt dir keine *Theorie*, sondern nur einen *Begriff* des Sehens.

Suppose I said: "It is not enough to perceive the threatening face, I have to interpret it."—Someone whips out a knife at me and I say "I conceive that as a threat."

219. We don't understand Chinese gestures any more than Chinese sentences.

220. Consciousness in another's face. Look into someone else's face, and see the consciousness in it, and a particular *shade* of consciousness. You see on it, in it, joy, indifference, interest, excitement, torpor and so on. The light in other people's faces.

Do you look into *yourself* in order to recognize the fury in *his* face? It is there as clearly as in your own breast.

(And what do we want to say now? That someone else's face stimulates me to imitate it, and that I therefore feel little movements and muscle-contractions in my own face and *mean* the sum of these? Nonsense. Nonsense,—because you are making assumptions instead of simply describing. If your head is haunted by explanations here, you are neglecting to remind yourself of the most important facts.)

221. "Consciousness is as clear in his face and behaviour, as in myself."

222. We do not see the human eye as a receiver, it appears not to let anything in, but to send something out. The ear receives; the eye looks. (It casts glances, it flashes, radiates, gleams.) One can terrify with one's eyes, not with one's ear or nose. When you see the eye you see something going out from it. You see the look in the eye.

223. "If you only shake free from your physiological prejudices, you will find nothing queer about the fact that the glance of the eye can be seen too." For I also say that I see the look that you cast at someone else. And if someone wanted to correct me and say that I don't really *see* it, I should take that for pure stupidity.

On the other hand I have not *made any admissions* by using that manner of speaking, and I should contradict anyone who told me I saw the glance 'just the way' I see the shape and colour of the eye.

For 'naïve language', that is to say our naïve, normal way of expressing ourselves, does not contain any theory of seeing— does not show you a *theory* but only a *concept* of seeing.

224. Laß einen Menschen zornig, hochmütig, ironisch blicken; und nun verhäng sein Gesicht, daß nur die Augen frei bleiben,— in denen der ganze Ausdruck vereint schien: Ihr Ausdruck ist nun überraschend *vieldeutig*.

225. "Man *sieht* Gemütsbewegung."—Im Gegensatz wozu?— Man sieht nicht die Gesichtsverziehungen und *schließt* nun (wie der Arzt, der eine Diagnose stellt) auf Freude, Trauer, Langeweile. Man beschreibt sein Gesicht unmittelbar als traurig, glückstrahlend, gelangweilt, auch wenn man nicht imstande ist, eine andere Beschreibung der Gesichtszüge zu geben.—Die Trauer ist im Gesicht personifiziert, möchte man sagen.
  Dies gehört zum Begriff der Gemütsbewegung.

226. (Die Häßlichkeit eines Menschen kann im Bild, im gemalten, abstoßen, wie in der Wirklichkeit, aber auch in der Beschreibung, in den Worten.)

227. Es ist sonderbar: Unser Verstehen einer Geste möchten wir durch ihre Übersetzung in Worte erklären, und das Verstehen von Worten durch Übersetzung in eine Geste. (So werden wir hin und her geworfen, wenn wir suchen wollen, wo das Verstehen eigentlich liegt.)
  Und wirklich werden wir Worte durch eine Geste, und eine Geste durch Worte erklären.

228. Erkläre einem, die Zeigerstellung, die du aufgezeichnet hast, solle ausdrücken: die Zeiger dieser Uhr stünden jetzt so.— Die Unbeholfenheit, mit der das Zeichen, wie ein Stummer, durch allerlei suggestive Gebärden sich verständlich zu machen sucht—sie verschwindet, wenn wir erkennen, daß es aufs *System* ankommt, dem das Zeichen angehört.
  Man wollte sagen: nur der *Gedanke* kann es *sagen*, das Zeichen nicht.

229. Eine *Deutung* ist doch etwas, was in Zeichen gegeben wird. Es ist diese Deutung im Gegensatz zu einer andern (die anders lautet).—Wenn man also sagen wollte "Jeder Satz bedarf noch einer Deutung", so hieße das: kein Satz kann ohne einen Zusatz verstanden werden.

230. Ähnlich wäre es fast, wenn man beim Würfeln, wieviel ein Wurf gelten soll, durch einen weitern Wurf bestimmte.

224. Get a human being to give angry, proud, ironical looks; and now veil the face so that only the eyes remain uncovered—in which the whole expression seemed concentrated: their expression is now surprisingly *ambiguous*.

225. "We *see* emotion."—As opposed to what?—We do not see facial contortions and make inferences from them (like a doctor framing a diagnosis) to joy, grief, boredom. We describe a face immediately as sad, radiant, bored, even when we are unable to give any other description of the features.—Grief, one would like to say, is personified in the face.

This belongs to the concept of emotion.

226. (The ugliness of a human being can repel in a picture, in a painting, as in reality, but so it can too in a description, in words.)

227. How curious: we should like to explain our understanding of a gesture by means of a translation into words, and the understanding of words by translating them into a gesture. (Thus we are tossed to and fro when we try to find out where understanding properly resides.)

And we really shall be explaining words by a gesture, and a gesture by words.

228. Explain to someone that the position of the clock-hands that you have just noted down is supposed to mean: the hands of this clock are now in this position.—The awkwardness of the sign in getting its meaning across, like a dumb person who uses all sorts of suggestive gestures—this disappears when we know that it all depends on the *system* to which the sign belongs.

We wanted to say: only the *thought* can *say* it, not the sign.

229. But an *interpretation* is something that is given in signs. It is this interpretation as opposed to a different one (running differently).—So when we wanted to say "Any sentence still stands in need of an interpretation", that meant: no sentence can be understood without a rider.

230. It would almost be like settling how much a toss is to be worth by another toss.

231. Mit "Intention" meine ich hier das, was das Zeichen im Gedanken verwendet. Die Intention scheint zu interpretieren, die endgültige Interpretation zu geben; aber nicht ein weiteres Zeichen oder Bild, sondern etwas Anderes, das, was man nicht wieder interpretieren kann. Aber ein psychologisches Ende ist erreicht, kein logisches.

Denken wir eine Zeichensprache, eine 'abstrakte', ich meine eine, die uns fremd ist, in der wir uns nicht heimisch fühlen, in der, wie wir sagen würden, wir nicht *denken*; und denken wir uns diese Sprache interpretiert durch eine Übersetzung in eine, wir wir sagen möchten, unzweideutige Bildersprache; eine Sprache, die aus perspektivisch gemalten Bildern besteht. Es ist ganz klar, daß es viel leichter ist, sich verschiedene *Deutungen* der Schriftzeichen zu denken, als eines in gewohnter Art gemalten Bildes. Hier werden wir auch geneigt sein zu denken, es gebe keine Möglichkeit der Deutung mehr.

232. Wir könnten da auch sagen, wir lebten nicht in der Zeichensprache, wohl aber im gemalten Bilde.

233. "Nur das intendierte Bild reicht als Maßstab an die Wirklichkeit heran. Von außen betrachtet, steht es gleich tot und isoliert da."—Es ist, als hätten wir ein Bild erst so angeschaut, daß wir in ihm leben und die Gegenstände in ihm uns als wirkliche umgeben, und dann träten wir zurück und wären nun außerhalb, sähen den Rahmen, und das Bild wäre eine bemalte Fläche. So, wenn wir intendieren, umgeben uns die *Bilder* der Intention, und wir leben unter ihnen. Aber wenn wir aus der Intention heraustreten, so sind es bloße Flecke auf einer Leinwand, ohne Leben und ohne Interesse für uns. Wenn wir intendieren, leben wir im Raum der Intention, unter den Bildern (Schatten) der Intention zugleich mit den wirklichen Dingen. Denken wir, wir sitzen im verdunkelten Kino und leben im Film. Der Saal wird nun erhellt, aber das Lichtspiel auf der Leinwand geht weiter. Aber jetzt stehen wir plötzlich außerhalb und sehen es als Bewegungen von lichten und dunkeln Flecken auf einer Leinwand.

(Im Traum geschieht es manchmal, daß wir eine Geschichte erst lesen und dann in ihr selbst agieren. Und nach dem Aufwachen aus einem Traum ist es manchmal, als wären wir aus dem Traum heraus zurückgetreten und sehen ihn jetzt als ein fremdes Bild vor uns.) Und es heißt auch etwas, "in den Seiten eines Buches leben".

231. By "intention" I mean here what uses a sign in a thought. The intention seems to interpret, to give the final interpretation; which is not a further sign or picture, but something else—the thing that cannot be further interpreted. But what we have reached is a psychological, not a logical terminus.

Think of a sign language, an 'abstract' one, I mean one that is strange to us, in which we do not feel at home, in which, as we should say, we do not *think*; and let us imagine this language interpreted by a translation into—as we should like to say—an unambiguous picture-language, a language consisting of pictures painted in perspective. It is quite clear that it is much easier to imagine different *interpretations* of the written language than of a picture painted in the usual way. Here we shall also be inclined to think that there is no further possibility of interpretation.

232. Here we might also say we didn't enter into the sign-language, but did enter into the painted picture.

233. "Only the intended picture reaches up to reality like a yard-stick. Looked at from outside, there it is, lifeless and isolated."
—It is as if at first we looked at a picture so as to enter into it and the objects in it surrounded us like real ones; and then we stepped back, and were now outside it; we saw the frame, and the picture was a painted surface. In this way, when we intend, we are surrounded by our intention's *pictures*, and we are inside them. But when we step outside intention, they are mere patches on a canvas, without life and of no interest to us. When we intend, we exist in the space of intention, among the pictures (shadows) of intention, as well as with real things. Let us imagine we are sitting in a darkened cinema and entering into the film. Now the lights are turned on, though the film continues on the screen. But suddenly we are outside it and see it as movements of light and dark patches on a screen.

(In dreams it sometimes happens that we first read a story and then are ourselves participants in it. And after waking up after a dream it is sometimes as if we had stepped back out of the dream and now see it before us as an alien picture.) And it also means something to speak of "living in the pages of a book."

234. Nicht das findet statt, daß sich dieses Symbol nicht mehr deuten läßt, sondern: ich deute nicht. Ich deute nicht, weil ich mich in dem gegenwärtigen Bild heimisch fühle. Wenn ich deute, so schreite ich auf dem Gedankenweg von Stufe zu Stufe.

235. Sehe ich das gedachte Symbol 'von außen' an, so kommt es mir zum Bewußtsein, daß es so und so gedeutet werden *könnte*; ist es eine Stufe meines Gedankenweges, so ist es ein mir natürlicher Aufenthalt, und es beschäftigt (und beunruhigt) mich seine weitere Deutbarkeit nicht.—Wie ich die Tabelle, den Fahrplan bei mir habe und verwende, ohne daß es mich beschäftigt, daß eine Tabelle verschiedenerlei Deutungen zuläßt.

236. Wenn ich den Vorgang der Intention beschreiben will, so fühle ich vor allem, daß sie noch am ehesten leisten kann, was sie soll, wenn sie ein äußerst getreues Bild von dem enthält, was sie intendiert. Aber ferner, daß auch das nicht ausreicht, weil ja das Bild, was immer es ist, sich verschieden deuten läßt; daß also dieses Bild doch wieder isoliert dasteht. Wie man das Bild allein ins Auge faßt, ist es plötzlich tot, und es ist, als wäre ihm etwas genommen worden, was es zuvor belebt hatte. Es ist kein Gedanke, keine Intention, und wie immer wir es uns begleitet denken, durch artikulierte oder unartikulierte Vorgänge, und durch welche Empfindungen immer: es bleibt isoliert, weist nicht aus sich heraus auf eine Realität außer ihm.

Nun sagt man: "Freilich intendiert das Bild nicht, sondern wir müssen mit ihm etwas intendieren". Aber wenn dieses Intendieren, Meinen wieder etwas ist, was mit dem Bild geschieht, so sehe ich nicht ein, warum das an einen Menschen gebunden sein soll. Man kann ja auch den Vorgang der Verdauung als chemischen Prozeß studieren, unabhängig davon, ob er in einem Lebewesen stattfindet. Wir wollen sagen "Das Meinen ist doch wesentlich ein geistiger Vorgang, ein Vorgang des bewußten Lebens, nicht der toten Materie". Aber was soll einen solchen ausmachen, als die spezifische Art dessen, was vorgeht—solange wir eben an einen Vorgang denken. Und nun scheint es uns, als ob gar kein Vorgang, welcher Art immer, das Intendieren sein kann.—Wir sind eben hier mit der Grammatik des *Vorgangs* nicht zufrieden, und nicht mit der spezifischen Art *eines* Vorgangs.— Man könnte sagen: jeden Vorgang würden wir in diesem Sinne "tot" nennen!

234. What happens is not that this symbol cannot be further interpreted, but: I do no interpreting. I do not interpret, because I feel at home in the present picture. When I interpret, I step from one level of thought to another.

235. If I see the thought symbol 'from outside', I become conscious that it *could* be interpreted thus or thus; if it is a step in the course of my thoughts, then it is a stopping-place that is natural to me, and its further interpretability does not occupy (or trouble) me. As I have a time-table and use it without being concerned with the fact that a table is susceptible of various interpretations.

236. If I try to describe the process of intention, I feel first and foremost that it can do what it is supposed to only by containing an extremely faithful picture of what it intends. But further, that that too does not go far enough, because a picture, whatever it may be, can be variously interpreted; hence this picture too in its turn stands isolated. When one has the picture in view by itself it is suddenly dead, and it is as if something had been taken away from it, which had given it life before. It is not a thought, not an intention; whatever accompaniments we imagine for it, articulate or inarticulate processes, or any feeling whatsoever, it remains isolated, it does not point outside itself to a reality beyond.

Now one says: "Of course it is not the picture that intends, but we who use it to intend something." But if this intending, this meaning, is in turn something that is done with the picture, then I cannot see why that has to involve a human being. The process of digestion can also be studied as a chemical process, independently of whether it takes place in a living being. We want to say "Meaning is surely essentially a mental process, a process of conscious life, not of dead matter." But what will give such a thing the specific character of what goes on?—so long as we think of it as a process. And now it seems to us as if intending could not be any process at all, of any kind whatever.—For what we are dissatisfied with here is the grammar of *process*, not the specific kind of process.—It could be said: we should call any process "dead" in this sense.

237. Fast könnte man sagen: "Die Meinung *geht*, während jeder Vorgang steht".

238. Man sagt: Wie kann denn diese Gebärde, diese Haltung der Hand, dieses Bild der Wunsch sein, daß das und das der Fall wäre? Sie ist weiter nichts als eine Hand über einem Tisch und steht allein und ohne *Sinn* da! Wie eine einzelne Kulisse, die von der Aufführung eines Theaterstücks allein in einem Zimmer stehengeblieben ist. Sie hatte Leben nur im Stück.

239. "Der Gedanke stand in diesem Augenblick vor meiner Seele."—Und wie?—"Ich hatte dieses Bild."—So war das Bild der Gedanke? Nein; denn hätte ich einem bloß das Bild mitgeteilt, so hätte er nicht den Gedanken erhalten.

240. Das Bild war der Schlüssel. Oder es *erschien* doch als Schlüssel.

241. Denken wir uns eine Bildergeschichte in schematischen Bildern, also ähnlicher der Erzählung in einer Sprache, als eine Folge realistischer Bilder. Man könnte in so einer Bildersprache etwa insbesondere den Gang von Schlachten festgehalten haben. (Sprachspiel.) Und ein Satz unserer Wortsprache kommt so einem Bild dieser Bildersprache viel näher als man meint.

242. Denken wir auch daran, daß wir uns solche Bilder nicht erst in realistische übertragen, um sie zu 'verstehen', so wenig wir uns je Photographien oder die Bilder eines Films in farbige Bilder übertragen, obwohl uns schwarz-weiße Menschen oder Pflanzen in der Wirklichkeit unsagbar fremd und schrecklich vorkämen.
   Wie, wenn wir nun hier sagten "Ein Bild ist etwas nur in einer Bildersprache"?

243. Gewiß, ich lese eine Geschichte und kümmere mich den Teufel um ein System der Sprache. Ich lese einfach, habe Eindrücke, sehe Bilder vor mir, etc.. Ich lasse die Geschichte an mir vorüberziehen wie Bilder, wie eine Bildergeschichte. (Damit will ich natürlich nicht sagen, daß jeder Satz in mir ein visuelles Bild oder mehrere hervorruft, und daß das etwa der Zweck eines Satzes sei.)

244. "Sätze dienen ja dazu zu beschreiben, wie sich alles verhält", denken wir. Der Satz als *Bild*.

237. It might almost be said: "Meaning *moves*, whereas a process stands still."

238. One says: How can these gestures, this way of holding the hand, this picture, be the wish that such and such were the case? It is nothing more than a hand over a table and there it is, alone and without a *sense*. Like a single bit of scenery from the production of a play, which has been left by itself in a room. It had life only in the play.

239. "At that moment the thought was before my mind."—And how?—"I had this picture."—So was the picture the thought? No; for if I had just told someone the picture, he would not have got the thought.

240. The picture was the key. Or it *seemed* like a key.

241. Let us imagine a picture story in schematic pictures, and thus more like the narrative in a language than a series of realistic pictures. Using such a picture-language we might in particular e.g. keep our hold on the course of battles. (Language-game.) And a sentence of our word-language approximates to a picture in this picture language much more closely than we think.

242. Let us remember too that we don't have to translate such pictures into realistic ones in order to 'understand' them, any more than we ever translate photographs or film pictures into coloured pictures, although black-and-white men or plants in reality would strike us as unspeakably strange and frightful.

Suppose we were to say at this point: "Something is a picture only in a picture-language"?

243. Certainly I read a story and don't give a hang about any system of language. I simply read, have impressions, see pictures in my mind's eye, etc.. I make the story pass before me like pictures, like a cartoon story. (Of course I do not mean by this that every sentence summons up one or more visual images, and that that is, say, the purpose of a sentence.)

244. "Sentences serve to describe how things are", we think. The sentence as a *picture*.

245. Ich verstehe dieses Bild genau, ich könnte es in Ton modellieren.—Ich verstehe diese Beschreibung genau, ich könnte eine Zeichnung nach ihr machen.

Man könnte in vielen Fällen als Kriterium des Verstehens festsetzen, daß man den Sinn des Satzes muß zeichnerisch darstellen können. (Ich denke etwa an eine offiziell festgelegte Prüfung des Verstehens.) Wie wird man z. B. im Kartenlesen geprüft?

246. Und das sinnvolle Bild ist das, was ich nicht nur zeichnen, sondern auch plastisch darstellen kann. Und dies zu sagen hätte Sinn. Aber das Denken des Satzes ist nicht eine Tätigkeit, die man nach den Worten vollzieht (wie etwa das Singen nach den Noten). Das folgende Beispiel zeigt dies. Hat es Sinn zu sagen "Ich habe so viele Freunde, als eine Lösung der Gleichung . . . . . ergibt"? Ob dies Sinn hat, ist der Gleichung unmittelbar nicht anzusehen. Und man weiß, während man den Satz liest, nicht, ob er sich denken läßt oder nicht. Ob er sich verstehen läßt oder nicht.

247. Was heißt es denn: "entdecken, daß ein Satz keinen Sinn hat"?

Und was heißt das: "wenn ich etwas damit meine, muß es doch Sinn haben"?

Das Erste heißt doch: sich durch die Erscheinung eines Satzes nicht irren lassen und seine Anwendung im Sprachspiel untersuchen.

Und "wenn ich etwas damit meine"—heißt das etwas *Ähnliches* wie: "wenn ich mir etwas dabei vorstellen kann"?—Von der Vorstellung führt oft ein Weg zur weiteren Verwendung.

248. (Etwas, was auf den ersten Blick ausschaut wie ein Satz und keiner ist.) Der folgende Vorschlag zur Konstruktion einer Straßenwalze wurde mir einmal mitgeteilt. Der Motor befindet sich im Innern der hohlen Walze. Die Kurbelwelle läuft durch die Mitte der Walze und ist an beiden Enden durch Speichen mit dem Walzenrand verbunden. Der Zylinder des Motors ist an der Innenseite der Walze befestigt. Auf den ersten Blick sieht diese Konstruktion wie eine Maschine aus. Aber sie ist ein starres System, und der Kolben kann sich im Zylinder nicht aus und ein bewegen. Wir haben ihn der Bewegungsmöglichkeit beraubt und wissen es nicht.

245. I understand the picture exactly, I could model it in clay.—
I understand this description exactly, I could make a drawing
from it.

In many cases we might set it up as a criterion of understanding,
that one had to be able to represent the sense of a sentence in a
drawing (I am thinking of an officially instituted test of understanding). How is one examined in map-reading, for example?

246. And the significant picture is what can not merely be
drawn, but also represented plastically. And saying this would
make sense. But the thinking of a sentence is not an activity
which one does from the words (like, say, singing from the notes).
The following example shews this. Does it make sense to say
"I have as many friends as the number yielded by a solution of the
equation . . . "? One can't immediately see whether this makes
sense, from the equation. And so while one is reading the
sentence one doesn't know whether or not it can be thought.
Whether or not it can be understood.

247. For what does it mean "to discover that a sentence does
not make sense"?

And what does this mean: "if I mean something by it, surely it
must make sense"?

The first presumably means: not to be misled by the appearance
of a sentence and to investigate its application in the language-
game.

And "if I mean something by it"—does that mean something
like: "if I can imagine something in connexion with it"?—An
image often leads on to a further application.

248. (Something that at first sight looks like a sentence and is
not one.) The following design for the construction of a steam-
roller. The motor is in the inside of the hollow roller. The
crank-shaft runs through the middle of the roller and is connected at both ends by spokes with the wall of the roller. The
cylinder of the motor is fixed onto the inside of the roller. At
first glance this construction looks like a machine. But it is a
rigid system and the piston cannot move to and fro in the cylinder.
Unwittingly we have deprived it of all possbility of movement.

249. "Nichts leichter, als sich einen 4-dimensionalen Würfel vorstellen! Er schaut[1] so aus:

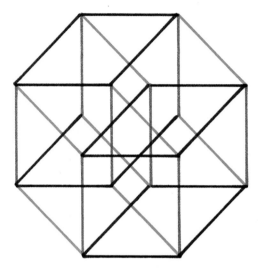

Aber das meine ich nicht, ich meine etwas wie

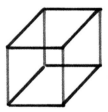

nur mit 4 Ausdehnungen!—"Aber ist nicht, was ich dir gezeigt habe, eben etwas wie

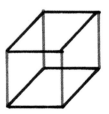

[1] Im Original findet man keine Zeichnung; der Leser möge sich etwas Passendes ausdenken. Es gibt verschiedene Möglichkeiten; wir haben eine Zeichnung von Dr. R. B. O. Richards benutzt. Herausg.

249. "Nothing easier than to imagine a four-dimensional cube! It looks like this:[1]

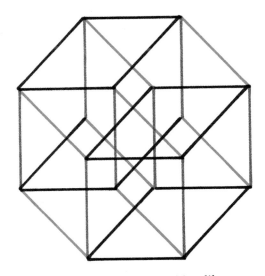

But I don't mean that, I mean something like

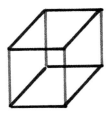

but with four dimensions!—"But *isn't* what I showed you like

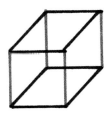

[1] No drawing appears in the MS. at this place; the reader may imagine something appropriate. Of various possibilities, we have adopted a drawing by Dr. R. B. O. Richards. Eds.

nur mit 4 Ausdehnungen?"—Nein; das *meine* ich nicht!——Was aber meine ich? Was ist mein Bild? Nun, der 4-dimensionale Würfel, wie du ihn gezeichnet hast, ist es *nicht*! Ich habe jetzt als Bild nur die *Worte* und die Ablehnung alles dessen, was du mir zeigen kannst.

250. Sind die Rosen rot im Finstern?—Man kann an die Rose im Finstern als rot denken.—

(Daß man sich etwas 'denken' kann, sagt nicht, daß es Sinn hat, es zu sagen.)

251. "Die Annahme, daß dieser Mensch—der sich ganz normal benimmt—dennoch blind ist, hat doch Sinn!"—D. h.: 'es ist doch eine Annahme', 'ich kann doch so etwas wirklich annehmen'. Und das heißt: ich mache mir doch ein Bild von dem, was ich annehme. Wohl, aber geht es weiter? Wenn ich die Annahme, daß einer blind ist, unter andern Umständen mache, bestätige ich mir doch nie, daß diese Annahme wirklich Sinn hat. Und daß ich mir dabei wirklich etwas denke, ein Bild habe, spielt dann gar keine Rolle. Dieses Bild wird erst hier wichtig, wo es sozusagen der einzige Anhaltspunkt dafür ist, daß ich wirklich eine Annahme gemacht habe. Ja es ist alles, was von der Annahme hier noch übrig ist.

252. "Ich kann mir sehr wohl vorstellen, daß einer so handelt und doch nichts Schandbares in der Handlung sieht."—Und nun folgt eine Beschreibung, wie man sich das vorzustellen habe.
"Ich kann mir eine menschliche Gesellschaft vorstellen, in welcher es als unanständig gilt zu rechnen, außer zum Zeitvertreib." Das heißt ungefähr soviel wie: ich könnte mir dies Bild leicht weiter ausmalen.

253. "Ich habe tatsächlich nie gesehen, daß ein schwarzer Fleck allmählich heller wird, bis er weiß ist, dann das Weiß immer rötlicher, bis er rot ist. Aber ich weiß, daß es möglich ist, weil ich es mir vorstellen kann."

254. (Wenn man mit jemandem über eine Zeiteinteilung redet, so geschieht es oft, daß man die Uhr zieht, nicht um zu sehen, wieviel Uhr es ist, sondern um sich ein Bild der überdachten Einteilung machen zu können.)

only with four dimensions?"—No; I don't *mean* that!——But what do I mean? What is my picture? Well, it is *not* the four-dimensional cube as you drew it. I have now for a picture only the *words* and my rejection of anything you can show me.

250. Are roses red in the dark?—One can think of the rose in the dark as red.—

(That one can 'imagine' something does not mean that it makes sense to say it.)

251. "The supposition that this person—who behaves quite normally—is nevertheless blind, surely makes sense!"—That means: 'after all it is a supposition.' 'I surely can actually suppose something like that.' And that means: I picture the thing I am supposing. Very well: but does it go any further than that? If in other circumstances, I suppose that someone is blind, I never assure myself that this assumption really makes sense. And my actually imagining something, picturing something, as I make the assumption, plays no part at all in that case. This picture only becomes important here, where it is so to speak the only thing that gives a handle for thinking that I really have supposed something. That is all that is left of there being an assumption here.

252. "I can quite well imagine someone acting like that and nevertheless seeing nothing shameful in the action." There follows a description shewing how this is to be imagined.

"I can imagine a human society in which it counts as dishonest to calculate, except as a pastime." That means roughly the same as: I could easily fill this picture out with more detail.

253. "I haven't ever in fact seen a black patch gradually getting lighter until it was white and then the white turning more and more reddish, until it was red. But I know that it is possible, because I can imagine it."

254. (When you are talking with someone about some division of time, you often take out your watch, not to see what time it is, but to help form a picture of the division being considered.)

255. Wie kann man durch Denken die Wahrheit lernen? Wie man ein Gesicht besser sehen lernt, wenn man es zeichnet.

256. Die Philosophen, die glauben, daß man im Denken die Erfahrung gleichsam ausdehnen kann, sollten daran denken, daß man durchs Telefon die Rede, aber nicht die Masern übertragen kann.

Ich kann auch nicht die Zeit als begrenzt empfinden, wenn ich will, oder das Gesichtsfeld als homogen etc..[1]

257. Wäre es möglich, eine *neue* Farbe zu entdecken? (Denn der Farbenblinde ist ja in derselben Lage wie wir, seine Farben bilden ein ebenso komplettes System, wie die unsern; er sieht keine Lücke, wo die übrigen Farben noch hinein gehörten.)

(Vergleich mit der Mathematik.)[2]

258. Man kann in der Logik die Allgemeinheit nicht weiter ausdehnen, als unsere logische Voraussicht reicht. Oder richtiger: als unser logischer Blick reicht.

259. "Wie aber kann der menschliche Verstand der Wirklichkeit vorausfliegen, und selbst das Unverifizierbare *denken*?"—Warum sollen wir nicht das Unverifizierbare *reden*? Wir machten es ja selbst unverifizierbar.

Es wird ein falscher *Schein* erzeugt? Und wie kann es auch nur so *scheinen*? Willst du denn nicht sagen, daß dies *so* auch nicht einmal eine Beschreibung ist? Nun, dann ist es also kein *falscher* Schein, sondern vielmehr einer, der uns der Orientierung beraubt. So daß wir uns an den Kopf greifen und eben fragen: Wie ist es möglich?

260. Man kann nur scheinbar "über jede mögliche Erfahrung hinausgehen"; ja, dieses Wort hat auch nur scheinbar Sinn, weil es nach Analogie sinnvoller Ausdrücke gebildet ist.

261. Die "Philosophie des Als Ob" beruht ganz auf dieser Verwechslung zwischen Gleichnis und Wirklichkeit.

262. "Ich kann doch nicht in den Gedanken, durch Worte, eine Voraussicht erschleichen von etwas, was ich *nicht kenne*.

(Nihil est in intellectu . . . . .)

Als könnte ich in den Gedanken gleichsam von hinten herum kommen und einen Blick von etwas erhaschen, was von vorn zu sehen unmöglich ist."

***

[1] S. *Philosophische Bemerkungen* § 66. Herausg.
[2] S. *Philosophische Bemerkungen* § 95. Herausg.

255. How can one learn the truth by thinking? As one learns to see a face better if one draws it.

256. Philosophers who think that one can as it were use thought to make an extension of experience, should think about the fact that one can transmit talk, but not measles, by telephone.

Nor can I experience time as limited, when I want to, or my visual field as homogeneous etc.[1]

257. Would it be possible to discover a *new* colour? For a colour-blind man is in the same situation as we are, his colours form just as complete a system as ours do; he doesn't see any gaps where the remaining colours belong.

(Comparison with mathematics.)[2]

258. Generality in logic cannot be extended any further than our logical foresight reaches. Or better: than our logical vision reaches.

259. "But how can human understanding outstrip reality and itself *think* the unverifiable?"—Why should we not *say* the unverifiable? For we ourselves made it unverifiable.

A false *appearance* is produced? And how can it so much as *look* like that? For don't you want to say that this *like that* is not a description at all? Well, then it isn't a *false* appearance either, but rather one that robs us of our orientation. So that we clutch our brows and ask: How can that be?

260. It is only apparently possible "to transcend any possible experience", even these words only seem to make sense, because they are arranged on the analogy of significant expressions.

261. The "philosophy of as if" itself rests wholly on this shifting between simile and reality.

262. "But I can't anticipate reality in my thoughts, using words to sneak in something I am *not acquainted* with."

(Nihil est in intellectu. . . .)

As if I could as it were get round and approach from behind in thought, and so snatch a glimpse of what it is impossible to see from the front."

[1] See *Philosophische Bemerkungen* § 66. Eds.
[2] See *Philosophische Bemerkungen* § 95. Eds.

263. Daher ist auch etwas daran richtig, daß die Unvorstellbarkeit ein Kriterium der Unsinnigkeit ist.

264. Wie, wenn einer sagte: "Ich kann mir nicht vorstellen, wie das ist, wenn man einen Sessel sieht, außer wenn ich ihn gerade *sehe*"? Wäre er berechtigt, das zu sagen?

265. *Bin ich berechtigt* zu sagen, "Ich kann |||||||||| nicht als Gestalt sehen"? Was berechtigt mich dazu? (Was berechtigt den Blinden zu sagen, er könne nicht sehen?)

266. Kannst du dir absolutes Gehör vorstellen, wenn du es nicht hast?—Kannst du es dir vorstellen, *wenn* du es hast?—Kann ein Blinder sich das Sehen vorstellen? Kann *ich* mir es vorstellen? —Kann ich mir vorstellen, daß ich so und so spontan reagiere, wenn ich's nicht tue?—Kann ich mir's besser vorstellen, wenn ich's tue? ((Gehört zu der Frage: kann ich mir vorstellen, daß jemand |||||||||| als artikulierte Gestalt sieht.))

267. Soll es Erfahrungstatsache sein, daß, wer ein Erlebnis hatte, es sich vorstellen kann, und daß es ein Andrer *nicht* kann? (Wie weiß ich, daß der Blinde sich die Farben vorstellen kann?) Aber: er kann ein Sprachspiel nicht spielen (nicht erlernen). Aber wie? Erfahrungsgemäß oder eo ipso? Das letztere.

268. Was würden wir dem sagen, der behauptete, er könne sich genau vorstellen, wie es ist, absolutes Gehör zu haben, ohne daß er's hat?

269. Wenn man glaubt, sich einen vierdimensionalen Raum vorstellen zu können, warum nicht auch vierdimensionale Farben, das sind Farben, die außer dem Grad der Sättigung, dem Farbton und der Lichtstärke noch eine vierte Bestimmung zulassen?[1]

270. "Wie kann es denn Sinn haben, von einer mir ganz neuen Art der Sinneswahrnehmung zu reden, die ich vielleicht einmal haben werde? Wenn du nämlich nicht etwa vom Sinnes*organ* reden willst."

271. Wozu dient ein Satz wie dieser: "Wir können uns die Empfindungen eines Jongleurs wie Rastelli gar nicht vorstellen"?

[1] S. *Philosophische Bemerkungen* § 66. Herausg.

263. Hence there is something right about saying that unimaginability is a criterion for nonsensicality.

264. Suppose someone were to say "I can't imagine what it is like for someone to see a chair, except precisely when I *see* it"? Would he be justified in saying this?

265. *Am I justified* in saying: "I cannot see |||||||||| as a shape"? What justifies me? (What justifies the blind man in saying he cannot see?)

266. Can you imagine absolute pitch, if you have not got it?— Can you imagine it *if* you have it?—Can a blind man imagine seeing? Can *I* imagine it?—Can I imagine spontaneously reacting thus and so, if I don't do it? Can I imagine it any better, if I do do it? ((Belongs to the question: can I imagine someone seeing |||||||||| as an articulated shape.))

267. Is it supposed to be an empirical fact that someone who has had an experience can imagine it, and that someone else can *not*? (How do I know that a blind man can imagine colours?) But: he cannot play a certain language game (cannot learn it). But is this empirical, or is it the case *eo ipso*? The latter.

268. What should we say to someone who asserted that he could imagine exactly what it is like to have absolute pitch without having it?

269. If we think we can imagine four-dimensional space, why not also four-dimensional colours, that is colours which, besides degree of saturation, hue, and brightness, allowed of a fourth determination?[1]

270. "How can it make sense to speak of a kind of sense-perception which is quite new to me, which I shall perhaps have some time? If that is, you do not want to speak of a sense *organ*."

271. What purpose is served by a sentence like: "We can't in the least imagine the sensations of a conjurer like Rastelli"?

[1] See *Philosophische Bemerkungen* § 66. Eds.

272. "Es hat Sinn, von einer endlosen Baumreihe zu reden; ich kann mir doch vorstellen, daß eine Baumreihe ohne Ende weiterläuft." D. h. etwa: Wenn es Sinn hat zu sagen, die Baumreihe komme hier zu einem Ende, hat es Sinn zu sagen, [sie komme nie zu einem Ende].[1] Ramsey pflegte auf solche Fragen zu antworten: es sei *eben doch* möglich, so etwas zu denken. So etwa, wie man sagt "Die Technik leistet heute eben Dinge, die du dir gar nicht vorstellen kannst."——Nun, da muß man herausfinden, *was* du dabei denkst. (Daß du versicherst, diese Phrase ließe sich *denken* —was kann ich damit machen? Darauf kommt es ja nicht an. Ihr Zweck ist ja nicht der, Nebel in deiner Seele aufsteigen zu lassen.) *Was* du meinst—wie ist es herauszufinden? Wir müssen geduldig prüfen, wie dieser Satz angewandt werden soll. Wie *rund um ihn* alles aussieht. Da wird sich sein Sinn zeigen.

273. Hardy: "That 'the finite cannot understand the infinite' should surely be a theological and not a mathematical war-cry." Es ist wahr, dieser Ausdruck ist ungeschickt. Aber was Leute damit sagen wollen, ist: "Es muß hier doch mit rechten Dingen zugehen! Woher dieser Sprung von Endlichen zum Unendlichen?" Und so ganz unsinnig ist die Ausdrucksweise auch nicht—nur ist das 'Endliche', was das Unendliche nicht soll denken können, nicht 'der Mensch', oder 'unser Verstand', sondern der Kalkül. Und *wie* dieser das 'Unendliche' denkt, dies ist wohl einer Untersuchung wert. Und die ist zu vergleichen der genauen Untersuchung und Klärung der Geschäftsgebarung eines Unternehmens durch einen Chartered Accountant. Das Ziel ist eine übersichtliche, vergleichende Darstellung aller Anwendungen, Illustrationen, Auffassungen des Kalküls. Die vollkommene Übersicht über alles, was Unklarheit schaffen kann. Und diese Übersicht muß sich auf ein weites Gebiet erstrecken, denn die Wurzeln unserer Ideen reichen weit.—"Das Endliche kann nicht das Unendliche verstehen", heißt hier: *So* kann es nicht zugehen, wie ihr es in charakteristischer Oberflächlichkeit darstellt.

Der Gedanke kann gleichsam *fliegen*, er braucht nicht zu gehen. Du verstehst, d. h. übersiehst deine Transaktionen nicht und projizierst quasi dein Unverständnis in die Idee eines Mediums, in dem das Erstaunlichste möglich ist.

[1] Vermutung der Herausgeber.

272. "It makes sense to speak of an endless row of trees; I can surely imagine a row of trees going on without end." That means something like: If it makes sense to say the row of trees comes to an end here, then it makes sense to say [it never comes to an end.][1] Ramsey used to reply to such questions: "But it *just is* possible to think of such a thing." As, perhaps, one says: "Technology achieves things nowadays which you can't imagine at all."——Well here one has to find out *what* you are thinking. (Your asseveration that this phrase can be *thought*—what can I do with that? For that's not the point. Its purpose is not that of causing a fog to rise in your mind.) *What* you mean—how is that to be discovered? We must patiently examine how this sentence is supposed to be applied. What things look like *round about it*. Then its sense will come to light.

273. Hardy: "That 'the finite cannot understand the infinite' should surely be a theological and not a mathematical war-cry." True, the expression is inept. But what people are using it to try and say is: "We mustn't have any juggling! How comes this leap from the finite to the infinite?" Nor is the expression all that nonsensical—only the 'finite' that can't conceive the infinite is not 'man' or 'our understanding', but the calculus. And *how* this conceives the infinite is well worth an investigation. This may be compared to the way a chartered accountant precisely investigates and clarifies the conduct of a business undertaking. The aim is a synoptic comparative account of all the applications, illustrations, conceptions of the calculus. The complete survey of everything that may produce unclarity. And this survey must extend over a wide domain, for the roots of our ideas reach a long way.—"The finite cannot understand the infinite" means here: It cannot work *in the way* you, with characteristic superficiality, are presenting it.

Thought can as it were *fly*, it doesn't have to walk. You do not understand your own transactions, that is to say you do not have a synoptic view of them, and you as it were project your lack of understanding into the idea of a medium in which the most astounding things are possible.

[1] Editors' conjecture.

274. Das 'wirklich Unendliche' ist ein 'bloßes Wort'. Besser wäre zu sagen: dieser Ausdruck schafft vorläufig bloß ein Bild, —das noch in der Luft hängt; dessen Anwendung du uns noch schuldig bist.

275. Eine unendlich lange Kugelreihe, ein unendlich langer Stab. Denk dir, davon sei in einer Art Märchen die Rede. Welche Anwendung könnte man, wenn auch nur fiktiv, von diesem Begriff machen? Die Frage sei jetzt nicht: Kann es so etwas geben? Sondern: Was stellen wir uns vor? Lass also deiner Einbildung wirklich die Zügel schießen! Du kannst es jetzt haben, wie du's willst. Du brauchst nur zu *sagen*, wie du's willst. Mach also (nur) ein Wortbild; illustrier es, wie du willst—durch Zeichnungen, durch Vergleiche etc.! Du kannst also—gleichsam—eine Werkzeichnung anfertigen.—Und nun ist noch die Frage, wie nach ihr gearbeitet werden soll.

276. Ich glaube, im Reihenstück ganz fein eine Zeichnung zu erblicken, die nurmehr des "u.s.w." bedarf, um in die Unendlichkeit zu reichen.
   "Ich erblicke ein Charakteristikum in ihr."—Nun, doch etwas, was dem algebraischen Ausdruck entspricht.—"Ja, aber nichts Geschriebenes, sondern förmlich etwas Ätherisches."—Welches seltsame Bild.—"Etwas, was nicht der algebraische Ausdruck ist, sondern wofür dieser nur eben der *Ausdruck* ist."[1]

277. Ich erblicke etwas in ihr—ähnlich wie eine Gestalt im Vexierbild. Und sehe ich das, so sage ich "Das ist alles, was ich brauche."—Wer den Wegweiser findet, sucht nun nicht nach einer weiteren Instruktion, sondern er *geht*. (Und sagte ich statt "er geht" "er richtet sich nun nach ihm", so könnte der Unterschied der beiden nur sein, daß der zweite Ausdruck auf gewisse psychologische Begleiterscheinungen anspielt.)

278. Was heißt es: Man kann eine gerade Strecke beliebig verlängern? Gibt es hier nicht ein "Und so weiter ad inf.", das ganz verschieden ist von dem der mathematischen Induktion? Nach dem Bisherigen bestünde der Ausdruck für die Möglichkeit der Verlängerns, im Sinn der Beschreibung des verlängerten Stückes oder des Verlängerns. Hier scheint es sich nun zunächst gar nicht um Zahlen zu handeln. Ich kann mir denken, daß der Bleistift, der die Strecke zeichnet, seine Bewegung fortsetzt und nun immer

---

[1] S. *Philosophische Untersuchungen* § 229. Herausg.

274. The 'actual infinite' is a 'mere word'. It would be better to say: for the moment this expression merely produces a picture —which still hangs in the air: you owe us an account of its application.

275. An infinitely long row of marbles, an infinitely long rod. Imagine these coming in in some kind of fairy tale. What application—even though a fictitious one—might be made of this concept? Let us ask now, not "Can there be such a thing?" but "What do we imagine?" So give free rein to your imagination. You can have things now just as you choose. You only need to *say* how you want them. So (just) make a verbal picture, illustrate it as you choose—by drawing, comparisons, etc. Thus you can—as it were—prepare a blueprint.—And now there remains the question how to work from it.

276. I believe I see a design drawn very fine in a bit of a series; which only stands in need of "and so on" to reach to infinity.
   "I see a distinctive character in it."—Well, presumably something that corresponds to the algebraic expression.—"Yes, only nothing written, but positively something ethereal."—What a queer picture.—"Something that is not the algebraic expression, something for which this is only the *expression*!"[1]

277. I see something in it—like a shape in a puzzle picture. And if I see that, I say "That is all I need."—If you find the signpost, you don't now look for further instruction—you *walk*. (And if instead of "you walk" I were to say "you go by it" the difference between the two expressions might be only that the second one alludes to certain psychological accompaniments.)

278. What does it mean to say: a straight line can be arbitrarily produced? Is there not an "and so on ad inf." here which is quite different from that of mathematical induction? According to the foregoing there would exist the expression for the possibility of producing the line, in the sense of the description of the produced part, or of its production. Here at first sight there does not seem to be any question of numbers. I can imagine the pencil that draws the line continuing its movement and keeping

[1] See *Philosophical Investigations* § 229. Eds.

so weiter geht. Ist es aber auch denkbar, daß die Möglichkeit nicht besteht, diesen Vorgang mit einem zählbaren Vorgang zu begleiten? Ich glaube nicht.

279. Wann sagen wir: "Die Linie gibt mir das *als Regel* ein—immer das Gleiche."? Und anderseits: "Sie gibt mir immer wieder ein, was ich zu tun habe—sie ist keine Regel."?

Im ersten Fall heißt es: ich habe keine weitere Instanz dafür, was ich zu tun habe. Die Regel tut es ganz allein; ich brauche ihr nur zu folgen (und folgen ist eben *eins*). Ich fühle nicht z. B.: es ist seltsam, daß mir die Linie immer etwas sagt.—Der andre Satz sagt: Ich weiß nicht, was ich tun werde; die Linie wird's mir sagen.

280. Man könnte sich denken, daß einer mit solchen Gefühlen multipliziert, richtig multipliziert; immer wieder sagt "Ich weiß nicht—jetzt gibt mir die Regel auf einmal *das* ein!"—und daß wir antworten: "Freilich; du gehst ja ganz nach der Regel vor."

281. Zu sagen, die Punkte, die dieses Experiment liefert, liegen durchschnittlich auf dieser Linie, z. B. einer Geraden, sagt etwas Ähnliches, wie: "Aus dieser Entfernung gesehen, scheinen sie in einer Geraden zu liegen."

Ich kann von einer Strecke sagen, der allgemeine Eindruck ist der einer Geraden; aber nicht von der Linie ; obwohl es möglich wäre, sie als Stück einer längeren Linie zu sehen, in der sich die Abweichung von der Geraden verlieren würden. Ich kann nicht sagen: "Dies Linienstück schaut gerade aus, denn es kann das Stück einer Linie sein, die mir als Ganzes den Eindruck der Geraden macht." (Berge auf der Erde und auf dem Mond. Erde eine Kugel.)[1]

282. "Sie gibt mir verantwortungslos dies oder das ein" heißt: ich kann es dich nicht lehren, *wie* ich der Linie folge. Ich setze nicht voraus, daß du ihr folgen wirst wie ich, auch wenn du ihr folgst.

283. Was heißt es: verstehen, daß etwas ein Befehl ist, wenn man auch den Befehl selber noch nicht versteht? ("Er meint: ich soll etwas tun—aber *was* er wünscht, weiß ich nicht.")

---

[1] S. *Philosophische Bemerkungen* §§ 235, 236. Herausg.

I–279

on going the same way. But is it also conceivable that there should be no possibility of accompanying this process with some countable process? I believe not.

279. When do we say: "The line intimates this to me *like a rule*— always the same"? And on the other hand: "It keeps on intimating to me what I have to do—it is not a rule"?

In the first case the thought is: I have no further court of appeal for what I have to do. The rule does it all by itself: I only have to obey it—(and obeying is *one* thing!). I do not feel, for example: it is queer that the line always tells me something.— The other proposition says: I do not know what I am going to do: the line will tell me.

280. One might imagine someone multiplying, correctly multiplying, with such feelings as these; he keeps on saying "I don't know—now the rule suddenly intimates *this* to me!"—and we answer "Of course; you are going on quite in accord with the rule."

281. To say that the points yielded in this experiment lie roughly on this line, e.g. on a straight line, means something like: "Seen from this distance they seem to lie on a straight line."

I may say that a stretch gives the general impression of a straight line; but I cannot say this of the line ⁓⋀⋁⋀⋎⁓ ; although it would be possible to see it as a bit of a longer line in which the deviations from the straight were lost. I cannot say: "This bit of line looks straight, for it may be a bit of a line that as a whole gives me the impression of being straight." (Mountains on the earth and the moon. The earth a ball.)[1]

282. "It intimates this or that to me, irresponsibly" means: I cannot teach you *how* I follow the line. I do not presuppose that you will follow it as I do, even when you do follow it.

283. What does it mean to understand that something is an order, although one does not yet understand the order itself? ("He means I am to do something—but I don't know *what* he wants.")

[1] See *Philosophische Bemerkungen* §§ 235, 236. Eds.

284. Der Satz "Ich muß den Befehl verstehen, ehe ich nach ihm handeln kann", hat natürlich einen guten Sinn; aber wieder keinen metalogischen.

285. Die Idee, die man dabei vom Verstehen hat, ist etwa, daß man dadurch von den Worten näher an die Ausführung heran kommt.—In welchem Sinne ist das richtig?

286. "Aber ich muß einen Befehl verstehen, um nach ihm handeln zu können." Hier ist das "*Muß*" verdächtig.—
Denk auch an die Frage: "Wie lange vor dem Befolgen mußt du den Befehl verstehen?"

287. "Ich kann den Befehl nicht ausführen, weil ich nicht verstehe, was du meinst.——Ja, jetzt verstehe ich dich."—Was ging da vor, als ich plötzlich den Andern verstand? Da gab es viele Möglichkeiten. Der Befehl konnte z. B. mit falscher Betonung gegeben worden sein; und es fiel mir plötzlich die richtige Betonung ein. Einem Dritten würde ich dann sagen "Jetzt verstehe ich ihn, er meint . . . . ." und würde den Befehl in richtiger Betonung wiederholen. Und in der richtigen Betonung verstünde ich ihn nun; d. h., ich müßte nun nicht noch einen *Sinn* erfassen (etwas *außerhalb* des Satzes, also ätherisches), sondern es genügt mir vollkommen der wohlbekannte deutsche Wortlaut.
—Oder der Befehl ist mir in verständlichem Deutsch gegeben worden, schien mir aber ungereimt. Dann fällt mir eine Erklärung ein; und nun kann ich ihn ausführen.—Oder es konnten mir mehrere Deutungen vorschweben, für deren eine ich mich endlich entscheide.

288. Wenn der Befehl *nicht* befolgt wird—wo ist dann der Schatten seiner Befolgung, den du zu sehen meintest; weil dir die Form vorschwebte: Er befiehlt *das und das.*

289. Wenn die Verbindung des Meinens *vor* dem Befehl hergestellt werden konnte, dann auch nach dem Befehl.

290. "Er hat *das* getan, was ich ihm befohlen habe."—Warum soll man hier nicht sagen: es sei eine Identität der Handlung und der *Worte*?! Wozu soll ich einen Schatten zwischen die beiden stellen? Wir haben ja eine Projektionsmethode.—Nur ist es eine andere Identität: "Ich habe das getan, was er getan hat" und anderseits "Ich habe das getan, was er befohlen hat".

284. Of course the proposition "I must understand the order before I can act on it" makes good sense: but not a metalogical sense.

285. The idea that one has of understanding in this connexion is roughly that through it one gets a stage nearer from the words to the execution.—In what sense is this right?

286. "But I must understand an order to be able to act according to it." Here the "must" is fishy.

Think too of the question "How long before obeying it must you understand the order?"

287. "I cannot carry out the order because I don't understand what you mean.——Yes, I understand you now."—What went on when I suddenly understood him? Here there were various possibilities. The order may for example have been given with a wrong emphasis; and the right emphasis suddenly occurred to me. In that case I should say to a third party "Now I understand him, he means . . ." and should repeat the order with the right emphasis. And now, with the right emphasis, I should understand him; that is, I did not now have further to grasp a *sense* (something *outside* the sentence, hence something ethereal) but the familiar sound of English words perfectly suffices me.— Or the order was given me in comprehensible English, but seemed preposterous. Then an explanation occurs to me; and now I can carry it out.—Or several interpretations may have passed through my mind, and I eventually decide on one of them.

288. If the order is *not* executed—where in that case is that shadow of its execution which you think you see; because the form: "He ordered *such-and-such*" swam before your mind.

289. If the meaning-connexion can be set up *before* the order, then it can also be set up afterwards.

290. "He did *what* I told him."—Why should one not say here: There is an identity between the action and the *words*?| Why should I interpose a shadow between the two? Indeed we have a method of projection.—Only there is a different identity in: "I did what he did" and in: "I did what he ordered."

291. "Verbindung des Bildes mit dem Abgebildeten" könnte man die Projektionsstrahlen nennen; aber auch die Technik des Projizierens.

292. Die Doppeldeutigkeit unserer Ausdrucksweise: Wenn uns ein Befehl in einer Chiffer gegeben wäre und der Schlüssel zur Übersetzung ins Deutsche, so könnten wir den Vorgang, den deutschen Befehl zu bilden, mit den Worten bezeichnen: "aus der Chiffer ableiten, was wir zu tun haben", oder "ableiten, welches die Befolgung des Befehls ist". Wenn wir anderseits nach dem Befehl handeln, ihn befolgen, so kann man auch hier in gewissen Fällen von einem Ableiten der Befolgung reden.

293. Ich gebe die Regeln eines Spiels. Der Andere macht, diesen Regeln ganz entsprechend, einen Zug, dessen Möglichkeit ich nicht vorausgesehen hatte, und der das Spiel stört, so wie ich's nämlich wollte. Ich muß nun sagen: "Ich habe schlechte Regeln gegeben"; ich muß meine Regeln ändern oder vielleicht ergänzen.

So habe ich also schon zum Voraus ein Bild des Spiels? In gewissem Sinne: ja!

Es war doch z. B. möglich, daß ich nicht voraussah, daß eine quadratische Gleichung nicht reelle Lösungen haben muß.

Die Regel führt mich also zu etwas, wovon ich sage: "Dieses Bild hatte ich nicht erwartet; ich stellte mir eine Lösung immer *so* vor: . . . . . ."

294. Im einen Fall machen wir den Zug eines bestehenden Spiels, im andern setzen wir eine Spielregel fest. Man könnte auch das Ziehen mit einer Spielfigur auf diese beiden Arten auffassen: als Paradigma für künftige Züge, und als Zug einer Partie.

295. Du mußt bedenken, daß es ein Sprachspiel geben kann, 'eine Reihe von Ziffern fortsetzen', in dem keine Regel, kein Regelausdruck je gegeben wird, sondern das Lernen *nur* durch Beispiele geschieht. So daß die Idee, jeder Schritt sei durch ein Etwas—eine Art Vorbild—in unserm Geiste zu rechtfertigen, diesen Leuten gänzlich fremd wäre.

296. Wie seltsam: Es scheint, als ob zwar eine physische (mechanische) Führung versagen, Unvorhergesehenes zulassen könnte, aber eine Regel nicht! Sie wäre sozusagen die einzig verläßliche

291. The lines of projection might be called the "connexion between the picture and what it depicts"; but so too might the technique of projection.

292. The ambiguity of our ways of expressing ourselves: If an order were given us in code with the key for translating it into English, we might call the procedure of constructing the English form of the order "derivation of what we have to do from the code" or "derivation of what executing the order is". If on the other hand we act according to the order, obey it, here too in certain cases one may speak of a derivation of the execution.

293. I give the rules of a game. The other party makes a move, perfectly in accord with the rules, whose possibility I had not foreseen, and which spoils the game, that is, as I had wanted it to be. I now have to say: "I gave bad rules; I must change or perhaps add to my rules."
   So in this way have I a picture of the game in advance? In a sense: Yes.
   It was surely possible, for example, for me not to have foreseen that a quadratic equation need have no real root.
   Thus the rule leads me to something of which I say: "I did not expect this pattern: I imagined a solution always like *this*. . . ."

294. In one case we make a move in an existent game, in the other we establish a rule of the game. Moving a piece could be conceived in these two ways: as a paradigm for future moves, or as a move in an actual game.

295. You must remember that there may be such a language-game as 'continuing a series of digits' in which no rule, no expression of a rule is ever given, but learning happens *only* through examples. So that the idea that every step should be justified by a something—a sort of pattern—in our mind, would be quite alien to these people.

296. How queer: It looks as if a physical (mechanical) form of guidance could misfire and let in something unforeseen, but not a rule! As if a rule were, so to speak, the only reliable form of

Führung. Aber worin besteht es, daß eine Führung eine Bewegung nicht zuläßt und worin, daß eine Regel sie nicht zuläßt?— Wie weiß man das eine, und wie das andere?

297. "Wie mach ich's denn, um ein Wort immer richtig, d. h., sinnvoll anzuwenden; schau ich immer in der Grammatik nach? Nein; daß ich etwas meine—was ich meine, hindert mich, Unsinn zu sagen."—"Ich meine etwas mit den Worten" heißt hier: Ich *weiß*, daß ich sie anwenden kann.

Ich kann aber glauben, sie anwenden zu können, und es zeigt sich, daß ich im Irrtum war.

298. Daraus folgt nicht, daß Verstehen die Tätigkeit ist, durch die wir unser Verständnis zeigen. Die Frage, ob es diese Tätigkeit ist, ist irreführend. Sie darf nicht *so* aufgefaßt werden: "Ist also das Verstehen *diese* Tätigkeit—ist es nicht doch eine *andere*?"— Sondern so: "Wird 'Verstehen' zur Bezeichnung dieser Tätigkeit gebraucht—wird es nicht *anders* gebraucht?"

299. Wir sagen: "Wenn ihr beim Multiplizieren wirklich der Regel folgt, *muß* das Gleiche herauskommen." Nun, wenn dies nur die etwas hysterische Ausdrucksweise der Universitätssprache ist, so braucht sie uns nicht sehr zu interessieren. Es ist aber der Ausdruck einer Einstellung zu der Technik des Rechnens, die sich überall in unserm Leben zeigt. Die Emphase des Muß entspricht nur der Unerbittlichkeit dieser Einstellung, sowohl zur Technik des Rechnens, als auch zu unzähligen verwandten Übungen.[1]

300. Mit den Worten: "*Diese* Zahl ist die folgerechte Fortsetzung dieser Reihe," könnte ich einen dazu bringen, daß er in Zukunft das und das "folgerechte Fortsetzung" nennt. Was 'das und das' ist, kann ich nur an Beispielen zeigen. D. h., ich lehre ihn eine Reihe (Grundreihe) fortsetzen, ohne einen Ausdruck des 'Gesetzes der Reihe' zu verwenden; vielmehr, um ein Substrat zu erhalten für die Bedeutung algebraischer Regeln, oder was ihnen ähnlich ist.

301. Er muß *ohne Grund* so fortsetzen. Aber nicht, weil man ihm den Grund noch nicht begreiflich machen kann, sondern weil es —in *diesem* System—keinen Grund gibt. ("Die Kette der Gründe hat ein Ende.")

---

[1] S. *Bemerkungen über die Grundlagen der Mathematik* V—§ 46. Herausg.

guidance. But what does guidance not allowing a movement, and a rule's not allowing it, consist in?—How does one know the one and how the other?

297. "How do I manage always to use a word correctly—i.e. significantly; do I keep on consulting a grammar? No; the fact that I mean something—the thing I mean, prevents me from talking nonsense."—"I mean something by the words" here means: I *know* that I can apply them.

I may however believe I can apply them, when it turns out that I was wrong.

298. From this it does not follow that understanding is the activity by which we shew that we understand. It is misleading to ask whether it is this activity. The question ought not to be conceived as: "Is understanding *this* activity then, isn't it a different one instead?"—But rather as: "Is 'understanding' used to designate this activity—isn't its use *different?*"

299. We say: "If you really follow the rule in multiplying, it *must* come out the same." Now, when this is merely the slightly hysterical style of university talk, we have no need to be particularly interested. It is however the expression of an attitude towards the technique of multiplying, which comes out everywhere in our lives. The emphasis of the 'must' corresponds only to the inexorability of this attitude, not merely towards the technique of calculating, but also towards innumerable related practices.[1]

300. With the words "*This* number is the right continuation of this series" I may bring it about that for the future someone calls such-and-such the "right continuation". What 'such-and-such' is I can only show in examples. That is, I teach him to continue a series (basic series), without using any expression of the 'law of the series'; rather, I am forming a substratum for the meaning of algebraic rules or what is like them.

301. He must go on like this *without a reason*. Not, however, because he cannot yet grasp the reason but because—in *this* system—there is no reason. ("The chain of reasons comes to an end.")

[1] See *Remarks on the Foundations of Mathematics* V—§ 46. Eds.

Und das *so* (in "so fortsetzen") ist durch eine Ziffer, einen Wert, bezeichnet. Denn auf *dieser* Stufe wird der Regelausdruck durch den Wert erklärt, nicht der Wert durch die Regel.

302. Denn dort, wo es heißt "Aber *siehst* du denn nicht . . . . . ?" nützt ja eben die Regel nichts, sie ist Erklärtes, nicht Erklärendes.

303. "Er erfaßt die Regel intuitiv."—Warum aber die Regel? Und nicht, wie er jetzt fortsetzen soll?

304. "Hat er nur das Richtige gesehen, diejenige der unendlich vielen Beziehungen, die ich ihm nahezubringen trachte,—hat er sie nur einmal erfaßt, so wird er jetzt ohne weiteres die Reihe richtig fortsetzen. Ich gebe zu, er kann diese Beziehung, die ich meine, nur erraten (intuitiv erraten)—ist es aber gelungen, dann ist das Spiel gewonnen."—Aber dieses 'Richtige' von mir Gemeinte gibt es gar nicht. Der Vergleich ist falsch. Es gibt hier nicht quasi ein Rädchen, das er erfassen soll, die richtige Maschine, die ihn, einmal gewählt, automatisch weiterbringt. Es könnte ja sein, daß sich in unserm Gehirn so etwas abspielt, aber das interessiert uns nicht.

305. "Tu dasselbe!" Aber dabei muß ich ja auf die Regel zeigen. Die muß er also schon *anzuwenden* gelernt haben. Denn was bedeutet ihr Ausdruck sonst für ihn?

306. Die Bedeutung der Regel erraten, sie intuitiv zu erfassen, könnte doch nur heißen: ihre *Anwendung* erraten. Und das kann nun nicht heißen: die *Art*, die *Regel* ihrer Anwendung erraten. Und vom Erraten ist hier überhaupt keine Rede.

307. Ich könnte z. B. erraten, welche Fortsetzung dem Andern *Freude* machen wird (etwa nach seinem Gesicht). Die Anwendung der Regel erraten könnte man nur, sofern man bereits unter verschiedenen Anwendungen wählen kann.

308. Man könnte sich ja dann auch denken, daß er, statt die 'Anwendung der Regel zu erraten', sie *erfindet*. Nun, wie sähe das aus?—Soll er etwa sagen: "Der Regel + 1" folgen, möge einmal heißen zu schreiben: 1, 1 + 1, 1 + 1 + 1, u. s. w."? Aber was meint er damit? Das "u. s. w." setzt ja eben schon das Beherrschen einer Technik voraus.

And the *like this* (in "go on like this") is signified by a number, a value. For at *this* level the expression of the rule is explained by the value, not the value by the rule.

302. For just where one says "But don't you *see* . . .?" the rule is no use, it is what is explained, not what does the explaining.

303. "He grasps the rule intuitively."—But why the rule? Why not how he is to continue?

304. "Once he has seen the right thing, seen the one of infinitely many references which I am trying to push him towards —once he has got hold of it, he will continue the series right without further ado. I grant that he can only guess (intuitively guess) the reference that I mean—but once he has managed that the game is won." But this 'right thing' that I mean does not exist. The comparison is wrong. There is no such thing here as, so to say, a wheel that he is to catch hold of, the right machine which, once chosen, will carry him on automatically. It could be that something of the sort happens in our brain but that is not our concern.

305. "Do the same." But in saying this I must point to the rule. So its *application* must already have been learnt. For otherwise what meaning will its expression have for him?

306. To guess the meaning of a rule, to grasp it intuitively, could surely mean nothing but: to guess its *application*. And that can't now mean: to guess the kind of application; the rule for it. Nor does guessing come in here.

307. I might e.g. guess what continuation will give the other pleasure (by his expression, perhaps). The application of a rule can be guessed only when there is already a choice between different applications.

308. We might in that case also imagine that, instead of 'guessing the application of the rule,' he *invents* it. Well, what would that look like? Ought he perhaps to say "Following the rule + 1 may mean writing 1, 1 + 1, 1 + 1 + 1, and so on"? But what does he mean by that? For the "and so on" presupposes that one has already mastered a technique.

Statt "u. s. w." hätte er auch sagen können: "Du weißt schon, was ich meine." Und seine Erklärung wäre einfach eine *Definition* des Ausdrucks "der Regel + 1 folgen" gewesen. *Das* wäre seine "Erfindung" gewesen.

309. Wir kopieren die Ziffern von 1 bis 100 etwa und *schließen, denken* auf diese Weise.

Ich könnte es so sagen: Wenn ich die Ziffern von 1 bis 100 kopiere,—wie weiß ich, daß ich eine Ziffernreihe erhalten werde, die beim Zählen stimmt? Und *was* ist hier eine Kontrolle *wofür*? Oder wie soll ich hier die wichtige Erfahrungstatsache beschreiben? Soll ich sagen, die Erfahrung lehrt, daß ich immer gleich zähle? Oder, daß beim Kopieren keine Ziffer verloren geht? Oder, daß die Ziffern auf dem Papier stehen bleiben, wie sie sind, auch wenn ich nicht hinschaue? Oder *alle* diese Tatsachen? Oder soll ich sagen, daß wir einfach nicht in Schwierigkeiten kommen? Oder daß uns fast immer alles in Ordnung zu sein scheint?

So denken wir. *So* handeln wir. *So* reden wir darüber.

310. Denke, du solltest beschreiben, wie Menschen das Zählen (im Dezimalsystem z. B.) lernen. Du beschreibst, was der Lehrer sagt und tut, und wie der Schüler darauf reagiert. In dem, was der Lehrer sagt und tut, werden sich z. B. Worte und Gebärden finden, die den Schüler zum Fortsetzen einer Reihe aufmuntern sollen; auch Worte wie "Er kann jetzt zählen". Soll nun die Beschreibung, die ich von dem Vorgang des Lehrens und Lernens gebe, außer den Worten des Lehrers auch mein eigenes Urteil enthalten: der Schüler könne jetzt zählen oder: der Schüler habe nun das System der Zahlworte verstanden? Wenn ich so ein Urteil nicht in die Beschreibung aufnehme,—ist sie dann unvollständig? Und wenn ich es aufnehme, gehe ich über die bloße Beschreibung hinaus?—Kann ich mich jener Urteile enthalten mit der Begründung: *"Das ist alles, was geschieht"*?

311. Muß ich nicht vielmehr fragen: "Was tut die Beschreibung überhaupt? Wozu dient sie?"—Was eine vollständige und eine unvollständige Beschreibung ist, wissen wir allerdings in anderem Zusammenhang. Frage dich: Wie verwendet man die Ausdrücke "vollständige" und "unvollständige Beschreibung"?

Instead of "and so on" he might also have said: "Now you know what I mean." And his explanation would simply be a *definition* of the expression "following the rule + 1". *This* would have been his discovery.

309. We copy the numerals from 1 to 100, say, and this is the way we *infer, think*.

I might put it this way: If I copy the numerals from 1 to 100— how do I know that I shall get a series of numerals that is right when I count them? And here *what* is a check on *what*? Or how am I to describe the important empirical fact here? Am I to say experience teaches that I always count the same way? Or that none of the numerals gets lost in copying? Or that the numerals remain on the paper as they are, even when I don't watch them? Or *all* these facts? Or am I to say that we simply don't get into difficulties? Or that almost always everything seems all right to us?

This is how we think. *This* is how we act. *This* is how we talk about it.

310. Imagine you had to describe how humans learn to count (in the decimal system, for example). You describe what the teacher says and does and how the pupil reacts to it. What the teacher says and does will include e.g. words and gestures which are supposed to encourage the pupil to continue a sequence; and also expressions such as "Now he can count". Now should the description which I give of the process of teaching and learning include, in addition to the teacher's words, my own judgment: the pupil can count now, or: now the pupil has understood the numeral system? If I do not include such a judgment in the description—is it incomplete? And if I do include it, am I going beyond pure description?—Can I refrain from that judgment, giving as my ground: *"That is all that happens"*?

311. Must I not rather ask: "What does the description do anyway? What purpose does it serve?"—In another context, indeed, we know what is a complete and what an incomplete description. Ask yourself: How do we use the expressions "complete" and "incomplete description"?

Eine Rede vollständig (oder unvollständig) wiedergeben. Gehört dazu auch die Wiedergabe des Tonfalls, des Mienenspiels, der Echtheit oder Unechtheit der Gefühle, der Absichten des Redners, der Anstrengung des Redens? Ob das oder jenes für uns zur vollständigen Beschreibung gehört, wird vom Zweck der Beschreibung abhängen, davon, was der Empfänger mit der Beschreibung anfängt.

312. Der Ausdruck "Das ist alles, was *geschieht*", grenzt ab, was wir "geschehen" nennen.

313. Hier ist die Versuchung überwältigend, noch etwas zu sagen, wenn schon alles beschrieben ist.—Woher dieser Drang? Welche Analogie, welche falsche Interpretation erzeugt ihn?

314. Hier stoßen wir auf eine merkwürdige und charakteristische Erscheinung in philosophischen Untersuchungen: Die Schwierigkeit—könnte ich sagen—ist nicht, die Lösung zu finden, sondern etwas als die Lösung anzuerkennen, was aussieht, als wäre es erst eine Vorstufe zu ihr. "Wir haben schon alles gesagt.—Nicht etwas, was daraus folgt, sondern eben *das* ist die Lösung!"

Das hängt, glaube ich, damit zusammen, daß wir fälschlich eine Erklärung erwarten; während eine Beschreibung die Lösung der Schwierigkeit ist, wenn wir sie richtig in unsere Betrachtung einordnen. Wenn wir bei ihr verweilen, nicht versuchen, über sie hinauszukommen.

Die Schwierigkeit ist hier: Halt zu machen.

315. "Warum verlangst du Erklärungen? Wenn diese gegeben sein werden, wirst du ja doch wieder vor einem Ende stehen. Sie können dich nicht weiterführen, als du jetzt bist."

316. Man kann einen roten Gegenstand als Muster für das Malen eines *rötlichen* Weiß oder eines rötlichen Gelb (etc.) verwenden—aber kann man es auch als Muster für das Malen eines blaugrünen Farbtones z. B. verwenden?—Wie, wenn ich jemanden mit allen äußern Zeichen des genauen Kopierens einen roten Fleck blaugrün 'wiedergeben' sähe?—Ich würde sagen "Ich weiß nicht, wie er es macht!" Oder auch "Ich weiß nicht, *was* er macht!"—Aber angenommen, er 'kopierte' nun diesen Ton von Rot bei verschiedenen Gelegenheiten in Blaugrün und etwa andere Töne von Rot regelmäßig in andern blaugrünen Tönen—soll ich nun sagen, er kopiere, oder er kopiere nicht?

Giving a complete (or incomplete) report of a speech. Is it part of this to report the tone of voice, the play of expression, the genuineness or falsity of feeling, the intentions of the speaker, the strain of speaking? Whether this or that belongs to a complete description will depend on the purpose of the description, on what the recipient does with the description.

312. The expression "that is all that *happens*" sets limits to what we call "happening".

313. Here the temptation is overwhelming to say something further, when everything has already been described.—Whence this pressure? What analogy, what wrong interpretation produces it?

314. Here we come up against a remarkable and characteristic phenomenon in philosophical investigation: the difficulty—I might say—is not that of finding the solution but rather that of recognizing as the solution something that looks as if it were only a preliminary to it. "We have already said everything.—Not anything that follows from this, no, *this* itself is the solution!"
This is connected, I believe, with our wrongly expecting an explanation, whereas the solution of the difficulty is a description, if we give it the right place in our considerations. If we dwell upon it, and do not try to get beyond it.
The difficulty here is: to stop.

315. "Why do you demand explanations? If they are given you, you will once more be facing a terminus. They cannot get you any further than you are at present."

316. A red object can be used as a sample for painting a *reddish* white or a reddish yellow (etc.)—but can it also be used as a sample for painting a shade of bluish green?—Suppose I saw someone, with all the outward signs of making an exact copy, 'reproducing' a red patch bluish green?—I should say: "I don't know how he's doing it" or even "I don't know *what* he's doing." —But supposing that he now 'copied' this shade of red bluish green on various occasions, and perhaps other shades of red systematically other shades of bluish green—ought I now to say he's copying, or he isn't copying?

Was heißt es aber, daß ich nicht weiß, 'was er macht'? Sehe ich denn nicht, was er macht?—Aber ich sehe nicht *in ihn hinein*.— Nur dieses Gleichnis nicht! Wenn ich ihn Rot in Rot kopieren sehe,—was weiß ich denn da? Weiß ich, *wie* ich es mache? Freilich, man sagt: ich male eben die *gleiche* Farbe.—Aber wie, wenn *er* sagt "Und ich male die Quint zu dieser Farbe"? Sehe ich einen besonderen Vorgang der Vermittlung, wenn *ich* die 'gleiche' Farbe male?

Nimm an, ich kenne ihn als einen ehrlichen Menschen; er gibt, wie ich es beschrieben habe, ein Rot durch ein Blaugrün wieder —aber nun *nicht* den gleichen Ton immer durch den gleichen, sondern einmal durch einen, einmal durch einen andern Ton.— Soll ich sagen "Ich weiß nicht, was er macht"?—Er macht, was ich sehe—aber *ich* würde es nie tun; ich weiß nicht, warum er es tut; seine Handlungsweise 'ist mir unverständlich'.

317. Man könnte sich ein negatives Bildnis denken, das ist eines, das darstellen *soll*, wie Herr N. *nicht* aussieht (das also ein schlechtes Porträt ist, wenn es dem Herrn N. ähnlich sieht).

318. Ich kann nicht beschreiben, wie eine Regel (allgemein) zu verwenden ist, als indem ich dich *lehre, abrichte*, eine Regel zu verwenden.

319. Ich kann nun z. B. einen solchen Unterricht im Sprechfilm aufnehmen. Der Lehrer wird manchmal sagen "So ist es recht". Sollte der Schüler ihn fragen "warum?"—so wird er nichts oder doch nichts Relevantes antworten, auch nicht das: "Nun, weil wir's Alle so machen"; das wird nicht der Grund sein.

320. Warum nenne ich die Regeln des Kochens nicht willkür-lich, und warum bin ich versucht, die Regeln der Grammatik willkürlich zu nennen? Weil 'Kochen' durch seinen Zweck definiert ist, dagegen 'Sprechen' nicht. Darum ist der Gebrauch der Sprache in einem gewissen Sinne autonom, in dem das Kochen und Waschen es nicht ist. Wer sich beim Kochen nach andern als den richtigen Regeln richtet, kocht schlecht; aber wer sich nach andern Regeln, als denen des Schach richtet, spielt *ein anderes Spiel*; und wer sich nach andern grammatischen Regeln richtet, als den und den, spricht darum nichts Falsches, sondern von etwas Anderem.

321. Wenn man eine Regel, ein Wort des Satzes betreffend, dem Satz beifügt, so ändert sich sein Sinn nicht.

But what does it mean to say that I don't know 'what he's doing'? For can't I see what he's doing?—But I can't see *into him.*—Avoid that comparison! Suppose I see him copying red as red—what do I know here? Do I know *how* I do it? Of course one says: "I'm just painting the *same* colour."—But suppose *he* says: "And I'm painting the *fifth* of this colour"? Can I see a special mediating process when *I* paint the 'same' colour?

Assume I know him for an honest man; he reproduces a red, as I described, by a bluish green—but now *not* the same shade by always the same shade, but sometimes one, sometimes another. Am I to say "I don't know what he's doing?"—He does what I can see—but *I* should never do it; I don't know, why he does it; his proceeding 'is unintelligible to me'.

317. We might imagine a negative portrait, that is one that is *supposed* to represent how Herr N does *not* look (and so is a bad portrait if it looks like N).

318. I cannot describe how (in general) to employ rules, except by *teaching* you, *training* you to employ rules.

319. I may now e.g. make a talkie of such instruction. The teacher will sometimes say "That's right." If the pupil should ask him "Why?"—he will answer nothing, or at any rate nothing relevant, not even: "Well, because we all do it like that"; that will not be the reason.

320. Why don't I call cookery rules arbitrary, and why am I tempted to call the rules of grammar arbitrary? Because 'cookery' is defined by its end, whereas 'speaking' is not. That is why the use of language is in a certain sense autonomous, as cooking and washing are not. You cook badly if you are guided in your cooking by rules other than the right ones; but if you follow other rules than those of chess you are *playing another game*; and if you follow grammatical rules other than such-and-such ones, that does not mean you say something wrong, no, you are speaking of something else.

321. When a rule concerning a word in it is appended to a sentence, the sense does not change.

322. Die Sprache ist für uns nicht als Einrichtung definiert, die einen bestimmten Zweck erfüllt. Sondern "Sprache" ist für uns ein Sammelname, und ich verstehe darunter die deutsche Sprache, die englische Sprache u. s. w. und noch verschiedene Zeichensysteme, die mit diesen Sprachen eine größere oder geringere Verwandtschaft haben.

323. Unsere Kenntnis vieler Sprachen läßt uns die Philosophie, die in den Formen einer jeden niedergelegt sind, nicht recht ernst nehmen. Dabei sind wir aber blind dafür, daß wir selbst starke Vorurteile für, wie gegen gewisse Ausdrucksformen haben; daß eben auch diese besondere Übereinanderlagerung mehrerer Sprachen für uns ein bestimmtes Bild ergibt.

324. Lernt das Kind nur sprechen oder auch denken? Lernt es den Sinn des Multiplizierens *vor*—oder *nach* dem Multiplizieren?

325. Wie bin ich denn zum Begriff 'Satz' oder zum Begriff 'Sprache' gekommen? Doch nur durch die Sprachen, die ich gelernt habe.—Aber die scheinen mich in gewissem Sinne über sich selbst hinausgeführt zu haben, denn ich bin jetzt im Stande, eine neue Sprache zu konstruieren, z. B. Wörter zu erfinden.—Also gehört diese Konstruktion noch zum Begriff der Sprache. Aber nur, wenn ich ihn so festlegen will.

326. Der Begriff des Lebewesens hat die gleiche Unbestimmtheit, wie der der Sprache.

327. Vergleiche: Ein Spiel erfinden—eine Sprache erfinden— eine Maschine erfinden.

328. Daß der und der Satz keinen Sinn hat, ist in der Philosophie von Bedeutung; aber auch, daß er komisch klingt.

329. Ich mache einen Plan nicht nur, um mich Andern verständlich zu machen, sondern auch, um selbst über die Sache klar zu werden. (D. h. die Sprache ist nicht nur Mittel zur Mitteilung.)

330. Was heißt das: "Das ist doch nicht mehr dasselbe Spiel!" Wie verwende ich diesen Satz? Als Mitteilung? Nun, etwa als Einleitung zu einer Mitteilung, die die Unterschiede aufzählt und ihre Folgen erklärt. Aber auch um auszudrücken, daß ich eben darum hier nicht mehr mittue, oder doch eine andere Stellung zu dem Spiel einnehme.

322. Language is not defined for us as an arrangement fulfilling a definite purpose. Rather "language" is for us a name for a collection, and I understand it as including German, English and so on, and further various systems of signs which have more or less affinity with these languages.

323. Being acquainted with many languages prevents us from taking quite seriously a philosophy which is laid down in the forms of any one. But here we are blind to the fact that we ourselves have strong prejudices for, and against, certain forms of expression; that this very piling up of a lot of languages results in our having a particular picture.

324. Does a child learn only to talk, or also to think? Does it learn the sense of multiplication *before*—or *after* it learns multiplication?

325. How did I arrive at the concept 'sentence' or 'language'? Surely only through the languages that I have learnt.—But they seem to me in a certain sense to have led beyond themselves, for I am now able to construct new language, e.g. to invent words. —So such construction also belongs to the concept of language. But only because that is how I want to fix the concept.

326. The concept of a living being has the same indeterminacy as that of a language.

327. Compare: inventing a game—inventing language—inventing a machine.

328. In philosophy it is significant that such-and-such a sentence makes no sense; but also that it sounds funny.

329. I make a plan not merely so as to make myself understood but also in order to get clear about the matter myself. (I.e. language is not merely a means of communication.)

330. What does it mean to say: "But that's no longer the same game!" How do I use this sentence? As information? Well, perhaps to introduce some information in which differences are enumerated and their consequences explained. But also to express that just for that reason I don't join in here, or at any rate take up a different attitude to the game.

331. Man ist versucht, Regeln der Grammatik durch Sätze zu rechtfertigen von der Art "Aber es gibt doch wirklich vier primäre Farben". Und gegen die Möglichkeit dieser Rechtfertigung, die nach dem Modell der Rechtfertigung eines Satzes durch den Hinweis auf seine Verifikation gebaut ist, richtet sich das Wort, daß die Regeln der Grammatik willkürlich sind.

Kann man aber nicht doch in irgendeinem Sinne sagen, daß die Grammatik der Farbwörter die Welt, wie sie tatsächlich ist, charakterisiert? Man möchte sagen: Kann ich nicht wirklich vergebens nach einer fünften primären Farbe suchen? Nimmt man nicht die primären Farben zusammen, weil sie eine Ähnlichkeit haben; oder zum mindesten die *Farben*, im Gegensatz z. B. zu den Formen oder Tönen, weil sie eine Ähnlichkeit haben? Oder habe ich, wenn ich diese Einteilung der Welt als die richtige hinstelle, schon eine vorgefaßte Idee als Paradigma im Kopf? Von der ich dann etwa nur sagen kann: "Ja, das ist die Art, wie wir die Dinge betrachten", oder "Wir wollen eben ein solches Bild machen". Wenn ich nämlich sage: "die primären Farben haben doch eine bestimmte Ähnlichkeit miteinander"—woher nehme ich den Begriff dieser Ähnlichkeit? Ist nicht so, wie der Begriff 'primäre Farbe' nichts Andres ist, als 'blau oder rot oder grün oder gelb',—auch der Begriff jener Ähnlichkeit nur durch die vier Farben gegeben? Ja, sind sie nicht die gleichen?—"Ja, könnte man denn auch rot, grün und kreisförmig zusammenfassen?"—Warum nicht?!

332. Glaub doch nicht, daß du den Begriff der Farbe in dir hältst, weil du auf ein farbiges Objekt schaust,—wie immer du schaust.

(So wenig, wie du den Begriff der negativen Zahl besitzt, dadurch, daß du Schulden hast.)

333. "Rot ist etwas Spezifisches", das müßte soviel heißen, wie: "*Das* ist etwas Spezifisches"—wobei man auf etwas Rotes deutet. Aber damit das verständlich wäre, müßte man schon unsern *Begriff* 'rot', den Gebrauch jenes Musters, meinen.

334. Ich kann doch offenbar eine Erwartung einmal in den Worten "ich erwarte einen roten Kreis", ein andermal statt der letzten beiden Worte durch das farbige Bild eines roten Kreises ausdrücken. Aber in diesem Ausdruck entsprechen den beiden Wörtern "rot" und "Kreis" nicht zwei Dinge. Also ist der Ausdruck der zweiten Sprache von *ganz anderer Art*.

331.   One is tempted to justify rules of grammar by sentences like "But there really are four primary colours". And the saying that the rules of grammar are arbitrary is directed against the possibility of this justification, which is constructed on the model of justifying a sentence by pointing to what verifies it.

Yet can't it after all be said that in some sense or other the grammar of colour-words characterizes the world as it actually is? One would like to say: May I not really look in vain for a fifth primary colour? Doesn't one put the primary colours together because there is a similarity among them, or at least put *colours* together, contrasting them with e.g. shapes or notes, because there is a similarity among them? Or, when I set this up as the right way of dividing up the world, have I a pre-conceived idea in my head as a paradigm? Of which in that case I can only say: "Yes, that is the kind of way we look at things" or "We just do want to form this sort of picture." For if I say "there is a particular similarity among the primary colours"— whence do I derive the idea of this similarity? Just as the idea 'primary colour' is nothing else but 'blue or red or green or yellow'—is not the idea of that similarity too given simply by the four colours? Indeed, aren't they the same?—"Then might one also take red, green and circular together?"—Why not?|

332.   Do not believe that you have the concept of colour within you because you look at a coloured object—however you look.

(Any more than you possess the concept of a negative number by having debts.)

333.   "Red is something specific"—that would have to mean the same as: "*That* is something specific"—said while pointing to something red. But for that to be intelligible, one would have already to mean our *concept* 'red', to mean the use of that sample.

334.   I can indeed obviously express an expectation at one time by the words "I'm expecting a red circle," and at another by putting a coloured picture of a red circle in the place of the last few words. But in this expression there are not two things corresponding to the two separate words "red" and "circle". So the expression in the second language is of a *completely different kind*.

335. Es gäbe außer dieser auch eine Sprache, in der 'roter Kreis' durch Nebeneinanderstellen eines Kreises und eines roten Flecks ausgedrückt würde.

336. Wenn ich nun auch zwei Zeichen bei mir habe, den Ausdruck "roter Kreis" und das farbige Bild, oder die Vorstellung des roten Kreises, so wäre doch die Frage: Wie ist denn dann das eine Wort der Farbe, das andere der Form zugeordnet?

Denn man scheint sagen zu können, das eine Wort lenke die Aufmerksamkeit auf die Farbe, das andere auf die Form. Aber was heißt das? Wie kann man diese Wörter in dieses Bild übersetzen?

Oder auch: Wenn mir das Wort "rot" eine Farbe ins Gedächtnis ruft, so muß sie doch mit einer Form verbunden sein; wie kann ich denn dann von der Form abstrahieren?

Die wichtige Frage ist dabei nie: wie weiß er, wovon er abstrahieren soll? sondern: wie ist das überhaupt möglich? oder: was heißt es?

337. Vielleicht wird es klarer, wenn man *die* beiden Sprachen vergleicht, in deren einer ein rotes Täfelchen und eines mit einem Kreis darauf (etwa einem schwarzen auf weißem Grund) die Worte "roter Kreis" ersetzen; und in der andren statt dessen ein roter Kreis gemalt wird.

Wie geht denn hier die Übersetzung vor sich? Er schaut etwa zuerst auf das rote Täfelchen und wählt einen roten Stift, dann auf den Kreis, und macht nun mit diesem Stift einen Kreis.

Es würde etwa zuerst gelernt, daß das erste Täfelchen immer die Wahl des Bleistiftes bestimmt, das zweite, was wir mit ihm zeichnen sollen. Die beiden Täfelchen gehören also verschiedenen Wortarten an (etwa Hauptwort und Tätigkeitswort). In der anderen Sprache aber gäbe es nichts, was man hier zwei Wörter nennen könnte.

338. Wenn einer sagte "Rot ist zusammengesetzt"—so könnten wir nicht erraten, worauf er damit anspielt, was er mit diesem Satz wird anfangen wollen. Sagt er aber: "Dieser Sessel ist zusammengesetzt", so mögen wir zwar nicht gleich wissen, von welcher Zusammensetzung er spricht, können aber gleich an mehr als einen Sinn für seine Aussage denken.

Was für eine Art von Faktum ist nun dies, worauf ich aufmerksam machte?

Jedenfalls ist es ein *wichtiges* Faktum.—Uns ist keine Technik geläufig, auf die dieser Satz anspielen könnte.

335. There might be another language, besides this last one, in which 'red circle' was expressed by the juxtaposition of a circle and a red patch.

336. Now if I have two signs at hand, the expression "red circle" and the coloured picture, or image, of the red circle, then surely the question would be: How is the one word correlated with the shape, the other with the colour?

For it seems possible to say: one word turns the attention to the colour, the other to the shape. But what does that mean? How can these separate words be translated into this pattern?

Or again: If the word "red" summons up a colour in my memory, it must surely be in connexion with a shape; in that case how can I abstract from the shape?

The important question here is never: how does he know what to abstract from? but: how is this possible at all? or: what does it mean?

337. Perhaps it becomes clearer if we compare *these* two languages: in one the phrase "red circle" is replaced by a red slip and a slip with a circle on it (say black on a white ground); and in the other by a red circle.

For how does translating proceed here? Say one looks at the red slip and chooses a red pencil, then at the circle, and now one makes a circle with this pencil.

It would first of all have been learnt that the first slip always determines the choice of the pencil, and the second what we should draw with it. Thus the two slips belong to two different parts of speech (say noun and activity-word). But in the other language there would be nothing that could be called two different words.

338. If someone were to say: "Red is complex"—we could not guess what he was alluding to, what he was trying to do with this sentence. But if he says "This chair is complex," we may indeed not know straight off which kind of complexity he is talking about, but we can straight away think of more than one sense for his assertion.

Now what kind of fact am I drawing attention to here?

At any rate it is an *important* fact.—We are not familiar with any technique, to which that sentence might be alluding.

339. Wir beschreiben hier ein Sprachspiel, welches wir *nicht lernen können.*

340. "Dann muß etwas ganz Anderes in ihm vorgehen, etwas, was wir nicht kennen."—*Das zeigt uns,* wonach wir bestimmen, ob 'im Andern' etwas Anderes als oder dasselbe wie in uns stattfindet. Das zeigt uns, *wonach* wir die innern Vorgänge beurteilen.

341. Kannst *du* dir vorstellen, was der rot-grün Blinde sieht? Kannst du das Bild des Zimmers malen, wie er es sieht?
    Kann *er* es malen, wie er es sieht? Kann ich also malen, wie ich es sehe? In welchem Sinne kann ich es?

342. "Wer alles nur grau, schwarz und weiß sähe, dem müßte etwas *gegeben* werden, damit er wüßte, was rot, grün etc. ist. Und was müßte ihm gegeben werden? Nun, die Farben. Also z. B. *dies* und *dies* und *dies.* (Denk dir, z. B., daß farbige Vorbilder in sein Gehirn eingeführt werden müßten zu den bloß grauen und schwarzen.) Aber müßte das geschehen als Mittel zum Zweck des künftigen Handelns? Oder schließt eben dieses Handeln diese Vorbilder ein? Will ich sagen: "Es müßte ihm etwas gegeben werden, denn es ist klar, er könnte sonst nicht . . . ."—oder: Sein sehendes Benehmen *enthält* neue Bestandteile?

343. Auch: was würden wir eine "Erklärung des Sehens" *nennen?* Soll man sagen: Nun, du weißt doch sonst, was "Erklärung" heißt; verwende diesen Begriff also auch hier!

344. Kann ich sagen: "Schau es an! so wirst du sehen, daß es sich nicht erklären läßt."—Oder: "Trinke die Farbe Rot in dich ein, so wirst du sehen, daß sie nicht durch etwas Anderes darzustellen ist!"——Und wenn der Andere nun mir beistimmt, zeigt es, daß er dasselbe eingetrunken hat, wie ich?—Und was bedeutet nun unsere Geneigtheit, dies zu sagen? Rot erscheint uns isoliert dazustehen. Warum? Was ist dieser Schein, diese Geneigtheit *wert?*
    Man könnte aber fragen: Auf welche Eigentümlichkeit des Begriffs deutet diese unsre Neigung?

345. Denke an den Satz "Rot ist keine Mischfarbe" und an seine Funktion.
    Das Sprachspiel mit den Farben ist eben durch das charakterisiert, was wir tun können, und was wir nicht tun können.

339. We are here describing a language-game that *we cannot learn*.

340. "In that case something quite different must be going on in him, something that we are not acquainted with."—*This shews us* what we go by in determining whether something that takes place 'in another' is different from, or the same as in ourselves. This shews us *what we go by* in judging inner processes.

341. Can *you* imagine what a red-green colour blind man sees? Can you paint a picture of the room as he sees it?

   Can *he* paint it as he sees it? Then can I paint it as I see it? In what sense can I?

342. "If someone saw only grey, black and white, he would have to be *given* something if he were to know what red, green etc. are." And what would have to be given him? Well, the colours. And so, for example, *this* and *this* and *this*. (Imagine, e.g. that coloured patterns had to be introduced into his brain in addition to the merely grey and black ones.) But would this have to happen for the purpose of future action? Or does this action itself involve these patterns? Am I trying to say: "Something would have to be given him, for it is clear that otherwise he could not..."—or: His seeing behaviour *contains* new constituents?

343. Again: what should we *call* an "explanation of seeing"? Is one to say: Well, you surely know what "explanation" means elsewhere; so employ this concept here too.

344. Can I say: "Look at it! Then you'll see that it can't be explained!"—Or: "Drink in the colour red, then you'll see that it can never be presented by anything else."——And if the other man now agrees with me, does that shew that he has drunk in the same as I?—And what is the significance of our inclination to say this? Red seems to stand there, isolated. Why? What is the *value* of this appearance, this inclination of ours?

   But one might ask: What peculiarity of the concept does this inclination point to?

345. Think of the sentence: "Red is not a mixed colour" and of its function.

   For the language-game with colours is characterized by what we can do and what we cannot do.

346. "Ein rötliches Grün gibt es nicht", ist den Sätzen verwandt, die wir als Axiome in der Mathematik gebrauchen.

347. Daß wir mit gewissen Begriffen *rechnen*, mit andern nicht, zeigt nur, wie verschiedener Art die Begriffswerkzeuge sind (wie wenig Grund wir haben, hier je Einförmigkeit anzunehmen). [*Randbemerkung:* Zu Sätzen über Farben, die den mathematischen ähnlich sind, z. B.: Blau ist dunkler als weiß. Dazu Goethes Farbenlehre.]

348. "Die Möglichkeit der Übereinstimmung bedingt schon *eine* Übereinstimmung."—Denke, jemand sagte: "Schachspielen-können ist eine Art des Schachspielens"!

349. Es ist sehr schwer, Gedankenbahnen zu beschreiben, wo schon viel Fahrgeleise sind—ob deine eigenen oder andere—und nicht in eins der ausgefahrenen Geleise zu kommen. Es ist schwer: *nur wenig* von einem alten Gedankengeleise abzuweichen.

350. "Es ist, als wären unsere Begriffe bedingt durch ein Gerüst von Tatsachen."
Das hieß doch: Wenn du dir gewisse Tatsachen anders denkst, sie anders beschreibst, als sie sind, dann kannst du die Anwendung gewisser Begriffe dir nicht mehr vorstellen, weil die Regeln ihrer Anwendung kein Analogon unter den neuen Umständen haben.—Was ich sage, kommt also *darauf* hinaus: Ein Gesetz wird für Menschen gegeben, und ein Jurist mag wohl fähig sein, Konsequenzen für jeden Fall zu ziehen, der ihm gewöhnlich vorkommt, das Gesetz hat also offenbar seine Verwendung, einen Sinn. Trotzdem aber setzt seine Gültigkeit allerlei voraus; und wenn das Wesen, welches er zu richten hat, ganz vom gewöhnlichen Menschen abweicht, dann wird z. B. die Entscheidung, ob er eine Tat mit böser Absicht begangen hat, nicht etwa schwer, sondern (einfach) unmöglich werden.

351. "Wenn die Menschen nicht im allgemeinen über die Farben der Dinge übereinstimmten, wenn Unstimmigkeiten nicht Ausnahmen wären, könnte es unsern Farbbegriff nicht geben." Nein:—*gäbe* es unsern Farbbegriff nicht.

352. Will ich also sagen, gewisse Tatsachen seien gewissen Begriffsbildungen günstig oder ungünstig? Und lehrt das die Erfahrung? Es ist Erfahrungstatsache, daß Menschen ihre Begriffe ändern, wechseln, wenn sie neue Tatsachen kennenlernen;

346. "There is no such thing as a reddish green" is akin to the sentences that we use as axioms in mathematics.

347. The fact that we *calculate* with certain concepts and not with others only shews how various in kind conceptual tools are (how little reason we have here ever to assume uniformity). [*Marginal Note:* On propositions about colours that are like mathematical ones e.g. Blue is darker than white. On this Goethe's Theory of Colour.]

348. "The possibility of agreement involves *some* sort of agreement already."—Suppose someone were to say: "Being able to play chess is a sort of playing chess"!

349. It is very difficult to describe paths of thought where there are already many lines of thought laid down,—your own or other people's—and not to get into one of the grooves. It is difficult to deviate from an old line of thought *just a little.*

350. "It is as if our concepts involved a scaffolding of facts."
That would presumably mean: If you imagine certain facts otherwise, describe them otherwise, than the way they are, then you can no longer imagine the application of certain concepts, because the rules for their application have no analogue in the new circumstances.—So what I am saying comes to *this*: A law is given for human beings, and a jurisprudent may well be capable of drawing consequences for any case that ordinarily comes his way; thus the law evidently has its use, makes sense. Nevertheless its validity presupposes all sorts of things, and if the being that he is to judge is quite deviant from ordinary human beings, then e.g. the decision whether he has done a deed with evil intent will become not difficult but (simply) impossible.

351. "If humans were not in general agreed about the colours of things, if undetermined cases were not exceptional, then our concept of colour could not exist." No:—our concept *would* not exist.

352. Do I want to say, then, that certain facts are favourable to the formation of certain concepts; or again unfavourable? And does experience teach us this? It is a fact of experience that human beings alter their concepts, exchange them for others

wenn dadurch, was ihnen früher wichtig war, unwichtig wird und umgekehrt. (Man findet z. B.: was früher als Artunterschied galt, sei eigentlich *nur* ein Gradunterschied.)

353. Aber kann man nicht sagen: "Wenn es nur *eine* Substanz gäbe, so hätte man keinen Gebrauch für das Wort 'Substanz' "? Aber das heißt doch: Der Begriff 'Substanz' setzt den Begriff 'Unterschied der Substanz' voraus. (Wie der des Schachkönigs den des Schachzuges, oder wie der der *Farbe* den der *Farben*.)

354. Zwischen Grün und Rot, will ich sagen, sei eine *geometrische* Leere, nicht eine physikalische.[1]

355. Aber entspricht dieser also nichts Physikalisches? Das leugne ich nicht. (Und wenn es bloß unsre Gewöhnung an *diese* Begriffe ist, an diese Sprachspiele wäre. Aber ich sage nicht, daß es so ist.) Wenn wir einem Menschen die und die Technik durch Exempel beibringen,—daß er dann mit einem bestimmten neuen Fall *so* und nicht *so* geht, oder daß er dann stockt, daß für ihn also dies und nicht jenes die 'natürliche' Fortsetzung ist, ist allein schon ein höchst wichtiges Naturfaktum.

356. "Aber wenn ich mit 'bläulichgelb' grün meine, so fasse ich eben diesen Ausdruck anders als. nach der ursprünglichen Weise auf. Die ursprüngliche Auffassung bezeichnet einen andern und eben *nicht gangbaren* Weg."
   Was ist aber hier das richtige Gleichnis? Das vom physisch nicht gangbaren Weg, oder vom Nichtexistieren des Weges? Also das Gleichnis der physikalischen oder der mathematischen Unmöglichkeit?

357. Wir haben ein System der Farben wie ein System der Zahlen.
   Liegen die Systeme in *unserer* Natur oder in der Natur der Dinge? Wie soll man's sagen?—*Nicht* in der Natur der Zahlen oder Farben.

---

[1] Diese Bemerkung war nicht unter den "Zetteln". Die Herausgeber haben sie einem Manuskript entnommen, wo sie unmittelbar vor der nachfolgenden Bemerkung steht.

when they learn new facts; when in this way what was formerly important to them becomes unimportant, and *vice versa*. (It is discovered e.g. that what formerly counted as a difference in kind, is really *only* a difference in degree.)

353. But may it not be said: "If there were only *one* substance, there would be no use for the word 'substance' "? That however presumably means: The concept 'substance' presupposes the concept 'difference of substance'. (As that of the king in chess presupposes that of a move in chess, or that of *colour* that of *colours*.)

354. I want to say that there is a geometrical gap, not a physical one, between green and red.[1]

355. But doesn't anything physical correspond to it? I do not deny that. (And suppose it were merely our habituation to *these* concepts, to these language-games? But I am not saying that it is so.) If we teach a human being such-and-such a technique by means of examples,—that he then proceeds like *this* and not like *that* in a particular new case, or that in this case he gets stuck, and thus that this and not that is the 'natural' continuation for him: this of itself is an extremely important fact of nature.

356. "But if by 'bluish yellow' I mean green, I am taking this expression in a different way from the original one. The original conception signifies a different road, a *no thoroughfare*."
    But what is the right simile here? That of a road that is physically impassable, or of the non-existence of a road? i.e. is it one of physical or of mathematical impossibility?

357. We have a colour system as we have a number system.
    Do the systems reside in *our* nature or in the nature of things? How are we to put it?—*Not* in the nature of numbers or colours.

---

[1] This remark was not among those preserved in the box of cuttings; we have supplied it from the typescript from another copy of which the succeeding remark was cut. Eds.

358. Hat denn dieses System etwas Willkürliches? Ja und nein. Es ist mit Willkürlichem verwandt und mit Nichtwillkürlichem.

359. Es leuchtet auf den ersten Blick ein, daß man nichts als Zwischenfarben von rot und grün erkennen will. (Und ob es mir immer so eingeleuchtet oder erst nach Erfahrung und Erziehung, ist gleichgültig.)

360. 'a ist zwischen b und c, und dem b näher als dem c', dies ist eine charakteristische Relation zwischen Empfindungen gleicher Art. D. h., es gibt z. B. ein Sprachspiel mit dem Befehl "Erzeuge eine Empfindung zwischen *dieser* und *dieser*, und der ersten näher als der zweiten!" Und auch "Nenne zwei Empfindungen, zwischen welchen *diese* liegt".

361. Und da ist es wichtig, daß man z. B. bei *Grau* "Schwarz und Weiß" zur Antwort kriegen wird; bei *Violett* "Blau und Rot", bei *Rosa* "Rot und Weiß" etc.; aber *nicht* bei *Olivegrün* "Rot und Grün".

362. Die Leute kennen ein Rötlichgrün.—"Aber es *gibt* doch gar keins!"—Welch sonderbarer Satz.—(Wie weißt du's nur?)

363. Sagen wir's doch einmal so: Müssen denn diese Leute die Diskrepanz merken? Vielleicht sind sie zu stumpf dazu. Und dann wieder: vielleicht auch nicht.—

364. Ja aber hat denn die Natur hier gar nichts mitzureden?! Doch—nur macht sie sich auf andere Weise hörbar.
  "Irgendwo wirst du doch an Existenz und nicht-Existenz anrennen!" Das heißt aber doch an *Tatsachen*, nicht an Begriffe.

365. Es ist eine Tatsache von der höchsten Wichtigkeit, daß eine Farbe, die wir (z. B.) "rötlichgelb" zu nennen geneigt sind, sich wirklich durch Mischung (auf verschiedene Weise) von Rot und Gelb erzeugen läßt. Und daß wir nicht im Stande sind, eine Farbe, die durch Mischen von Rot und Grün entstanden ist, ohne Weiteres als eine zu erkennen, die sich so erzeugen läßt. (Was aber bedeutet "ohne Weiteres" hier?)

358. Then is there something arbitrary about this system? Yes and no. It is akin both to what is arbitrary and to what is non-arbitrary.

359. It is obvious at a glance that we aren't willing to acknowledge anything as a colour intermediate between red and green. (Nor does it matter whether this is always obvious, or whether it takes experience and education to make it so.)

360. 'a is between b and c, and nearer to b than to c': this is a characteristic relation between sensations of the same kind. That is, there is e.g. a language-game with the order "Produce a sensation between *this* and *this*, and nearer the first than the second." And also "Name two sensations which *this* is between."

361. And here it is important that e.g. with *grey* one will get "black and white" for answer, with *purple* "blue and red", with *pink* "red and white", but with *olive green* one will *not* get "red and green."

362. These people are acquainted with reddish green—"But there *is* no such thing!"—What an extraordinary sentence.—(How do you know?)

363. Let's just put it like this: Must these people notice the discrepancy? Perhaps they are too stupid. And again: perhaps not that either.—

364. Yes, but has nature nothing to say here? Indeed she has—but she makes herself audible in another way.
    "You'll surely run up against existence and non-existence somewhere!" But that means against *facts*, not concepts.

365. It is an extremely important fact that a colour which we are inclined to call (e.g.) "reddish yellow" can really be produced (in various ways) by a mixture of red and yellow. And that we are not able to recognize straight off a colour that has come about by mixing red and green as one that can be produced in that way. (But what does "straight off" signify here?)

366. Verwirrung der Geschmäcke: Ich sage "Das ist süß", der Andere "Das ist sauer" u. s. f.. Einer kommt daher und sagt: "Ihr habt alle keine Ahnung, wovon ihr sprecht. Ihr wißt gar nicht mehr, was ihr einmal einen Geschmack genannt habt." Was wäre das Zeichen dafür, daß wir's noch wissen? (Hängt mit einer Frage über eine Verwirrung im Rechnen zusammen.)

367. Aber könnten wir nicht auch in dieser 'Verwirrung' ein Sprachspiel spielen?—Aber ist es noch das Frühere?—

368. Denken wir uns Menschen, die eine Zwischenfarbe von Rot und Gelb z. B., durch eine Art binären Dezimalbruch *so* ausdrücken: R,LLRL u. dergl., wo auf der rechten Seite z. B. Gelb steht, auf der linken Rot.—Diese Leute lernen schon im Kindergarten, Farbtöne in dieser Weise beschreiben, nach solchen Beschreibungen Farben auszuwählen, zu mischen etc.. Sie verhielten sich zu uns ungefähr, wie Leute mit absolutem Gehör zu Leuten, denen dies fehlt. *Sie können tun*, was wir nicht können.

369. Und hier möchte man sagen: "Ist das denn aber auch vorstellbar? Ja, das *Benehmen* wohl! Aber auch der innere Vorgang, das Farberlebnis?" Und was man auf so eine Frage sagen soll, ist schwer zu sehen. Hätten die, die kein absolutes Gehör haben, vermuten können, es werde auch Leute mit absolutem Gehör geben?

370. Der Glanz oder die Spiegelung: Wenn ein Kind malt, so wird es diese nie malen. Ja, es ist beinahe schwer zu glauben, daß sie durch die gewöhnlichen Öl- oder Wasserfarben dargestellt werden können.

371. Wie würde eine Gesellschaft von lauter tauben Menschen aussehen? Wie, eine Gesellschaft von 'Geistesschwachen'? *Wichtige Frage!* Wie also eine Gesellschaft, die viele unserer gewöhnlichen Sprachspiele nie spielte?

372. Den Schwachsinnigen stellt man sich unter dem Bild des Degenerierten, wesentlich Unvollständigen, gleichsam Zerlumpten vor. Also unter dem der Unordnung statt der primitiveren Ordnung (welches eine weit produktivere Anschauungsart wäre).
Wir sehen eben nicht eine *Gesellschaft* solcher Menschen.

366. Confusion of tastes: I say "This is sweet", someone else "This is sour" and so on. So someone comes along and says: "You have none of you any idea what you are talking about. You no longer know at all what you once called a taste." What would be the sign of our still knowing? (Connects with a question about confusion in calculating.)

367. But might we not play a language-game even in this 'confusion'?—But is it still the earlier one?—

368. Let us imagine men who express a colour intermediate between red and yellow, say by means of a fraction in a kind of binary notation like this: R, LLRL and the like, where we have (say) yellow on the right, and red on the left.—These people learn how to describe shades of colour in this way in the kindergarten, how to use such descriptions in picking colours out, in mixing them, etc. They would be related to us roughly as people with absolute pitch are to those who lack it. *They can do* what we cannot.

369. And here one would like to say: "But then, is it imaginable? Of course, the *behaviour* is! But is the inner process, the experience of colour?" And it is difficult to see what to say in answer to such a question. Could people without absolute pitch have guessed at the existence of people with absolute pitch?

370. High-lights or reflections: when a child paints it will never paint these. Indeed it is quite hard to believe that they can be represented by ordinary oil or water colours.

371. What would a society all of deaf men be like? Or a society of the 'feeble-minded'? *An important question!* What then of a society that never played many of our customary language-games?

372. One imagines the feeble-minded under the aspect of the degenerate, the essentially incomplete, as it were in tatters. And so under that of disorder instead of a more primitive order (which would be a far more fruitful way of looking at them).
   We just don't see a *society* of such people.

373. Andere, obgleich den unsern verwandte Begriffe könnten uns *sehr* seltsam erscheinen; Abweichungen nämlich vom Gewohnten *in ungewohnter Richtung*.

374. Festbegrenzte Begriffe würden eine Gleichförmigkeit des Verhaltens fordern. Aber wo ich *sicher* bin, ist der Andere unsicher. Und das ist eine Naturtatsache.

375. Dies sind die festen Schienen, auf denen all unser Denken verläuft, und also nach ihnen auch unser Urteilen und Handeln.

376. Dort z. B., wo es einen Typus nur selten gibt, wird der Begriff dieses Typus nicht gebildet. Die Leute berührt *dies* nicht als eine Einheit, als ein bestimmtes Gesicht.

377. Sie machen davon nicht ein Bild und erkennen es von Fall zu Fall wieder.

378. Muß der Begriff der Bescheidenheit oder der Prahlerei überall bekannt sein, wo es bescheidene und prahlerische Menschen gibt? Es liegt ihnen vielleicht dort nichts an dieser Unterscheidung.
Uns sind ja auch manche Unterschiede unwichtig und könnten uns wichtig sein.

379. Und Andere haben Begriffe, die unsere Begriffe durchschneiden.

380. Ein Stamm hat zwei Begriffe, verwandt unserm 'Schmerz'. Der eine wird bei sichtbaren Verletzungen angewandt und ist mit Pflege, Mitleid etc. verknüpft. Den andern wenden sie bei Magenschmerzen z. B. an, und er verbindet sich mit Belustigung über den Klagenden. "Aber merken sie denn wirklich nicht die Ähnlichkeit?"—Haben wir denn überall einen Begriff, wo eine Ähnlichkeit besteht? Die Frage ist: Ist ihnen die Ähnlichkeit *wichtig*? Und muß sie's ihnen sein? Und warum sollte nicht ihr Begriff unsern Begriff 'Schmerz' schneiden?

381. Aber übersieht dieser dann nicht etwas, was da ist?—Er nimmt davon keine Notiz; und warum sollte er?—Aber dann ist ja eben sein Begriff grundverschieden von dem unsern.—*Grund*verschieden? Verschieden.—Aber es ist dann doch, als ob sein Wort nicht *dasselbe bezeichnen* könnte wie unseres. Oder nur einen

373. Concepts other than though akin to ours might seem *very* queer to us; deviations from the usual *in an unusual direction*.

374. Concepts with fixed limits would demand a uniformity of behaviour. But where I am *certain*, someone else is uncertain. And that is a fact of nature.

375. These are the fixed rails along which all our thinking runs, and so our judgment and action goes according to them too.

376. Where e.g. a certain type is only seldom to be found, no concept of that type will be formed. People do not feel *this* as a unity, as a particular physiognomy.

377. They make no picture of it and always recognize it just in the particular cases.

378. Must people be acquainted with the concept of modesty or of swaggering, wherever there are modest and swaggering men? Perhaps nothing hangs on this difference for them.

For us, too, many differences are unimportant, which we might find important.

379. And others have concepts that cut across ours.

380. A tribe has two concepts, akin to our 'pain'. One is applied where there is visible damage and is linked with tending, pity etc. The other is used for stomach-ache for example, and is tied up with mockery of anyone who complains. "But then do they really not notice the similarity?"—Do we have a single concept everywhere where there is a similarity? The question is: Is the similarity *important* to them? And need it be so? And why should their concept 'pain' not split ours up?

381. But in that case isn't this man overlooking something that is there?—He takes no notice of it, and why should he?—But in that case his concept just is fundamentally different from ours.— *Fundamentally* different? Different.—But in that case it surely is as if his word could not *designate* the *same* as ours. Or only part

Teil davon.—Aber so muß es ja auch ausschauen, wenn sein Begriff verschieden ist. Denn die Unbestimmtheit unseres Begriffs kann sich ja für uns in den *Gegenstand* projezieren, den das Wort bezeichnet. So daß, fehlte die Unbestimmtheit, auch nicht 'dasselbe gemeint' wäre. Das Bild, das wir verwenden, versinnbildlicht die Unbestimmtheit.

382. In der Philosophie darf man keine Denkkrankheit *abschneiden*. Sie muß ihren natürlichen Lauf gehen, und die *langsame* Heilung ist das Wichtigste. (Daher die Mathematiker so schlechte Philosophen sind.)

383. Denk dir, es würden die Leute eines Stammes von früher Jugend dazu erzogen, *keinerlei* Gemütsausdruck zu zeigen. Er ist für sie etwas Kindisches, das abzutun sei. Die Abrichtung sei streng. Man redet von 'Schmerzen' nicht; schon erst recht nicht in der Form einer Vermutung "Vielleicht hat er doch . . . .". Klagt jemand, so wird er verlacht oder gestraft. Den Verdacht der Verstellung gibt es gar nicht. Klagen ist sozusagen schon Verstellung.

384. "Verstellen", könnten jene Leute sagen, "was für ein lächerlicher Begriff!" (Als unterschiede man einen Mord mit *einer* Kugel von einem mit drei Kugeln.)

385. Klagen ist schon so schlimm, daß es das Schlimmere der Verstellung gar nicht mehr gibt.

386. Die eine Schande steht ihnen vor der andern, diese können sie nicht sehen.

387. Ich will sagen: eine ganz andere Erziehung als die unsere könnte auch die Grundlage ganz anderer Begriffe sein.

388. Denn es würde hier das Leben anders verlaufen.—Was uns interessiert, würde *sie* nicht interessieren. Andere Begriffe wären da nicht mehr unvorstellbar. Ja, *wesentlich* andere Begriffe sind nur so vorstellbar.

389. Man könnte [jemanden] doch einfach lehren, den Schmerz (z. B.) zu mimen (nicht in der Absicht zu betrügen). Aber wäre es jedem beizubringen? Ich meine: Er könnte ja wohl erlernen, gewisse rohe Schmerzzeichen von sich zu geben, ohne aber je

of that.—But of course it must look like that, if his concept is different. For the indefiniteness of our concept may be projected for us into the *object* that the word designates. So that if the indefiniteness were missing we should also not have 'the same thing meant'. The picture that we employ symbolizes the indefiniteness.

382. In philosophizing we may not *terminate* a disease of thought. It must run its natural course, and *slow* cure is all important. (That is why mathematicians are such bad philosophers.)

383. Imagine that the people of a tribe were brought up from early youth to give no expression of feeling *of any kind*. They find it childish, something to be got rid of. Let the training be severe. 'Pain' is not spoken of; especially not in the form of a conjecture "Perhaps he has got. . . ." If anyone complains, he is ridiculed or punished. There is no such thing as the suspicion of shamming. Complaining is so to speak already shamming.

384. "Shamming," these people might say, "What a ridiculous concept!" (As if one were to distinguish between a murder with one shot and one with three.)

385. Complaining is already so bad that there is no room at all for shamming as something worse.

386. One disgrace is invisible to them because of the other.

387. I want to say: an education quite different from ours might also be the foundation for quite different concepts.

388. For here life would run on differently.—What interests us would not interest *them*. Here different concepts would no longer be unimaginable. In fact, this is the only way in which *essentially* different concepts are imaginable.

389. [Someone] might surely be taught e.g. to mime pain (not with the intention of deceiving). But could this be taught to just anyone? I mean: someone might well learn to give certain crude tokens of pain, but without ever spontaneously giving a

aus eigenem, aus seiner eigenen Einsicht eine feinere Nachahmung zu geben. (Sprachtalent.) (Man könnte vielleicht einem gescheiten Hund eine Art Schmerzgeheul beibringen; aber es käme doch nie bei ihm zu einem bewußten Nachahmen.)

390. 'Diese Menschen hätten nichts Menschenähnliches.' Warum?—Wir könnten uns unmöglich mit ihnen verständigen. Nicht einmal so, wie wir's mit einem Hund können. Wir könnten uns nicht in sie finden.

Und doch könnte es ja solche, im übrigen menschliche, Wesen geben.

391. Ich will eigentlich sagen, daß die gedanklichen Skrupel im Instinkt anfangen (ihre Wurzeln haben). Oder auch so: das Sprachspiel hat seinen Ursprung nicht in der *Überlegung.* Die Überlegung ist ein Teil des Sprachspiels.

Und der Begriff ist daher im Sprachspiel zu Hause.

392. 'Sandhaufen' ist ein unscharf begrenzter Begriff——aber warum verwendet man statt seiner nicht einen scharf begrenzten? —Liegt der Grund in der Natur der Haufen? Welche Erscheinung ist es, deren Natur für unsern Begriff maßgebend ist?

393. Man kann sich leicht Ereignisse vorstellen und in alle Einzelheiten ausmalen, die, wenn wir sie eintreten sähen, uns an allem Urteilen irre werden ließen.

Sähe ich einmal von meinem Fenster statt der altgewohnten eine ganz neue Umgebung, benähmen sich die Dinge, Menschen und Tiere, wie sie sich nie benommen haben, so würde ich etwa die Worte äußern "Ich bin wahnsinnig geworden"; aber das wäre nur ein Ausdruck dafür, daß ich es aufgebe, mich auszukennen. Und das Gleiche könnte mir auch in der Mathematik zustoßen. Es könnte mir z. B. scheinen, als machte ich immer wieder Rechenfehler, sodaß keine Lösung mir verläßlich erschiene.

Das Wichtige aber für mich daran ist, daß es zwischen einem solchen Zustand und dem normalen keine scharfe Grenze gibt.

394. Was hieße es, mich darin irren, daß er eine Seele, Bewußtsein habe? Und was hieße es, daß ich mich irre und selbst keines habe? Was hieße es zu sagen "Ich bin nicht bei Bewußtsein."?

finer imitation out of his own insight. (Talent for languages.)
(A clever dog might perhaps be taught to give a kind of whine
of pain but it would never get as far as conscious imitation.)

390. 'These men would have nothing human about them.' Why?
—We could not possibly make ourselves understood to them.
Not even as we can to a dog. We could not find our feet with
them.
  And yet there surely could be such beings, who in other
respects were human.

391. I really want to say that scruples in thinking begin with
(have their roots in) instinct. Or again: a language-game does
not have its origin in *consideration*. Consideration is part of a
language-game.
  And that is why a concept is in its element within the language-
game.

392. 'Heap of sand' is a concept without sharp boundaries——
but why isn't one with sharp boundaries used instead of it?—
Is the reason to be found in the nature of the heaps? What is the
phenomenon whose nature is definitive for our concept?

393. It is easy to imagine and work out in full detail events
which, if they actually came about, would throw us out in all our
judgments.
  If I were sometime to see quite new surroundings from my
window instead of the long familiar ones, if things, humans and
animals were to behave as they never did before, then I should
say something like "I have gone mad"; but that would merely
be an expression of giving up the attempt to know my way
about. And the same thing might befall me in mathematics. It
might e.g. seem as if I kept on making mistakes in calculating, so
that no answer seemed reliable to me.
  But the important thing about this for me is that there isn't
any sharp line between such a condition and the normal one.

394. What would it mean for me to be wrong about his having
a mind, having consciousness? And what would it mean for me
to be wrong about *myself* and not have any? What would it mean

———Aber weiß ich nicht doch, daß Bewußtsein in mir ist?—So weiß ich's also, und doch hat die Aussage, es sei so, keinen Zweck?

Und wie merkwürdig, daß man lernen kann, sich in dieser Sache mit andern Leuten zu verständigen!

395. Einer kann sich bewußtlos stellen; aber auch *bewußt*?

396. Wie wäre es, wenn mir jemand allen Ernstes sagte, er wisse (wirklich) nicht, ob er träume oder wache?—

Kann es diese Situation geben: Einer sagt "Ich glaube, ich träume jetzt"; wirklich wacht er bald danach auf, erinnert sich an jene Äußerung im Traum und sagt "So hatte ich also recht!"———Diese Erzählung kann doch nur besagen: Einer habe geträumt, er hätte gesagt, er träume.

Denke, ein Bewußtloser sagte (etwa in der Narkose) "Ich bin bei Bewußtsein"—würden wir sagen "Er muß es wissen"?

Und wenn Einer im Schlaf spräche "Ich schlafe",—würden wir sagen "Er hat ganz recht"?

Spricht einer die Unwahrheit, der mir sagt: "Ich bin nicht bei Bewußtsein"? (Und die Wahrheit, wenn er's bewußtlos sagt? Und wie, wenn ein Papagei sagte "Ich verstehe kein Wort", oder ein Grammophon "Ich bin bloß eine Maschine"?)

397. Denke, in einem Tagtraum ließe ich mich sprechen "Ich phantasiere bloß", wäre das *wahr*? Denke, ich schreibe so eine Phantasie oder Erzählung, einen phantasierten Dialog, und in ihm sage ich "Ich phantasiere"———aber, wenn ich es aufschreibe, —wie zeigt sich's, daß diese Worte Worte der Phantasie sind, und daß ich nicht aus der Phantasie herausgetreten bin?

Wäre es nicht wirklich möglich, daß der Träumende, sozusagen aus dem Traum heraustretend, im Schlaf spräche "Ich träume"? Es wäre wohl denkbar, daß so ein Sprachspiel existierte.

Dies hängt mit dem Problem des 'Meinens' zusammen. Denn ich kann im Dialog eines Stücks schreiben "Ich bin gesund" und es also nicht *meinen*, obwohl es auch wahr ist. Die Worte gehören zu diesem und nicht zu jenem Sprachspiel.

398. 'Wahr' und 'Falsch' im Traum. Ich träume, daß es regnet, und daß ich sage "Es regnet"———anderseits: Ich träume, daß ich sage "Ich träume".

to say "I am not conscious"?——But don't I know that there is a consciousness in me?—Do I know it then, and yet the statement that it is so has no purpose?

And how remarkable that one can learn to make oneself understood to others in these matters!

395. A man can pretend to be unconscious; but *conscious*?

396. What would it be like for someone to tell me with complete seriousness that he (really) did not know whether he was dreaming or awake?——

Is the following situation possible: Someone says "I believe I am now dreaming"; he actually wakes up soon afterwards, remembers that utterance in his dream and says "So I was right!"——This narrative can surely only signify: Someone dreamt that he had said he was dreaming.

Imagine an unconscious man (anaesthetised, say) were to say "I am conscious"—should we say "He ought to know"?

And if someone talked in his sleep and said "I am asleep"—should we say "He's quite right"?

Is someone speaking untruth if he says to me "I am not conscious"? (And truth, if he says it while unconscious? And suppose a parrot says "I don't understand a word", or a gramophone: "I am only a machine"?)

397. Suppose it were part of my day-dream to say: "I am merely engaged in phantasy", would this be *true*? Suppose I write such a phantasy or narrative, an imaginary dialogue, and in it I say "I am engaged in phantasy"——but, when I write it down,—how does it come out that these words belong to the phantasy and that I have not emerged from the phantasy?

Might it not actually happen that a dreamer, as it were emerging from the dream, said in his sleep "I am dreaming"? It is quite imaginable there should be such a language-game.

This hangs together with the problem of 'meaning'. For I can write "I am healthy" in the dialogue of a play, and so not *mean* it, although it is true. The words belong to this and not that language-game.

398. 'True' and 'false' in a dream. I dream that it is raining, and that I say "It is raining"——on the other hand: I dream that I say "I am dreaming".

399. Hat das Verbum "träumen" eine Gegenwartsform? Wie lernt der Mensch diese gebrauchen?

400. Angenommen, ich hätte eine Erfahrung, ähnlich einem Erwachen, befände mich dann in einer ganz andern Umgebung, mit Leuten, die mich versichern, ich habe geschlafen. Angenommen ferner, ich bliebe dabei, ich habe nicht geträumt, sondern auf irgendeine Weise außerhalb meines schlafenden Körpers gelebt. Welche Funktion hat diese Behauptung?

401. " 'Ich habe Bewußtsein', das ist eine Aussage, an der kein Zweifel möglich ist." Warum soll das nicht das Gleiche sagen, wie dies: " 'Ich habe Bewußtsein' ist kein Satz"?

Man könnte auch so sagen: Was schadet es, daß einer sagt, "Ich habe Bewußtsein" sei eine Aussage, die keinen Zweifel zulasse? Wie komme ich mit ihm in Widerspruch? Nimm an, jemand sagte mir dies,—warum soll ich mich nicht gewöhnen, ihm nichts darauf zu antworten, statt etwa einen Streit anzufangen? Warum soll ich seine Worte nicht behandeln, wie sein Pfeifen oder Summen?

402. "Nichts ist so gewiß wie, daß mir Bewußtsein eignet." Warum soll ich es dann nicht auf sich beruhen lassen? Diese Gewißheit ist wie eine große Kraft, deren Angriffspunkt sich nicht bewegt, die also keine Arbeit leistet.

403. Erinnere dich: die meisten sagen, man spüre in der Narkose nichts. Manche aber sagen doch: Man *könnte* ja doch etwas fühlen und es nur völlig vergessen.

Wenn es also hier solche gibt, die zweifeln und solche, denen kein Zweifel kommt, so könnte die Zweifellosigkeit doch auch viel allgemeiner bestehen.

404. Oder der Zweifel könnte doch eine andere, und viel weniger unbestimmte Form haben, als in unserer Gedankenwelt.

405. Niemand außer ein Philosoph würde sagen "Ich weiß, daß ich zwei Hände habe"; wohl aber kann man sagen: "ich bin nicht imstande zu bezweifeln, daß ich zwei Hände habe".

406. "Wissen" aber wird gewöhnlich nicht in diesem Sinn gebraucht. "Ich weiß, wieviel 97 × 78 ist." "Ich weiß, daß 97 × 78 432 ist." Im ersten Falle teile ich jemandem mit, ich könne etwas, besitze etwas; im zweiten versichere ich einfach,

399. Has the verb "to dream" a present tense? How does a person learn to use this?

400. Suppose I were to have an experience like waking up, were then to find myself in quite different surroundings, with people who assure me that I have been asleep. Suppose further I insisted that I had not been dreaming, but living in some way outside my sleeping body. What function has this assertion?

401. " 'I have consciousness'—that is a statement about which no doubt is possible." Why should that not say the same as: " 'I have consciousness' is not a proposition"?

It might also be said: What's the harm if someone says that "I have consciousness" is a statement admitting of no doubt? How do I come into conflict with him? Suppose someone were to say this to me—why shouldn't I get used to making no answer to him instead of starting an argument? Why shouldn't I treat his words like his whistling or humming?

402. "Nothing is so certain as that I possess consciousness." In that case, why shouldn't I let the matter rest? This certainty is like a mighty force whose point of application does not move, and so no work is accomplished by it.

403. Remember: most people say one feels nothing under anaesthetic. But some say: It *could* be that one feels, and simply forgets it completely.

If then there are here some who doubt and some whom no doubt assails, still the lack of doubt might after all be far more general.

404. Or doubt might after all have a different and much less indefinite form than in our world of thought.

405. No one but a philosopher would say "I know that I have two hands"; but one may well say: "I am unable to doubt that I have two hands."

406. "Know," however, is not ordinarily used in this sense. "I know what 97×78 is." "I know that 97×78 is 432." In the first case I tell someone that I can do something, that I possess something; in the second I simply asseverate that 97×78 is 432.

97 × 78 sei 432. Sagt denn "97 × 78 ist ganz bestimmt 432" nicht, *ich wisse*, es sei so? Der erste Satz ist kein arithmetischer, noch kann ihn ein solcher ersetzen; statt des zweiten könnte man einen arithmetischen Satz verwenden.

407. Kann jemand *glauben*, daß 25 × 25 = 625 ist? Was heißt es, das zu glauben? Wie zeigt es sich, daß er das glaubt?

408. Aber gibt es nicht ein Phänomen des Wissens sozusagen ganz abgesehen vom Sinn der Worte "ich weiß"? Ist es nicht merkwürdig, daß ein Mensch etwas *wissen* kann, die Tatsache gleichsam in sich selbst haben kann?—Aber das ist eben ein falsches Bild.—Denn, sagt man, Wissen ist es nur, wenn es sich wirklich verhält, wie er sagt. Aber das ist nicht genug. Es darf sich nicht nur zufällig so verhalten. Er muß nämlich wissen, daß er weiß: das Wissen ist ja sein eigener Seelenzustand; er kann darüber—außer durch eine besondere Verblendung—nicht im Zweifel oder Unrecht sein. Wenn also das Wissen, *daß* es so ist, nur ein Wissen ist, wenn es *wirklich* so ist; und wenn das Wissen in ihm ist, sodaß er sich darin, ob es ein Wissen ist, nicht irren kann; dann ist er (also) auch unfehlbar darin, daß es ist, wie er das Wissen weiß; und also muß die Tatsache, die er weiß, so wie das Wissen in ihm sein.
Und das deutet allerdings auf eine mögliche Art der Verwendung von "Ich weiß". "Ich weiß, daß es so ist", heißt dann: Es ist so oder ich bin verrückt.
Also: wenn ich, ohne zu lügen, sage: "Ich weiß, daß es so ist", so kann ich nur durch eine besondere Verblendung im Unrecht sein.

409. Wie kommt es, daß der Zweifel nicht der Willkür untersteht?—Und wenn es so ist,—könnte nicht ein Kind durch seine merkwürdige Veranlagung an allem zweifeln?

410. Man kann erst zweifeln, wenn man Gewisses gelernt hat; wie man sich erst verrechnen kann, wenn man rechnen gelernt hat. Dann ist es allerdings unwillkürlich.

411. Denke, ein Kind wäre ganz besonders gescheit, so gescheit, daß man ihm gleich die Zweifelhaftigkeit der Existenz aller Dinge beibringen kann. Es lernt also vom Anfangan: "Das ist wahrscheinlich ein Sessel."
Und wie lernt es nun die Frage: "Ist das auch wirklich ein Sessel?"—

For doesn't "97×78 is quite definitely 432" say: *I know* it is so? The first sentence is not an arithmetical one, nor can it be replaced by an arithmetical one; an arithmetical sentence could be used in place of the second one.

407. Can someone *believe* that 25×25 = 625? What does it mean to believe that? How does it come out that he believes it?

408. But isn't there a phenomenon of knowing, as it were quite apart from the sense of the phrase "I know"? Is it not remarkable that a man can *know* something, can as it were have the fact within him?—But that is a wrong picture.—For, it is said, it's only knowledge if things really are as he says. But that is not enough. It mustn't be just an accident that they are. For he has got to know that he knows: for knowing is a state of his own mind; he cannot be in doubt or error about it—apart from some special sort of blindness. If then knowledge *that* things are so is only knowledge if they *really* are so; and if knowledge is in him so that he cannot go wrong about whether it is knowledge; in that case, then, he is also infallible about things being so, just as he knows his knowledge; and so the fact which he knows must be within him just like the knowledge.

And this does indeed point to one kind of use for "I know". "I know that it is so" then means: It is so, or else I'm crazy.

So: when I say, without lying: "I know that it is so", then only through a special sort of blindness can I be wrong.

409. How does it come about that doubt is not subject to arbitrary choice?—And that being so—might not a child doubt everything because it was so remarkably talented?

410. A person can doubt only if he has learnt certain things; as he can miscalculate only if he has learnt to calculate. In that case it is indeed involuntary.

411. Imagine that a child was quite specially clever, so clever that he could at once be taught the doubtfulness of the existence of all things. So he learns from the beginning: "That is probably a chair."

And now how does he learn the question: "Is it also really a chair?"—

412. Betreibe ich Kinderpsychologie?—Ich bringe den Begriff des Lehrens mit dem Begriff der Bedeutung in Verbindung.

413. Einer sei ein überzeugter Realist, der Andere ein überzeugter Idealist und lehrt seine Kinder dementsprechend. In einer so wichtigen Sache, wie der Existenz oder Nichtexistenz der äußern Welt wollen sie ihren Kindern nichts Falsches beibringen. Was wird man sie nun lehren? Auch dies zu sagen "Es gibt physikalische Gegenstände", beziehungsweise das Gegenteil?

Wenn einer an Feen nicht glaubt, so braucht er seine Kinder nicht lehren "Es gibt keine Feen", sondern er kann es unterlassen, sie das Wort "Fee" zu lehren. Bei welcher Gelegenheit sollen sie sagen "Es gibt . . . .", oder "Es gibt nicht . . . ."? Nur wenn sie Leute treffen, die entgegengesetzten Glaubens sind.

414. Aber der Idealist wird den Kindern doch das Wort "Sessel" beibringen, denn er will sie ja lehren, dies und jenes zu tun, z. B. einen Sessel zu holen. Wo wird sich also, was die idealistisch erzogenen Kinder sagen, von dem, was die realistischen sagen, unterscheiden? Wird der Unterschied nicht nur der der Schlachtrufe sein?

415. Fängt denn nicht das Spiel "Das ist wahrscheinlich ein . . . ." mit der Enttäuschung an? Und kann die erste Einstellung die auf die mögliche Enttäuschung sein?

416. "So muß man ihm also zuerst eine falsche Sicherheit beibringen?"

Es ist bei ihrem Sprachspiel von Sicherheit oder von Unsicherheit noch nicht die Rede. Erinnere dich: sie lernen ja etwas *tun*.

417. Das Sprachspiel "Was ist das?"—"Ein Sessel."—ist nicht das Gleiche wie: "Wofür hältst du das?"—"Es dürfte ein Sessel sein."

418. Einen im Anfang lehren "Das scheint rot", hat gar keinen Sinn. Das muß er ja spontan sagen, wenn er einmal gelernt hat, was "rot" heißt, d. i. die Technik der Wortverwendung.

419. Die Grundlage jeder Erklärung ist die Abrichtung. (Das sollten Erzieher bedenken.)

420. "Es scheint mir rot."—"Und wie ist rot?"—"*So.*" Dabei muß auf das richtige Paradigma gezeigt werden.

412. Am I doing child psychology?—I am making a connexion between the concept of teaching and the concept of meaning.

413. One man is a convinced realist, another a convinced idealist and teaches his children accordingly. In such an important matter as the existence or non-existence of the external world they don't want to teach their children anything wrong.

What will the children be taught? To include in what they say: "There are physical objects" or the opposite?

If someone does not believe in fairies, he does not need to teach his children "There are no fairies": he can omit to teach them the word "fairy". On what occasion are they to say: "There are . . ." or "There are no . . ."? Only when they meet people of the contrary belief.

414. But the idealist will teach his children the word "chair" after all, for of course he wants to teach them to do this and that, e.g. to fetch a chair. Then where will be the difference between what the idealist-educated children say and the realist ones? Won't the difference only be one of battle cry?

415. For doesn't the game "That is probably a . . ." begin with disillusion? And can the first attitude of all be directed towards a possible disillusion?

416. "So does he have to begin by being taught a false certainty?"

There isn't any question of certainty or uncertainty yet in their language-game. Remember: they are learning to *do* something.

417. The language-game "What is that?"—"A chair."—is not the same as: "What do you take that for?"—"It might be a chair."

418. To begin by teaching someone "That looks red" makes no sense. For he must say that spontaneously once he has learnt what "red" means, i.e. has learnt the technique of using the word.

419. Any explanation has its foundation in training. (Educators ought to remember this.)

420. "It looks red to me."—"And what is red like?"—"Like *this*." Here the right paradigm must be pointed to.

421. Wenn er zuerst die Farbnamen lernt,—was wird ihm beigebracht? Nun, er lernt z. B. beim Anblick von etwas Rotem "Rot" ausrufen.—Ist das aber die richtige Beschreibung, oder hätte es heißen sollen: "Er lernt 'rot' nennen, *was auch wir* 'rot' nennen"?—Beide Beschreibungen sind richtig.

Wie unterscheidet sich davon das Sprachspiel "Wie kommt es dir vor?"?

Man könnte einem doch die Farbwörter beibringen, indem man ihn auf weiße Gegenstände durch farbige Brillen schauen läßt. Was ich ihn aber lehre, muß ein *Können* sein. Er *kann* also jetzt auf Befehle etwas Rotes bringen; oder Gegenstände nach ihren Farben ordnen. Aber was ist denn etwas Rotes?

422. Warum lehrt man das Kind nicht zuerst gleich das Sprachspiel "Es scheint mir rot"? Weil es noch nicht imstande ist, den feineren Unterschied zwischen Schein und Sein zu verstehen?

423. Die rote Gesichtsempfindung ist ein neuer *Begriff*.

424. Das Sprachspiel, was wir ihm dann beibringen, ist: "Mir scheint es . . . ., dir scheint es . . . ." Im ersten Sprachspiel kommt eine Person als wahrnehmendes Subjekt nicht vor.

425. Du gibst dem Sprachspiel ein neues Gelenk. Was aber nicht heißt, daß nun davon immer Gebrauch gemacht wird.

426. Das innere Hinblicken auf die Empfindung—welche Verbindung soll es denn zwischen Wort und Empfindung herstellen; und wozu soll denn diese Verbindung dienen? Hat man mich *das* gelehrt, als ich diesen Satz gebrauchen, diesen Gedanken denken lernte? (Ihn zu denken, ist ja etwas, was ich lernen mußte.)

Wir lernen allerdings auch dies, unsre Aufmerksamkeit auf Dinge und auf Empfindungen richten. Wir lernen beobachten und die Beobachtung beschreiben. Aber wie lehrt man mich dies; wie wird in diesem Falle meine 'innere Tätigkeit' kontrolliert? Wonach wird beurteilt, ob ich wirklich Acht gegeben habe?

427. "Der Sessel ist der gleiche, ob ich ihn betrachte oder nicht"—das *müßte* nicht wahr sein. Menschen werden oft verlegen, wenn man sie anschaut. "Der Sessel fährt fort zu existieren, ob ich ihn anschaue oder nicht." Das könnte ein Erfahrungssatz, oder es könnte grammatisch aufzufassen sein. Man kann aber auch einfach an den begrifflichen Unterschied zwischen Sinneseindruck und Objekt dabei denken.

421. When he first learns the names of colours—what is taught him? Well, he learns e.g. to call out "red" on seeing something red.—But is that the right description; or ought it to have gone: "He learns to call 'red' *what we too* call 'red' "?—Both descriptions are right.

What differentiates this from the language-game "How does it strike you?"?

But someone might be taught colour-vocabulary by being made to look at white objects through coloured spectacles. What I teach him however must be a *capacity*. So he *can* now bring something red at an order; or arrange objects according to colour. But then what is something red?

422. Why doesn't one teach a child the language-game "It looks red to me" from the first? Because it is not yet able to understand the rather fine distinction between seeming and being?

423. The red visual impression is a new *concept*.

424. The language-game that we teach him then is: "It looks to me . . ., it looks to you . . ." In the first language-game a person does not occur as perceiving subject.

425. You give the language game a new joint. Which does not mean, however, that now it is always used.

426. The inward glance at the sensation—what connexion is this supposed to set up between words and sensation; and what purpose is served by this connexion? Was I taught *that* when I learned to use this sentence, to think this thought? (Thinking it really was something I had to learn.)

This is indeed something further that we learn, namely to turn our attention on to things and on to sensations. We learn to observe and to describe observations. But how am I taught this; how is my 'inner activity' checked in this case? How will it be judged whether I really have paid attention?

427. "The chair is the same whether I am looking at it or not"— that *need* not have been true. People are often embarrassed when one looks at them. "The chair goes on existing, whether I look at it or not." This might be an empirical proposition or it might be that we took it as a grammatical one. But it is also possible in this connexion simply to think of the conceptual difference between sense-impression and object [*Objekt*].

428. Ist aber nicht die Übereinstimmung der Menschen dem Spiel wesentlich? Muß, wer es lernt, also nicht zuerst die Bedeutung von "gleich" kennen, und setzt die nicht auch Übereinstimmung voraus? U. s. f..

429. Du sagst "*Das* ist rot", aber wie wird entschieden, ob du recht hast? Entscheidet es nicht die Übereinstimmung der Menschen?—Aber berufe ich mich denn auf diese Übereinstimmung in meinen Farburteilen? Geht es denn *so* vor sich: Ich lasse eine Anzahl Leute einen Gegenstand anschauen; jedem von ihnen fällt dabei eines einer gewissen Gruppe von Wörtern (der sogenannten Farbwörter) ein; ist der Mehrzahl der Betrachter das Wort "rot" z. B. eingefallen (zu dieser Mehrzahl muß ich selbst nicht gehören), so gebührt dem Gegenstand das Prädikat "rot". So eine Technik könnte ja ihre Wichtigkeit haben.

430. Die *Farbwörter* werden *so* gelehrt: "Das ist rot" z. B.— Unser Sprachspiel kommt freilich nur zustande, wenn eine gewisse Übereinstimmung herrscht, aber der Begriff der Übereinstimmung tritt ins Sprachspiel nicht ein. Wäre die Übereinstimmung vollkommen, so könnte ihr Begriff ganz unbekannt sein.

431. *Entscheidet* die Übereinstimmung der Menschen, was rot ist? Wird das durch den Appell an die Mehrheit entschieden? Wurde uns beigebracht, die Farbe *so* zu bestimmen?

432. Ich beschreibe eben das Sprachspiel "Bring etwas Rotes" dem, der es schon selbst spielen kann. Den Andern könnte ich es nur lehren. (Relativität.)

433. "Was ich wahrnehme, ist *dies*—" und nun folgt eine Form der *Beschreibung*. Das Wort "dies" könnte man auch so erklären: Denken wir uns eine direkte Übertragung des Erlebnisses!—Aber was ist nun unser Kriterium dafür, daß das Erlebnis wirklich übertragen wurde? "Nun, er hat eben dann das, was ich habe." —Aber wie '*hat*' er es?

434. Was heißt es, "eine Empfindung mit einem Wort bezeichnen, benennen"? Gibt es da nichts zu untersuchen?
Denk dir, du kämest von einem Sprachspiel mit physikalischen Gegenständen—und nun hieße es, es werden jetzt auch *Empfindungen* benannt. Wäre das nicht, als würde zuerst von einer

428. But isn't human agreement essential to the game? Must not anybody who learns it first know the meaning of "same", and do not the presuppositions of this include agreement? And so on.

429. You say "*That* is red," but how is it decided if you are right? Doesn't human agreement decide?—But do I appeal to this agreement in my judgments of colour? Then is what goes on like *this*: I get a number of people to look at an object; to each of them there occurs one of a certain group of words (what are called the "names of colours"); if the word "red" occurred to the majority of the spectators (I myself need not belong to this majority) the predicate "red" belongs to the object by rights. Such a technique might have its importance.

430. *Colour-words* are explained like *this*: "That's red" e.g.— Our language game only works, of course, when a certain agreement prevails, but the concept of agreement does not enter into the language-game. If agreement were universal, we should be quite unacquainted with the concept of it.

431. Does human agreement *decide* what is red? Is it decided by appeal to the majority? Were we taught to determine colour in *that* way?

432. For I describe the language-game "Bring something red" to someone who can himself already play it. Others I might at most teach it. (Relativity.)

433. "What I perceive is *this*—" and now follows a form of *description*. The word "this" might also be explained as follows: Let us imagine a direct transfer of experience.—But now what is our criterion for the experience's really having been transferred? "Well, he just does have what I have."—But how does *he* 'have' it?

434. What does it mean "to use a word as a designation, a name, of a sensation"? Isn't there something to investigate here?
Imagine you were starting from a language-game with physical objects—and then it was said, from now on *sensations* are going to be named too. Wouldn't that be as if first there were talk of

Übertragung des Besitzes, und dann auf einmal von einer Übertragung der Freude am Besitz oder des Stolzes auf den Besitz gesprochen? Müssen wir da nicht etwas Neues lernen? Etwas Neues, was wir auch "übertragen" nennen.

435. Die Beschreibung des subjektiv Gesehenen ist nahe oder entfernt verwandt der Beschreibung eines Gegenstandes, aber funktioniert eben daher nicht als Beschreibung eines Gegenstands. Wie vergleicht man Gesichtsempfindungen? Wie vergleiche ich meine mit des Andern Gesichtsempfindungen?

436. "Verifying by inspection" ist ein gänzlich irreführender Ausdruck. Er sagt nämlich, daß zuerst ein Vorgang, die Inspektion geschieht, und die wäre mit dem Schauen durch ein Mikroskop vergleichbar oder mit dem Vorgang des Umwendens des Kopfes, *um etwas zu sehen*. Und, daß dann das Sehen erfolgen *müsse*. Man könnte von "Sehen durch Umwenden" oder "Sehen durch Schauen" reden. Aber dann ist eben das Umwenden (oder Schauen) ein dem Sehen externer Vorgang, der uns daher nur praktisch interessiert. Was man sagen möchte, ist: "Sehen durch Sehen".

437. Die Ursachen, warum wir einen Satz glauben, sind für die Frage, was es denn ist, das wir glauben, allerdings irrelevant; aber nicht die Gründe, die ja mit dem Satz grammatisch verwandt sind und uns sagen, wer er ist.

438. Es ist nichts gewöhnlicher, als daß die Bedeutung eines Ausdrucks in der Weise schwankt, daß ein Phänomen bald als Symptom, bald als Kriterium eines Sachverhalts angesehen wird. Und meistens wird dann in einem solchen Fall der Wechsel der Bedeutung nicht gemerkt. In der Wissenschaft ist es üblich, Phänomene, die genaue Messungen zulassen, zu definierenden Kriterien eines Ausdrucks zu machen; und man ist dann geneigt zu meinen, nun sei die eigentliche Bedeutung *gefunden* worden. Eine Unmenge von Verwirrungen ist auf diese Weise entstanden.

Es gibt z. B. Grade des Vergnügens, aber es ist dumm, von einer Messung des Vergnügens zu reden. Es ist wahr, daß in gewissen Fällen ein meßbares Phänomen den Platz einnimmt, den vor ihm ein nicht meßbares hatte. Das Wort, das diesen Platz bezeichnet, wechselt dann seine Bedeutung, und seine alte Bedeutung ist mehr oder weniger obsolet geworden. Man beruhigt

transferring possessions and then suddenly of transferring joy in possession or pride in possession? Don't we have to learn something new here? Something new, which we call "transferring" too.

435. The description of what is subjectively seen is more or less akin to the description of an object, but just for that reason does not function as a description of an object. How are visual sensations compared? How do I compare my visual sensations with someone else's?

436. "Verifying by inspection" is a wholly misleading expression. For it says that first of all a procedure, the inspection, takes place (it might be compared with looking through a microscope, or with the procedure of turning one's head round *in order to see something*). And that then the seeing *has* to succeed. One might speak of "seeing by turning round," or "seeing by looking". But in that case the turning round (or looking) is a process external to the seeing, a process that is thus of only practical concern. What one would like to say is "seeing by seeing".

437. The causes of our belief in a proposition are indeed irrelevant to the question what we believe. Not so the grounds, which are grammatically related to the proposition, and tell us what proposition it is.

438. Nothing is commoner than for the meaning of an expression to oscillate, for a phenomenon to be regarded sometimes as a symptom, sometimes as a criterion, of a state of affairs. And mostly in such a case the shift of meaning is not noted. In science it is usual to make phenomena that allow of exact measurement into defining criteria for an expression; and then one is inclined to think that now the proper meaning has been *found*. Innumerable confusions have arisen in this way.

There are for example degrees of pleasure, but it is stupid to speak of a measurement of pleasure. It is true that in certain cases a measurable phenomenon occupies the place previously occupied by a non-measurable one. Then the word designating this place changes its meaning, and its old meaning has become more or less obsolete. We are soothed by the fact that the one

sich dann damit, der eine Begriff sei der genauere, der andere der ungenauere; und beachtet nicht, daß hier in jedem besondern Fall ein anderes Verhältnis zwischen dem 'genauen' und dem 'ungenauen' vorliegt. Es ist der alte Fehler, die besondern Fälle nicht zu prüfen.

439. Die zureichende Evidenz geht, ohne bestimmte Grenzen zu haben, in die unzureichende über. Soll ich sagen, eine natürliche Grundlage dieser Begriffsbildung sei das komplizierte Wesen und die Mannigfaltigkeit der menschlichen Fälle?

So müßte also bei einer weit geringeren Mannigfaltigkeit eine scharf begrenzte Begriffsbildung natürlich erscheinen. Und warum scheint es so schwer, sich den vereinfachten Fall vorzustellen?

440. Wie hätten wir uns ein komplettes Regelverzeichnis für die Verwendung eines Worts zu denken?—Was versteht man unter einem kompletten Regelverzeichnis für die Verwendung einer Figur im Schachspiel? Könnten wir uns nicht immer Zweifelfälle konstruieren, in denen das normale Regelverzeichnis nicht entscheidet? Denke etwa an so eine Frage: wie ist es festzustellen, wer zuletzt gezogen hat, wenn die Zuverlässigkeit des Gedächtnisses der Spieler angezweifelt wird?

Die Verkehrsregelung in den Straßen erlaubt und verbietet gewisse Handlungen der Fahrer und Fußgänger; aber sie versucht nicht, ihre sämtlichen Bewegungen durch Vorschriften zu leiten. Und es wäre sinnlos, von einer 'idealen' Verkehrsordnung zu reden, die das täte; wir wüßten zunächst gar nicht, was wir uns unter diesem Ideal zu denken hätten. Wünscht einer die Verkehrsordnung in irgendwelchen Punkten strenger zu gestalten, so bedeutet das nicht, er wünsche sie so einem Ideal anzunähern.

441. Betrachte auch diesen Satz: "Die Regeln eines Spiels können wohl eine gewisse Freiheit lassen, aber sie müssen *doch* ganz bestimmte Regeln sein." Das ist, als sagte man: "Du kannst zwar einem Menschen durch vier Wände eine gewisse Bewegungsfreiheit lassen, aber die Wände müssen vollkommen starr sein" —und das ist nicht wahr. "Nun, die Wände können wohl elastisch sein, aber dann haben sie eine ganz bestimmte Elastizität."—Was sagt das nun doch? Es scheint zu sagen, daß man diese Elastizität muß angeben können, aber das ist wieder nicht wahr. "Die Wand hat immer *eine bestimmte* Elastizität—ob ich

concept is the more exact, the other the more inexact one, and do not notice that here in each particular case a different relation between the 'exact' and the 'inexact' concept is in question: it is the old mistake of not testing particular cases.

439. Sufficient evidence passes over into insufficient without a definite borderline. Shall I say that a natural foundation for the way this concept is formed is the complex nature and the variety of human contingencies?

Then given much less variety, a sharply bounded conceptual structure would have to seem natural. And why does it seem so difficult to imagine the simplified case?

440. How should we have to imagine a complete list of rules for the employment of a word?—What do we mean by a complete list of rules for the employment of a piece in chess? Couldn't we always construct doubtful cases, in which the normal list of rules does not decide? Think e.g. of such a question as: how to determine who moved last, if a doubt is raised about the reliability of the players' memories?

The regulation of traffic in the streets permits and forbids certain actions on the part of drivers and pedestrians; but it does not attempt to guide the totality of their movements by prescription. And it would be senseless to talk of an 'ideal' ordering of traffic which should do that; in the first place we should have no idea what to imagine as this ideal. If someone wants to make traffic regulations stricter on some point or other, that does not mean that he wants to approximate to such an ideal.

441. Consider also the following proposition: "The rules of a game may well allow a certain freedom, but all the same they must be quite definite rules." That is as if one were to say: "You may indeed leave a person enclosed by four walls a certain liberty of movement, but the walls must be perfectly rigid"—and that is not true. "Well, the walls may be elastic all right, but in that case they have a perfectly determinate degree of elasticity"—But what does this say? It seems to say that it must be possible to state the elasticity, but that again is not true. "The wall always has *some determinate* degree of elasticity—whether I know it or

sie kenne oder nicht.": das ist eigentlich das Bekenntnis zu einer Ausdrucksform. Derjenigen, die sich der *Form* eines Ideals der Genauigkeit bedient. Gleichsam als eines Parameters der Darstellung.

442. Das Bekenntnis zu einer Ausdrucksform, wenn es ausgesprochen wird in der Verkleidung als ein Satz, der von den *Gegenständen* (statt von dem Zeichen) handelt, muß '*a priori*' sein. Denn sein Gegenteil wird wirklich undenkbar, insofern ihm eine Denkform, Ausdrucksform entspricht, die wir ausgeschlossen haben.

443. Denke dir, die Menschen pflegten auf Gegenstände immer *in der* Weise zu zeigen, daß sie mit dem Finger in der Luft gleichsam einen Kreis um den Gegenstand beschrieben, dann könnte man sich einen Philosophen denken, der sagte: "Alle Dinge sind kreisrund; denn der Tisch sieht *so* aus, der Ofen *so*, die Lampe *so*" etc., indem er jedesmal einen Kreis um das Ding schlägt.

444. Wir haben nun eine *Theorie*; eine 'dynamische' Theorie[1] des Satzes, der Sprache, aber sie erscheint uns nicht als Theorie. Es ist ja das Charakteristische einer solchen Theorie, daß sie einen besonderen, klar anschaulichen Fall ansieht und sagt: "*Das* zeigt, wie es sich überhaupt verhält; dieser Fall ist das Urbild *aller* Fälle."——"Natürlich! So muß es sein", sagen wir und sind zufrieden. Wir sind auf eine Form der Darstellung gekommen, die uns *einleuchtet*. Aber es ist, als haben wir nun etwas gesehen, was *unter* der Oberfläche liegt.

Die Tendenz, den klaren Fall zu verallgemeinern, scheint in der Logik ihre strenge Berechtigung zu haben: man scheint hier mit *voller* Berechtigung zu schließen: "Wenn *ein* Satz ein Bild ist, so muß jeder Satz ein Bild sein, denn sie müssen alle wesensgleich sein." Denn wir sind ja in der Täuschung, das Sublime, Wesentliche unserer Untersuchung bestehe darin, daß sie *ein* allumfassendes Wesen erfasse.

445. Wie kann ich den Satz *jetzt* verstehen, wenn die Analyse soll zeigen können, *was* ich eigentlich verstehe?—Hier spielt die Idee des Verstehens als eines sonderbaren geistigen Vorgangs hinein.

[1] Freud spricht von seiner 'dynamischen' Theorie des Traums.

not": that is really the avowal of adherence to a form of expression. The one that makes use of the *form* of an ideal of accuracy. As it were like the form of a parameter of representation.

442. The avowal of adherence to a form of expression, if it is formulated in the guise of a proposition dealing with *objects* (instead of signs) must be '*a priori*'. For its opposite will really be unthinkable, inasmuch as there corresponds to it a form of thought, a form of expression, that we have excluded.

443. Suppose people used always to point to objects in the following way: they describe a circle as it were round the object with their finger in the air; in that case a philosopher could be imagined who said: "All things are circular, for the table looks like *this*, the stove like *this*, the lamp like *this*", etc., drawing a circle round the thing each time.

444. We now have a *theory*, a 'dynamic theory'[1] of the proposition; of language, but it does not present itself to us as a theory. For it is the characteristic thing about such a theory that it looks at a special clearly intuitive case and says: "*That* shews how things are in every case; this case is the exemplar of *all* cases."——"Of course! It has to be like that" we say, and are satisfied. We have arrived at a form of expression that *strikes us as obvious*. But it is as if we had now seen something lying *beneath* the surface.

The tendency to generalise the case seems to have a strict justification in logic: here one seems *completely* justified in inferring: "If *one* proposition is a picture, then any proposition must be a picture, for they must all be of the same nature." For we are under the illusion that what is sublime, what is essential, about our investigation consists in its grasping *one* comprehensive essence.

445. How can I understand a proposition *now*, if it is for analysis to shew *what* I really understand?—Here there sneaks in the idea of understanding as a special mental process.

---

[1] Freud speaks of his 'dynamic' theory of dreams.

446. Denk doch einmal gar nicht an das Verstehen als 'seelischen Vorgang'!—Denn *das* ist die Redeweise, die dich verwirrt. Sondern frage dich: in was für einem Fall, unter was für Umständen sagen wir denn "jetzt weiß ich weiter", wenn uns die Formel eingefallen ist?[1]

Es ist jene Redeweise, die uns hindert, die Tatsachen unparteiisch zu sehen. Betrachte die Aussprache eines Worts durch die Darstellungsform der Schreibung! Wie leicht kann man sich da überreden, daß zwei Worte—z. B. "für" und "führ"—im täglichen Gebrauche verschiedenen Klang haben—weil man sie verschieden ausspricht, wenn man sein Augenmerk gerade auf den Unterschied ihrer Schreibung richtet. Damit zu vergleichen ist die Meinung, ein Violinspieler mit feinem Gehör greife f immer etwas höher als eis. Überlege dir solche Fälle!—*So* kann es geschehen, daß das Darstellungsmittel eine *Einbildung* erzeugt. Denken wir also nicht, wir *müßten* einen spezifischen seelischen Vorgang finden, weil das Verbum "verstehen" dasteht, und weil man sagt: Verstehen sei eine seelische Tätigkeit.

447. Die Unruhe in der Philosophie, könnte man sagen, kommt daher, daß wir die Philosophie falsch ansehen, falsch sehen, nämlich gleichsam in (endlose) Längsstreifen zerlegt, statt in (begrenzte) Querstreifen. Diese Umstellung der Auffassung macht die *größte* Schwierigkeit. Wir wollen also gleichsam den unbegrenzten Streifen erfassen und klagen, daß es nicht Stück für Stück möglich ist. Freilich nicht, wenn man unter einem Stück einen endlosen Längsstreifen versteht. Wohl aber, wenn man einen Querstreifen darunter versteht.—Aber dann kommen wir ja mit unserer Arbeit wieder nicht zu Ende!—Freilich nicht, denn sie hat keins.

(Statt der turbulenten Mutmaßungen und Erklärungen wollen wir ruhige Erwägung sprachlicher Tatsachen setzen.)

448. Und sagt man denn vom Satz "Es regnet", er sage: es verhält sich so und so? Welches ist denn der alltägliche Gebrauch dieses Ausdrucks in der gewöhnlichen Sprache? Denn von diesem Gebrauch hast ja du ihn gelernt. Verwendest du ihn nun gegen seinen ursprünglichen Gebrauch und denkst, du spielest noch das alte Spiel mit ihm, so ist das, als wenn du mit Schachfiguren Dame spieltest und dir einbildetest, das Spiel habe noch etwas vom Geist des Schach.

---

[1] S. *Philosophische Untersuchungen* § 154. Herausg.

446. But don't think of understanding as a 'mental process' at all.—For *that* is the way of speaking that is confusing you. Rather ask yourself: in what kind of case, under what circumstances do we say "Now I can go on," if the formula has occurred to us?[1]

That way of speaking is what prevents us from seeing the facts without prejudice. Consider the pronunciation of a word as its spelling presents it. How easy it is to persuade oneself that two words—e.g. "fore" and "four" sound different in everyday use —because one pronounces them differently when one has the difference in spelling directly in view. Comparable with this is the opinion that a violin player with a fine sense of pitch always strikes F somewhat higher than E sharp. Reflect on such cases. —*That* is how it can come about that the means of representation produces something *imaginary*. So let us not think we *must* find a specific mental process, because the verb "to understand" is there and because one says: Understanding is an activity of mind.

447. Disquiet in philosophy might be said to arise from looking at philosophy wrongly, seeing it wrong, namely as if it were divided into (infinite) longitudinal strips instead of into (finite) cross strips. This inversion in our conception produces the *greatest* difficulty. So we try as it were to grasp the unlimited strips and complain that it cannot be done piecemeal. To be sure it cannot, if by a piece one means an infinite longitudinal strip. But it may well be done, if one means a cross-strip.—But in that case we never get to the end of our work!—Of course not, for it has no end.

(We want to replace wild conjectures and explanations by quiet weighing of linguistic facts.)

448. And does one say that the sentence "It's raining" says: such-and-such is the case? What is the everyday use of this expression in ordinary language? For you learned it from this use. If you now use it contrary to its original use, and think you are still playing the old game with it, that is as if you were to play draughts with chess-pieces and imagine that your game had kept something of the spirit of chess.

---

[1] See *Philosophical Investigations* § 154. Eds.

449. Ausdehnung eines Begriffs in einer *Theorie* (z. B. Wunschtraum).

450. Wer philosophiert, macht oft zu einem Wortausdruck die falsche, unpassende Geste.

451. (Man sagt das *Gewöhnliche*—mit der falschen Gebärde.)

452. Wie kommt es, daß die Philosophie ein so komplizierter Bau ist? Sie sollte doch gänzlich einfach sein, wenn sie jenes Letzte von aller Erfahrung Unabhängige ist, wofür du sie ausgibst.—Die Philosophie löst Knoten auf in unserm Denken; daher muß ihr Resultat einfach sein, das Philosophieren aber so kompliziert wie die Knoten, welche es auflöst.[1]

453. (Wie man manchmal eine Musik nur im innern Ohr reproduzieren kann, aber sie nicht pfeifen, weil das Pfeifen schon die innere Stimme übertönt, so ist manchmal die Stimme eines philosophischen Gedankens so leise, daß sie vom Lärm des gesprochenen Wortes schon übertönt wird und nicht mehr gehört werden kann, wenn man gefragt wird und reden soll.)

454. Plato: "—Wie? sagt er, die sollte nicht nutzen? Denn wenn doch einmal die Besonnenheit die Erkenntnis der Erkenntnisse ist und den andern Erkenntnissen vorsteht, so muß sie ja auch dieser sich auf das Gute beziehenden Erkenntnis vorstehen und uns so doch nutzen.—Macht auch sie uns, sprach ich, etwa gesund und nicht die Heilkunde? Und so auch mit den andern Künsten; verrichtet sie die Geschäfte derselben und nicht vielmehr jede von ihnen das ihrige? Oder haben wir nicht lange schon eingestanden, daß sie nur der Erkenntnisse und Unkenntnisse Erkenntnis wäre und keiner anderen Sache?—Allerdings wohl.—Sie also wird uns nicht die Gesundheit bewirken?—Wohl nicht.—Weil nämlich die Gesundheit für eine andere Kunst gehört?—Ja.—Also auch nicht den Nutzen, Freund, wird sie uns bewirken. Denn auch dieses Geschäft haben wir jetzt einer andern Kunst beigelegt.—Freilich.—Wie kann also die Besonnenheit nützlich sein, wenn sie uns gar keinen Nutzen bringt?"

455. (Der Philosoph ist nicht Bürger einer Denkgemeinde. Das ist, was ihn zum Philosophen macht.)

---

[1] S. *Philosophische Bemerkungen* § 2. Herausg.

449. Extension of a concept in a *theory* (e.g. wish-fulfillment dream).

450. One who philosophises often makes the wrong, inappropriate gesture for a verbal expression.

451. (One says the ordinary thing—with the wrong gesture.)

452. How does it come about that philosophy is so complicated a structure? It surely ought to be completely simple, if it is the ultimate thing, independent of all experience, that you make it out to be.—Philosophy unties knots in our thinking; hence its result must be simple, but philosophising has to be as complicated as the knots it unties.[1]

453. (As one can sometimes reproduce music only in one's inward ear, and cannot whistle it, because the whistling drowns out the inner voice, so sometimes the voice of a philosophical thought is so soft that the noise of spoken words is enough to drown it and prevent it from being heard, if one is questioned and has to speak.)

454. Plato: "—What? he said, *it* be of no use? If wisdom is the knowledge of knowledge and is prior to other knowledges, then it must also be prior to that knowledge which relates to the good and in that way must be of use to us.—Does *it* make us healthy, I said, and not medicine? And similarly with the rest of the arts; does *it* direct their business, and not rather each of them its own? Again, have we not long since allowed that it would only be the knowledge of knowledges and ignorances and not of any other matter?—We have indeed.—So it will not produce health in us?—Presumably not.—Because health belongs to a different art?—Yes—Then, friend, neither will it produce utility for us. For this is a business we have too assigned to another art.—Of course—So how can wisdom be useful, if it does not bring us any utility?"

455. (The philosopher is not a citizen of any community of ideas. That is what makes him into a philosopher.)

[1] *Philosophische Bemerkungen* § 2. Eds.

456. Manche Philosophen (oder wie man sie nennen soll) leiden an dem, was man "loss of problems", "Problemverlust" nennen kann. Es scheint ihnen dann alles ganz einfach, und es scheinen keine tiefen Probleme mehr zu existieren, die Welt wird weit und flach und verliert jede Tiefe; und was sie schreiben, wird unendlich seicht und trivial. Russell und H. G. Wells haben dieses Leiden.

457. . . . . quia plus loquitur inquisitio quam inventio . . . . (Augustinus.)[1]

458. Philosophische Untersuchungen: begriffliche Untersuchungen. Das Wesentliche der Metaphysik: daß sie den Unterschied zwischen sachlichen und begrifflichen Untersuchungen verwischt.

459. Das Fundamentale grammatisch ausgedrückt: Wie ist es mit dem Satz "man kann nicht zweimal in den gleichen Fluß steigen"?

460. Man kann in gewissem Sinn mit philosophischen Irrtümern nicht vorsichtig genug umgehen, sie enthalten so viel Wahrheit.

461. Ich möchte doch, daß du sagst: "Ja, es ist wahr, das könnte man sich denken, das konnte auch geschehen!" Aber wollte ich dich darauf aufmerksam machen, daß du imstande bist, dir dies vorzustellen?——Ich wollte dies Bild vor deine Augen stellen, und deine *Anerkennung* dieses Bildes besteht darin, daß du nun geneigt bist, einen gegebenen Fall anders zu betrachten: nämlich ihn mit *dieser* Bilderreihe zu vergleichen. Ich habe deine *Anschauungsweise* geändert. (Ich habe irgendwo gelesen, daß gewissen indischen Mathematikern zum Beweis eines Satzes eine geometrische Figur dient mit den Worten: "Sieh' dies an!" Auch dies Ansehen bewirkt eine Änderung der Anschauungsweise.)[2]

462. (Die Klassifikationen der Philosophen und Psychologen: sie klassifizieren Wolken nach ihrer Gestalt.)

463. Zur Mathematik: "Du hast einen falschen Begriff.—Aber aufklären läßt sich die Sache nicht dadurch, daß ich gegen deine Worte wettere; sondern nur dadurch, daß ich versuche, deine Aufmerksamkeit von gewissen Ausdrücken, Illustrationen, Vorstellungen weg und auf die *Verwendung* der Wörter *hin* zu lenken."

---

[1] . . . . weil die Untersuchung mehr sagt als die Entdeckung . . . Herausg.
[2] S. *Philosophische Untersuchungen* § 144. Herausg.

456. Some philosophers (or whatever you like to call them) suffer from what may be called "loss of problems". Then everything seems quite simple to them, no deep problems seem to exist any more, the world becomes broad and flat and loses all depth, and what they write becomes immeasurably shallow and trivial. Russell and H. G. Wells suffer from this.

457. ... quia plus loquitur inquisitio quam inventio ... (Augustine.)[1]

458. Philosophical investigations: conceptual investigations. The essential thing about metaphysics: it obliterates the distinction between factual and conceptual investigations.

459. The fundamental thing expressed grammatically: What about the sentence: "One cannot step into the same river twice"?

460. In a certain sense one cannot take too much care in handling philosophical mistakes, they contain so much truth.

461. I should like you to say: "Yes, it's true, that can be imagined, that may even have happened!" But was I trying to draw your attention to the fact that you are able to imagine this? I wanted to put this picture before your eyes, and your *acceptance* of this picture consists in your being inclined to regard a given case differently; that is, to compare it with *this* series of pictures. I have changed your *way of seeing*. (I once read somewhere that a geometrical figure, with the words "Look at this", serves as a proof for certain Indian mathematicians. This looking too effects an alteration in one's way of seeing.)[2]

462. (The classifications of philosophers and psychologists: they classify clouds by their shape.)

463. On mathematics: "Your concept is wrong.—However, I cannot illumine the matter by fighting against your words, but only by trying to turn your attention away from certain expressions, illustrations, images, and *towards* the *employment* of the words."

---

[1] .... because the search says more than the discovery ... Eds.
[2] See *Philosophical Investigations* § 144. Eds.

464. Der Stammbaum der psychologischen Phänomene: *Nicht Exaktheit* strebe ich an, sondern Übersichtlichkeit.

465. Die Behandlung aller dieser Erscheinungen des Seelenlebens ist mir nicht darum wichtig, weil es mir auf Vollständigkeit ankommt. Sondern, weil jede für mich auf die richtige Behandlung *aller* ein Licht wirft.

466. Und nicht um Symptome handelt es sich hier, sondern um logische Kriterien. Daß diese nicht immer scharf getrennt sind, hindert nicht, daß sie getrennt sind.

467. Unsere Untersuchung trachtet nicht, die eigentliche, exakte Bedeutung der Wörter zu *finden*; wohl aber *geben* wir den Wörtern im Verlauf unsrer Untersuchung oft exakte Bedeutungen.

468. "Der Mensch denkt, fürchtet sich, etc. etc.": das könnte man etwa einem antworten, der gefragt hat, welche Kapitel ein Buch über Psychologie enthalten soll.

469. Denke, jemand sagt; "Der Mensch hofft." Wie hätte man dies allgemeine naturgeschichtliche Phänomen zu beschreiben?— Man könnte ein Kind beobachten und warten, bis es eines Tages Hoffnung äußert; und man könnte dann sagen: "Heute hat es zum ersten Mal gehofft". Aber das klingt doch seltsam! Obwohl es ganz natürlich wäre zu sagen "Heute hat es zum ersten Mal gesagt 'ich hoffe' ". Und warum seltsam?—Man sagt doch nicht von einem Säugling, er hoffe . . . ., noch auch, er hoffe nicht . . . ., und man sagt es doch vom Erwachsenen.—Nun, das tägliche Leben wird nach und nach zu dem, worin für Hoffnung Platz ist.

Aber nun sagt man: Man kann eben nicht sicher sein, wann das Kind wirklich anfängt zu hoffen, denn Hoffnung ist ein innerer Vorgang. Welcher Unsinn! Wie weiß man denn dann überhaupt, wovon man redet?

470. Oder könnte er *so* exemplifizieren: "Ich, z.B., sehe, bin nicht blind"? Auch das klingt sonderbar.

Es wäre richtig zu sagen: "Und auch an *mir* kannst du die Erscheinung des Denkens, Hoffens, Sehens etc. beobachten."

471. Die psychologischen Verben sehen, glauben, denken, wünschen bezeichnen nicht Erscheinungen. Aber die Psychologie beobachtet die Erscheinungen des Sehens, Glaubens, Denkens, Wünschens.

464. The pedigree of psychological concepts: I strive *not* after *exactness*, but after a synoptic view.

465. The treatment of all these phenomena of mental life is not of importance to me because I am keen on completeness. Rather because each one casts light on the correct treatment of *all*.

466. And here what is in question is not symptoms, but logical criteria. That these are not always sharply differentiated does not prevent them from being differentiated.

467. Our investigation does not try to *find* the real, exact meaning of words; though we do often *give* words exact meanings in the course of our investigation.

468. "Man thinks, is afraid etc. etc.": that is the reply one might give to someone who asked what chapters a book on psychology should contain.

469. Imagine someone saying: "Man hopes". How should this general phenomenon of natural history be described?—One might observe a child and wait until one day he manifests hope; and then one could say "Today he hoped for the first time". But surely that sounds queer! Although it would be quite natural to say "Today he said 'I hope' for the first time". And why queer? —One does not say that a suckling hopes that . . . . nor yet that he has no hope that . . . . and one does say it of a grown man— Well, bit by bit daily life becomes such that there is a place for hope in it.
But now it is said: We can't be certain when a child really begins to hope, for hope is an inner process. What nonsense! For then how do we know what we are talking about at all?

470. Or might he offer *this* example: "I, e.g., see, am not blind"? Even that sounds queer.
It would be correct to say: "You can observe the phenomena *of* thinking, hoping, seeing, etc., in *my* case as well".

471. The psychological verbs to see, to believe, to think, to wish, do not signify phenomena [appearances]. But psychology observes the phenomena *of* seeing, believing, thinking, wishing.

472. Plan zur Behandlung der psychologischen Begriffe.
Psychologische Verben charakterisiert dadurch, daß die dritte
Person des Präsens durch Beobachtung zu verifizieren ist, die
erste Person nicht.
Satz in der dritten Person des Präsens: Mitteilung. In der ersten
Person Präsens: Äußerung. ((Stimmt nicht ganz.))
Die erste Person des Präsens der Äußerung verwandt.
Sinnesempfindungen: ihre inneren Zusammenhänge und Ana-
logien.
Alle haben echte Dauer. Möglichkeit der Angabe des Anfangs
und Endes. Möglichkeit der Gleichzeitigkeit, des zeitlichen
Zusammenfallens.
Alle haben Grade und qualitative Mischungen. Grad: kaum
merkbar—nicht auszuhalten.
In diesem Sinne gibt es nicht Lage- oder Bewegungsem-
pfindung. Ort der Empfindung am Leib: unterscheidet Sehen und
Hören von Druck-, Temperatur-, Geschmacks- und Schmerzem-
pfindung.

473. Man muß daran denken, daß es einen Zustand der Sprache
geben kann (und wohl gegeben hat), in welchem sie den allgemeinen Begriff der Sinnesempfindung nicht besitzt, aber doch
Wörter, die unseren "sehen", "hören", "schmecken" entsprechen.

474. Sinneswahrnehmungen nennen wir Sehen, Hören, ...
Zwischen diesen Begriffen bestehen Analogien und Zusammenhänge; sie sind unsere Rechtfertigung für diese Zusammenfassung.

475. Man kann also fragen: Was für Zusammenhänge und
Analogien bestehen zwischen Sehen und Hören? Zwischen
Sehen und Greifen? Zwischen Sehen und Riechen? Etc..

476. Und fragt man das, so rücken die Sinne für uns gleich
weiter auseinander, als sie auf den ersten Blick zu liegen schienen.

477. Was ist den Sinneserlebnissen gemeinsam?—Die Antwort,
daß sie uns die Außenwelt kennen lehren, ist eine falsche und eine
richtige. Sie ist richtig, sofern sie auf ein *logisches* Kriterium
deuten soll.

478. Die Dauer der Empfindung. Vergleiche die Dauer einer
Tonempfindung mit der Dauer der Tastempfindung, die dich
lehrt, daß du eine Kugel in der Hand hältst; und mit dem "Gefühl", das dich lehrt, daß deine Knie gebogen sind.

472. Plan for the treatment of psychological concepts.

Psychological verbs characterized by the fact that the third person of the present is to be verified by observation, the first person not.

Sentences in the third person of the present: information. In the first person present: expression. ((Not quite right.))

The first person of the present akin to an expression.

Sensations: their inner connexions and analogies.

All have genuine duration. Possibility of giving the beginning and the end. Possibility of their being synchronized, of simultaneous occurrence.

All have degrees and qualitative mixtures. Degree: scarcely perceptible—unendurable.

In this sense there is not a sensation of position or movement. Place of feeling in the body: differentiates seeing and hearing from sense of pressure, temperature, taste and pain.

473. We need to reflect that a state of language is possible (and presumably has existed) in which it does not possess the general concept of sensation, but does have words corresponding to our "see", "hear", "taste".

474. We call seeing, hearing, ... sense-perception. There are analogies and connexions between these concepts; these are our justification for so taking them together.

475. It can, then, be asked: what kind of connexions and analogies exist between seeing and hearing? Between seeing and touching? Between seeing and smelling? Etc.

476. And if we ask this, then the senses at once shift further apart from one another than they seemed to be at first sight.

477. What is common to sense-experiences?—The answer that they give us knowledge of the external world is partly wrong and partly right. It is right in so far as it is supposed to point to a *logical* criterion.

478. The duration of sensation. Compare the duration of a sense-experience of sound with the duration of the sensation of touch which informs you that you have a ball in your hand; and with the "feeling" that informs you that your knees are bent.

479. Wir fühlen unsere Bewegungen. Ja, wir fühlen sie wirklich; die Empfindung ist nicht ähnlich einer Geschmacksempfindung oder einer Hitzeempfindung, sondern einer Tastempfindung: der Empfindung, wenn Haut und Muskeln gedrückt, gezogen, verschoben werden.

480. Ich fühle meinen Arm und seltsamerweise möchte ich nun sagen: ich fühle ihn im Raum in bestimmter Lage; als wäre nämlich das Körpergefühl in einem Raum in der Form des Arms verteilt, sodaß ich, um es darzustellen, den Arm etwa in Gips in seiner richtigen Lage darstellen müßte.

481. Ja, es ist seltsam. Mein Unterarm liegt jetzt horizontal, und ich möchte sagen, daß ich das fühle; aber nicht so, als hätte ich ein Gefühl, das immer mit dieser Lage zusammengeht (als fühlte man etwa Blutleere oder Plethora)—sondern, als wäre eben das 'Körpergefühl' des Arms horizontal angeordnet oder verteilt, wie etwa ein Dunst oder Staubteilchen an der Oberfläche meines Armes so im Raume verteilt sind. Es ist also nicht wirklich, als fühlte ich die Lage meines Arms, sondern als fühlte ich meinen *Arm*, und das Gefühl hätte die und die *Lage*. D. h. aber nur: ich *weiß* einfach, wie er liegt—ohne es zu wissen, *weil* . . . . Wie ich auch weiß, wo ich den Schmerz empfinde—es aber nicht weiß, weil . . . .

482. Es ist uns förmlich, als hätte der Schmerz einen Körper, als wäre er ein Ding, ein Körper mit Form und Farbe. Warum? Hat er die Form des schmerzenden Körperteils? Man möchte z. B. sagen: "Ich könnte den Schmerz *beschreiben*, wenn ich nur die nötigen Worte und Elementarbedeutungen dazu hätte." Man fühlt: es fehlt einem nur die notwendige Nomenklatur. (James.) Als könnte man die Empfindung sogar malen, wenn nur der Andere diese Sprache verstünde.—Und man kann den Schmerz ja wirklich räumlich und zeitlich beschreiben.

483. (Wenn Empfindungen die Lage der Glieder und die Bewegungen charakterisieren, so ist ihr Ort jedenfalls nicht das Gelenk.)
Die Lage der Glieder und ihre Bewegungen *weiß* man. Man kann sie z. B. angeben, wenn man gefragt wird. So wie man auch den Ort einer Empfindung (Schmerz) am Leibe weiß.
Reaktion des Berührens der schmerzhaften Stelle.

479. We feel our movements. Yes, we really *feel* them; the sensation is similar, not to a sensation of taste or heat, but to one of touch: to the sensation when skin and muscles are squeezed, pulled, displaced.

480. I feel my arm and in a queer way I should now like to say: I feel it in a definite position in space; as if the feeling of my body in a space were disposed in the shape of an arm, so that in order to represent it I should have to model my arm, in plaster say, in the right position.

481. It is queer. My lower arm is now resting horizontally, and I should like to say that I feel it; not, however, as if I had a feeling that always accompanies this position (as one would feel ischaemia or engorgement)—but as if the 'body-feeling' of the arm were arranged or disposed horizontally as e.g. a vapour or dust-particles on the surface of my arm are so disposed in space. So it is not really as if I felt the position of my arm, but as if I felt my *arm*, and the feeling had such-and-such a *position*. But that means only: I simply *know* how it is—without knowing it *because*. . . . Just as I also know where I feel pain—but do not know it because. . . .

482. It positively seems to us as if pain had a body, as if it were a thing, a body with shape and colour. Why? Has it the shape of the part of the body that hurts? One would like to say for example "I could *describe* the pain if I only had the necessary words and elementary meanings". One feels: all that is lacking is the requisite nomenclature. (James). As if one could even paint the sensation, if only other people would understand this language. —And one really can describe pain spatially and temporally.

483. (If sensations are characteristic of the position and movements of the limbs, at any rate their place is not the joint.)
One *knows* the position of one's limbs and their movements. One can give them if asked, for example. Just as one also knows the place of a sensation (pain) in the body.
Reaction of touching the painful place.

Kein lokales Merkmal an der Empfindung. So wenig wie ein Zeitliches am Erinnerungsbild. (Zeitliche Merkmale an der Photographie.)

Schmerz von andern Sinnesempfindungen unterschieden durch charakteristischen Ausdruck. Dadurch verwandt der Freude (die keine Sinnesempfindung).

484. Ist das Wortklauberei:—Freude, Genuß, Entzücken seien nicht Empfindungen?—Fragen wir uns einmal: Wieviel Analogie besteht denn zwischen dem Entzücken und dem, was wir z. B. "Sinnesempfindungen" nennen?

485. Das Bindeglied zwischen ihnen wäre der Schmerz. Denn sein Begriff ähnelt dem der Tastempfindung, z. B. (durch die Merkmale der Lokalisierung, echten Dauer, Intensität, Qualität) und zugleich dem der Gemütsbewegungen durch den Ausdruck (Mienen, Gebärden, Laute).

486. "Ich fühle große Freude."—Wo?—Das klingt unsinnig. Und doch sagt man auch "Ich fühle eine freudige Erregung in meiner Brust."—Warum aber ist Freude nicht lokalisiert? Ist es, weil sie über den ganzen Körper verteilt ist? Auch dann ist sie nicht lokalisiert, wenn etwa das Gefühl, das sie hervorruft, dies ist; wenn wir uns etwa am Geruch einer Blume freuen.—Die Freude äußert sich im Gesichtsausdruck, im Benehmen. (Aber wir sagen nicht, wir freuten uns im Gesicht.)

487. "Aber ich habe doch ein wirkliches *Gefühl* der Freude!" Ja, wenn du dich freust, so freust du dich wirklich. Und freilich ist Freude nicht freudiges Benehmen, noch auch ein Gefühl um die Mundwinkel und Augen.

"Aber 'Freude' bezeichnet doch etwas Inneres." Nein. "Freude" bezeichnet gar nichts. Weder Inneres noch Äußeres.

488. Fortsetzung der Klassifizierung der psychologischen Begriffe.

Gemütsbewegungen. Ihnen gemeinsam echte Dauer, ein Verlauf. (Zorn flammt auf, läßt nach, verschwindet; ebenso: Freude, Depression, Furcht.)

Unterschied von den Empfindungen: sie sind nicht lokalisiert (auch nicht diffus!).

Gemeinsam: sie haben ein charakteristisches Ausdrucksbenehmen. (Gesichtsausdruck.) Und daraus folgt schon: auch charakteristische Empfindungen. So geht die Trauer oft mit dem

No local sign about the sensation. Any more than a temporal sign about a memory-image. (Temporal signs in a photograph.)

Pain differentiated from other sensations by a characteristic expression. This makes it akin to joy (which is not a sense-experience).

484. Is it hair-splitting to say:—joy, enjoyment, delight, are not sensations?—Let us at least ask ourselves: How much analogy is there between delight and what we call e.g. "sensation"?

485. The connecting link between them would be pain. For this concept resembles that of e.g. tactile sensation (through the characteristics of localisation, genuine duration, intensity, quality) and at the same time that of the emotions through its expression (facial expressions, gestures, noises).

486. "I feel great joy"—Where?—that sounds like nonsense. And yet one does say "I feel a joyful agitation in my breast".— But why is joy not localized? Is it because it is distributed over the whole body? Even where the feeling that arouses joy is localized, joy is not: if for example we rejoice in the smell of a flower.—Joy is manifested in facial expression, in behaviour. (But we do not say that we are joyful in our faces).

487. "But I do have a real *feeling* of joy!" Yes, when you are glad you really are glad. And of course joy is not joyful behaviour, nor yet a feeling round the corners of the mouth and the eyes.

"But 'joy' surely designates an inward thing." No. "Joy" designates nothing at all. Neither any inward nor any outward thing.

488. Continuation of the classification of psychological concepts.

Emotions. Common to them: genuine duration, a course. (Rage flares up, abates, vanishes, and likewise joy, depression, fear.)

Distinction from sensations: they are not localized (nor yet diffuse!).

Common: they have characteristic expression-behaviour. (Facial expression.) And this itself implies characteristic sensations too. Thus sorrow often goes with weeping, and characteristic

Weinen einher, und mit ihm, charakteristische Empfindungen. (Die tränenschwere Stimme.) Aber diese Empfindungen sind nicht die Gemütsbewegungen. (In dem Sinne, wie die Ziffer 2 nicht die Zahl 2 ist.)

Unter den Gemütsbewegungen könnte man gerichtete von ungerichteten unterscheiden. Furcht *vor* etwas, Freude *über* etwas. Dies Etwas ist das Objekt, nicht die Ursache der Gemütsbewegung.

489. Das Sprachspiel "Ich fürchte mich" enthält schon das Objekt.

Angst *könnte* man ungerichtete Furcht nennen, insofern ihre Äußerungen ähnlich oder gleich denen der Furcht sind.

Der *Inhalt* einer Gemütsbewegung—darunter stellt man sich so etwas vor wie ein *Bild* oder etwas, wovon ein Bild gemacht werden kann. (Die Finsternis der Depression, die sich auf einen herniedersenkt, die Flamme des Zornes.)

490. Man könnte auch das menschliche Gesicht ein solches Bild nennen und den *Verlauf* der Leidenschaft durch seine Veränderungen darstellen.

491. Zum Unterschied von den Empfindungen: sie unterrichten uns nicht über die Außenwelt. (Grammatische Bemerkung.)

Liebe und Haß könnte man Gemütsdispositionen nennen: auch Furcht in einem bestimmten Sinne.

492. Es ist eines, akute Furcht empfinden, und ein Anderes, jemanden 'chronisch' fürchten. Aber Furcht ist keine Empfindung.

'Schreckliche Furcht': sind es die *Empfindungen*, die so schrecklich sind?

Typische Ursachen des Schmerzes einerseits, der Depression, Trauer, Freude anderseits. Ursache dieser zugleich ihr Objekt.

Das Benehmen des Schmerzes und das Benehmen der Traurigkeit.—Man kann diese nur mit ihren äußeren Anlässen beschreiben. (Wenn die Mutter das Kind allein läßt, mag es vor Trauer weinen; wenn es hinfällt, vor Schmerz.) Benehmen und Art des Anlasses gehören zusammen.

493. Es gibt furchtvolle Gedanken, hoffnungsvolle, freudige, zornige, etc..

sensations with the latter. (The voice heavy with tears). But these sensations are not the emotions. (In the sense in which the numeral 2 is not the number 2).

Among emotions the directed might be distinguished from the undirected. Fear *at* something, joy *over* something.

This something is the object, not the cause of the emotion.

489. The language game "I am afraid" already contains the object.

"Anxiety" is what undirected fear *might* be called, in so far as its manifestations resemble or are the same as those of fear.

The *content* of an emotion—here one imagines something like a *picture*, or something of which a picture can be made. (The darkness of depression which descends on a man, the flames of anger.)

490. The human face too might be called such a picture and its alterations might represent the *course* of a passion.

491. What goes to make them different from sensations: they do not give us any information about the external world. (A grammatical remark.)

Love and hate might be called emotional dispositions, and so might fear in one sense.

492. It is one thing to feel acute fear, and another to have a 'chronic' fear of someone. But fear is not a sensation.

'Horrible fear': is it the *sensations* that are so horrible?

Typical causes of pain on the one hand, and of depression, sorrow, joy on the other. Cause of these also their object.

Pain-behaviour and the behaviour of sorrow.—These can only be described along with their external occasions. (If a child's mother leaves it alone it may cry because it is sad; if it falls down, from pain.) Behaviour and kind of occasion belong together.

493. Thoughts may be fearful, hopeful, joyful, angry, etc.

494. Gemütsbewegungen drücken sich in Gedanken aus. Einer redet zornig, furchtsam, traurig, freudig, etc., nicht kreuzschmerzlich.

Ein Gedanke flößt mir Gemütsbewegungen (Furcht, Trauer etc.) ein, nicht Körperschmerz.

495. Fast möchte ich sagen: Man fühlt die Trauer so wenig im Körper, wie das Sehen im Auge.

496. (Das Schreckliche an der Furcht sind nicht die Furchtempfindungen.) Diese Sache erinnert auch an das Hören eines Geräusches *aus einer bestimmten Richtung*. Es ist beinahe, als fühlte man die Beschwerde in der Magengegend, Beklemmung des Atems, aus der Richtung der Furcht. D. h. eigentlich, daß "Mir ist schlecht vor Furcht" nicht eine *Ursache* der Furcht angibt.

497. "Wo spürst du den Kummer?"—In der Seele.——Was für Konsequenzen ziehen wir aus dieser Ortsangabe? Eine ist, daß wir *nicht* von einem körperlichen Ort des Kummers reden. Aber wir deuten *doch* auf unsern Leib, als wäre der Kummer in ihm. Ist das, weil wir ein körperliches Unbehagen spüren? Ich weiß die Ursache nicht. Aber warum soll ich annehmen, sie sei ein leibliches Unbehagen?

498. Denke dir folgende Frage: Kann man sich einen Schmerz, sagen wir von der Qualität des rheumatischen Schmerzes, denken, aber *ohne* Örtlichkeit? Kann man sich ihn *vorstellen*?

Wenn du anfängst, darüber nachzudenken, so siehst du, wie sehr du das Wissen um den Ort des Schmerzes in ein Merkmal des *Gefühlten* verwandeln möchtest, in ein Merkmal eines Sinnesdatums, des privaten Objekts, das vor meiner Seele steht.

499. Wenn die Angst furchtbar ist, und wenn ich in ihr mir meiner Atmung bewußt bin und einer Spannung in meinen Gesichtsmuskeln,—sagt das, daß *diese Gefühle* mir furchtbar sind? Könnten sie nicht sogar eine Linderung bedeuten? (Dostojewski.)

500. Warum verwendet man aber das Wort "leiden" für die Furcht und auch für den Schmerz? Nun, es sind ja Verbindungen genug.—

501. Auf die Äußerung "Ich kann nicht ohne Furcht daran denken . . . ." antwortet man etwa: "Es ist kein Grund zur Furcht, denn . . . ." Das ist jedenfalls *ein* Mittel, Furcht zu beseitigen. Gegensatz zum Schmerz.

494. Emotions are expressed in thoughts. A man talks angrily, timidly, sadly, joyfully etc., not lumbagoishly.

A thought rouses emotions in me (fear, sorrow etc.) not bodily pain.

495. I should almost like to say: One no more feels sorrow in one's body than one feels seeing in one's eyes.

496. (The horribleness of fear is not in the sensations of fear.) This matter also calls to mind hearing a sound *from a particular direction*. It is almost as if one felt the heaviness around the stomach, the constraint of breath, from the direction of the fear. That means really that "I am sick with fear" does not assign a *cause* of fear.

497. "Where do you feel grief?"—In the mind.——What kind of consequences do we draw from this assignment of place? One is that we do *not* speak of a bodily place of grief. Yet we *do* point to our body, as if the grief were in it. Is that because we feel a bodily discomfort? I do not know the cause. But why should I assume it is a bodily discomfort?

498. Consider the following question: Can a pain be thought of, say with the quality of rheumatic pain, but *un*localized? Can one *imagine* this?

If you begin to think this over, you see how much you would like to change the knowledge of the place of pain into a characteristic of *what is felt*, into a characteristic of a sense-datum, of the private object that I have before my mind.

499. If fear is frightful and if while it goes on I am conscious of my breathing and of a tension in my facial muscles—is that to say that I find *these feelings* frightful? Might they not even be a mitigation? (Dostoievsky).

500. Why does one use the word "suffering" for pain as well as for fear? Well, there are plenty of tie-ups.—

501. To the utterance: "I can't think of it without fear" one replies: "There's no reason for fear, for. . . ." That is at any rate *one* way of dismissing fear. Contrast with pain.

502. Daß es ein Furchtkonglomerat von Empfindungen, Gedanken etc. (z. B.) gibt, heißt nicht, daß Furcht ein Konglomerat (Syndrom) ist.

503. Wer im Studierzimmer sich die Trauer vormacht, der wird sich allerdings leicht der Spannungen in seinem Gesicht bewußt werden. Aber trauere wirklich, oder folge einer traurigen Handlung im Film, und frage dich, ob du dir deines Gesichts bewußt warst.

504. Liebe ist kein Gefühl. Liebe wird erprobt, Schmerzen nicht. Man sagt nicht: "Das war kein wahrer Schmerz, sonst hätte er nicht so schnell nachgelassen".

505. Ein Zusammenhang zwischen den Stimmungen und Sinneseindrücken ist, daß wir die Stimmungsbegriffe zur Beschreibung von Sinneseindrücken und Vorstellungen benützen. Wir sagen von einem Thema, einer Landschaft, sie seien traurig, fröhlich, etc.. Aber viel wichtiger ist es natürlich, daß wir das menschliche Gesicht, die Handlung, das Benehmen durch alle Stimmungsbegriffe beschreiben.

506. Ein freundlicher Mund, ein freundliches Auge. Wie denkt man sich eine freundliche Hand?—Wahrscheinlich geöffnet und nicht als Faust.—Und könnte man sich die Haarfarbe des Menschen als Ausdruck der Freundlichkeit oder des Gegenteils denken?—Aber so gestellt, scheint dies die Frage zu sein, ob uns das *gelingen* kann. Die Frage sollte lauten: Wollen wir etwas eine freundliche oder unfreundliche Haarfarbe nennen? Wollten wir solchen Worten Sinn geben, so würden wir uns etwa einen Menschen denken, dessen Haare dunkel werden, wenn er zornig wird. Das Hineinlesen des bösen Ausdrucks in die dunkeln Haare aber geschähe mittels einer schon früher fertigen Idee.
Man kann sagen: Das freundliche Auge, der freundliche Mund, das Wedeln des Hundes sind, unter andern, primäre und von einander unabhängige Symbole der Freundlichkeit; ich meine: sie sind Teile der Phänomene, die man Freundlichkeit nennt. Will man sich andere Erscheinungen als Ausdruck der Freundlichkeit denken, so sieht man jene Symbole in sie hinein. Wir sagen "Er macht ein finsteres Gesicht"; vielleicht, weil die Augen durch die Augenbrauen stärker beschattet werden; und nun übertragen wir die Idee der Finsternis auf die Haarfarbe.

502.   That there is a fear-syndrome of sensations, thoughts etc. (for example) does not mean that fear is a syndrome.

503.   If someone acts grief in the study, he will indeed readily become aware of the tensions in his face. But be really sad, or follow a sorrowful action in a film, and ask yourself if you were aware of your face.

504.   Love is not a feeling. Love is put to the test, pain not. One does not say: "That was not true pain, or it would not have gone off so quickly".

505.   One connexion between moods and sense-impressions is that we use mood-concepts to describe sense-impressions and images. We say of a theme, a landscape, that it is sad, glad etc. But much more important, of course, is our using all the mood-concepts to describe human faces, actions, behaviours.

506.   A friendly mouth, friendly eyes. How would one think of a friendly hand?—Probably open and not as a fist.—And could one think of the colour of a man's hair as an expression of friendliness or the opposite?—But put like that the question seems to be whether we can *manage* to. The question ought to run: Do we want to call anything a friendly or unfriendly hair-colour? If we wanted to give such words a sense, we should perhaps imagine a man whose hair darkened when he got angry. The reading of an angry expression into dark hair, however, would work *via* a previously existent conception.
   It may be said: The friendly eyes, the friendly mouth, the wagging of a dog's tail, are among the primary and mutually independent symbols of friendliness; I mean: they are parts of the phenomena that are called friendliness. If one wants to imagine further appearances as expressions of friendliness, one reads these symbols into them. We say: "He has a black look", perhaps because the eyes are more strongly shadowed by the eyebrows; and now we transfer the idea of darkness to the colour of the hair.

507.   Wer fragt, ob Vergnügen eine Empfindung ist, unterscheidet wahrscheinlich nicht zwischen Grund und Ursache, denn sonst fiele ihm auf, daß man *an etwas* Vergnügen hat, was nicht heißt, daß dies Etwas eine Empfindung in uns verursacht.

508.   Aber Vergnügen geht doch jedenfalls mit einem Gesichtsausdruck zusammen, und den sehen wir zwar nicht an uns selbst, aber spüren ihn doch.
   Und versuch einmal über etwas sehr Trauriges nachzudenken mit dem Gesichtsausdruck strahlender Freude!

509.   Es ist ja möglich, daß die Drüsen des Traurigen anders sezernieren, als die des Fröhlichen; auch, daß diese Sekretion die oder eine Ursache der Trauer ist. Aber folgt daraus, daß die Trauer eine durch diese Sekretion hervorgerufene *Empfindung* ist?

510.   Aber der Gedanke ist hier: "Du *fühlst* doch die Trauer——also mußt du sie *irgendwo* fühlen; sonst wäre sie eine Chimäre." Aber wenn du so denken willst, rufe dir die Verschiedenheit von Sehen und Schmerz ins Gedächtnis. Ich fühle den Schmerz in der Wunde——aber die Farbe im Auge? So wie wir hier ein Schema verwenden wollen, statt bloß das wirklich Gemeinsame zu notieren, sehen wir alles falsch vereinfacht.

511.   Wollte man aber ein Analogon zum Ort des Schmerzes finden, so wäre es natürlich nicht die Seele (wie ja der Ort des Körperschmerzes nicht der Körper ist), sondern der *Gegenstand* der Reue.

512.   Denke, man sagte: Fröhlichkeit wäre ein Gefühl, und Traurigkeit bestünde darin, daß man *nicht* fröhlich ist.—Ist denn die Abwesenheit eines Gefühls ein Gefühl?

513.   Man spricht von einem Gefühl der Überzeugung, weil es einen *Ton* der Überzeugung gibt. Ja, das Charakteristikum aller 'Gefühle' ist, daß es einen Ausdruck, d. i. eine Miene, Gebärde des Gefühls gibt.

514.   Nun könnte man aber so sagen: Das Gesicht eines Menschen ist durchaus nicht immer dieselbe Gestalt. Es ändert sich von Minute zu Minute; manchmal wenig, manchmal bis zur Unkenntlichkeit. Dennoch ist es möglich, das Bild seiner Physiognomie zu zeichnen. Freilich, ein Bild, auf dem das Gesicht

507. If anyone asks whether pleasure is a sensation, he probably does not distinguish between reason and cause, for otherwise it would occur to him that one takes pleasure *in something*, which does not mean that this something produces a sensation in us.

508. But pleasure does at any rate go with a facial expression; and while we do not see that in ourselves, all the same we notice it.

And just try to think over something very sad with an expression of radiant joy!

509. It is quite possible that the glands of a sad person secrete differently from those of someone who is glad; and also that their secretion is the or a cause of sadness. But does it follow that the sadness is a *sensation* produced by this secretion?

510. But here the thought is: "After all, you *feel* sadness——so you must feel it *somewhere*; otherwise it would be a chimera". But if you want to think that, remember the difference between seeing and pain. I feel pain in the wound——but colour in the eye? If we try to use a schema here, instead of merely noting what is really common, we see everything falsely simplified.

511. But if one wanted to find an analogy to the place of pain, it would of course not be the mind (as, of course, the place of bodily pain is not the body) but the *object* of regret.

512. Suppose it were said: Gladness is a feeling, and sadness consists in *not* being glad.—Is the absence of a feeling a feeling?

513. One speaks of a feeling of conviction because there is a *tone* of conviction. For the characteristic mark of all 'feelings' is that there is expression of them, i.e. facial expression, gestures, of feeling.

514. Now one might say this: A man's face has by no means a constant appearance. It alters from one moment to the next; sometimes only a little, sometimes up to the point of unrecognizability. Nevertheless it is possible to draw a picture of his physiognomy. Of course a picture in which the face smiles does

lächelt, zeigt nicht, wie es weinend aussieht. Aber es läßt darauf immerhin Schlüsse zu.—Uns so wäre es auch möglich, eine Art ungefähre Physiognomie des Glaubens (z. B.) zu beschreiben.

515. Ich gebe Zeichen des Entzückens und des Verständnisses.

516. Kann man das 'sich auskennen' ein Erlebnis nennen? Nicht doch. Aber es gibt Erlebnisse charakteristisch für den Zustand des Sich-auskennens und des Sich-nicht-auskennens. (Sich nicht auskennen und lügen.)

517. Es ist aber doch wichtig, daß es alle diese Paraphrasen gibt! Daß man die Sorge mit den Worten beschreiben kann "Ewiges Düstere steigt herunter". Ich habe vielleicht die Wichtigkeit dieses Paraphrasierens nie genügend betont.

518. Warum kann der Hund Furcht, aber nicht Reue empfinden? Wäre es richtig zu sagen "Weil er nicht sprechen kann"?

519. Nur wer über die Vergangenheit nachdenken kann, kann bereuen. Das heißt aber nicht, daß nur so einer erfahrungsgemäß des Gefühls der Reue fähig ist.

520. Es ist ja auch nichts Erstaunliches, daß gewisse Begriffe nur auf ein Wesen anwendbar sein sollten, das z. B. eine Sprache besitzt.

521. "Der Hund *meint* etwas mit seinem Wedeln."—Wie würde man das begründen?—Sagt man auch: "Die Pflanze, wenn sie ihre Blätter hängen läßt, meint damit, daß sie Wasser braucht"?—

522. Wir würden kaum fragen, ob das Krokodil etwas damit meint, wenn es mit offenem Rachen auf einen Menschen zukommt. Und wir würden erklären: das Krokodil könne nicht denken, und darum sei eigentlich hier von einem Meinen keine Rede.

523. Vergessen wir doch einmal ganz, daß uns der Seelenzustand des Fürchtenden interessiert. Gewiß ist, daß uns auch sein Benehmen unter gewissen Umständen als Anzeichen für künftiges Verhalten interessieren kann. Warum sollten wir also nicht dafür ein Wort haben?

not shew how it looks when weeping. But it does permit inferences.—And in this way it would also be possible to describe a
kind of average physiognomy of belief (e.g.).

515. I give signs of delight and comprehension.

516. Can 'knowing one's way about' be called an experience?
Surely not. But there are experiences characteristic of the condition
of knowing one's way about and not knowing one's way about.
(Not knowing one's way about and lying.)

517. But it is surely important that all these paraphrases exist.
That care can be described in such words as: "the descent of
a permanent cloud". I have perhaps never stressed the importance
of this paraphrasing enough.

518. Why can a dog feel fear but not remorse? Would it be
right to say "Because he can't talk"?

519. Only someone who can reflect on the past can repent.
But that does not mean that as a matter of empirical fact only
such a one is capable of the feeling of remorse.

520. There is nothing astonishing about certain concepts' only
being applicable to a being that e.g. possesses a language.

521. "The dog *means* something by wagging his tail."—What
grounds would one give for saying this?—Does one also say:
"By drooping its leaves, the plant means that it needs water"?—

522. We should hardly ask if the crocodile means something
when it comes at a man with open jaws. And we should declare
that since the crocodile cannot think there is really no question
of meaning here.

523. Let us just forget entirely that we are interested in the
state of mind of a frightened man. It is certain that under given
circumstances we may also be interested in his behaviour as an
indication of how he will behave in the future. So why should we
not have a word for this?

Man könnte nun fragen, ob dies Wort sich wirklich einfach auf das Benehmen, einfach auf die Veränderung des Körpers bezöge. Und das können wir verneinen. Es liegt uns ja nichts daran, den Gebrauch dieses Worts derart zu vereinfachen. Es bezieht sich auf das Benehmen unter gewissen äußeren Umständen. Wenn wir diese Umstände und jenes Benehmen beobachten, sagen wir, einer sei . . . ., oder habe . . . . .

524. Es könnte einen Furchtbegriff geben, der nur auf Tiere, also nur durch Beobachtung, Anwendung fände.—Du willst doch nicht sagen, daß so ein Begriff keinen Nutzen hätte. Das Verbum, das beiläufig dem Wort "fürchten" entspräche, hätte dann keine erste Person, und keine seiner Formen wäre Äußerung der Furcht.

525. Ich will nun sagen, daß Menschen, welche einen solchen Begriff verwenden, seinen Gebrauch *nicht* müßten beschreiben können. Und sollten sie es versuchen, so wäre es möglich, sie gäben eine ganz unzulängliche Beschreibung. (Wie die meisten, wenn sie versuchen wollten, die Verwendung des Geldes richtig zu beschreiben.) (Sie sind auf so eine Aufgabe nicht gefaßt.)

526. Wer sich unter den und den Umständen so und so benimmt, von dem sagen wir, er sei traurig. (Auch vom Hunde.) Insofern kann man nicht sagen, das Benehmen sei die *Ursache* der Trauer; sie ist ihr Anzeichen. Sie die Wirkung der Trauer zu nennen, wäre auch nicht einwandfrei.—Sagt er es von sich (er sei traurig), so wird er im allgemeinen dafür als Grund nicht sein trauriges Gesicht u. dergl. angeben. Wie aber wäre es damit: "Erfahrung hat mich gelehrt, daß ich traurig werde, sobald ich anfange, traurig dazusitzen, etc."? Das könnte zweierlei besagen. Erstens: "Sobald ich, etwa einer leichten Neigung folgend, es mir gestatte, mich so und so zu halten und zu benehmen, gerate ich in den Zustand, in diesem Benehmen verharren zu müssen." Es könnte ja sein, daß Zahnschmerzen durch Stöhnen ärger würden.— Zweitens aber könnte jener Satz eine Spekulation enthalten über die Ursache der menschlichen Trauer; des Inhalts, daß, wer imstande wäre auf irgend eine Weise gewisse Körperzustände hervorzurufen, den Menschen traurig machen würde. Hier ist aber die Schwierigkeit, daß wir einen Menschen, der unter allen Umständen traurig *aussähe* und sich *benähme*, nicht traurig nennen würden. Ja, wenn wir einem solchen den Ausdruck "Ich bin traurig" beibrächten, und er sagte das stets und ständig mit dem Ausdruck der Trauer, so hätten diese Worte, so wie die übrigen Zeichen, ihren normalen Sinn verloren.

It might now be asked whether this word would really relate simply to behaviour, simply to bodily changes. And this may be denied. There is no future in simplifying the use of this word in this way. It relates to the behaviour under certain external circumstances. If we observe these circumstances and that behaviour we say that a man is ... or has. ...

524. There might be a concept of fear that had application only to beasts, and hence only through observation.—But you don't want to say that such a concept would have no use. The verb that would roughly correspond to the word "to fear" would then have no first person and none of its forms would be an expression of fear.

525. I now want to say that humans who employ such a concept would *not* have to be able to describe its use. And were they to try, it is possible that they would give a quite inadequate description. (Like most people, if they tried to describe the use of money correctly). (They are not prepared for such a task).

526. If someone behaves in such-and-such a way under such-and-such circumstances, we say that he is sad. (We say it of a dog too). To this extent it cannot be said that the behaviour is the *cause* of the sadness: it is its symptom. Nor would it be beyond cavil to call it the effect of sadness.—If he says it of himself (that he is sad) he will not in general give his sad face as a reason. But what about this: "Experience has taught me that I get sad as soon as I start sitting about sadly, etc." This might have two different meanings. Firstly: "As soon as, following a slight inclination, I set out to carry and conduct myself in such-and-such a way, I get into a state in which I have to persist in this behaviour". For it might be that toothache got worse by groaning.—Secondly, however, that proposition might contain a speculation about the cause of human sadness; the content being that if you could somehow or other produce certain bodily states, you would make the man sad. But here arises the difficulty that we should not call a man sad, if he *looked* and *acted* sad in all circumstances. If we taught such a one the expression "I am sad" and he constantly kept on saying this with an expression of sadness, these words, like the other signs, would have lost their normal sense.

527. Ist es nicht so, als wollte man sich einen Gesichtsausdruck vorstellen, der nicht allmählicher, schwer faßbarer Veränderungen fähig wäre, sondern, sagen wir nur fünf Stellungen hätte; bei einer Veränderung ginge die eine mit einem Ruck in die andere über. Wäre nun dies starre Lächeln z. B. wirklich ein Lächeln? Und warum nicht?—"Lächeln" nennen wir eine Miene in einem normalen Mienenspiel.—Ich könnte mich vielleicht nicht so dazu verhalten, wie zu einem Lächeln. Es würde mich z. B. nicht selber zum Lächeln bringen. "Kein Wunder" will man sagen, "daß wir diesen Begriff haben unter *diesen* Umständen."

528. Eine Hilfskonstruktion. Ein Stamm, den wir versklaven wollen. Die Regierung und die Wissenschaft geben aus, daß die Leute dieses Stammes keine Seelen haben; man könne sie also zu jedem beliebigen Zweck gebrauchen. Natürlich interessiert uns dennoch ihre Sprache; denn wir wollen ihnen ja z. B. Befehle geben und Berichte von ihnen erhalten. Auch wollen wir wissen, was sie unter einander reden, da dies mit ihrem übrigen Verhalten zusammenhängt. Aber auch, was bei ihnen unsern 'psychologischen Äußerungen' entspricht, muß uns interessieren; denn wir wollen sie arbeitsfähig erhalten; darum sind uns ihre Äußerungen des Schmerzes, des Unwohlseins, der Niedergeschlagenheit, der Lebenslust etc. etc. von Wichtigkeit. Ja, wir haben auch gefunden, daß man diese Leute mit gutem Erfolg als Versuchsobjekte in physiologischen und psychologischen Laboratorien verwenden kann, da ihre Reaktionen—auch die Sprachreaktionen—ganz die der seelenbegabten Menschen sind. Man habe auch gefunden, daß man diesen Wesen durch eine Methode, die sehr ähnlich unserm 'Unterricht' ist, unsere Sprache statt der ihrigen beibringen kann.

529. Diese Wesen lernen nun z. B. rechnen, schriftlich oder mündlich rechnen. Wir bringen sie aber auf irgend eine Weise dahin, daß sie uns das Ergebnis einer Multiplikation sagen können, nachdem sie, ohne zu schreiben oder zu sprechen, sich eine Weile in 'nachdenkender' Haltung verhalten haben. Wenn man die Art und Weise betrachtet, wie sie dies 'Kopfrechnen' lernen und die Erscheinungen, die es umgeben, so liegt das Bild nahe, der Prozeß des Rechnens sei gleichsam untergetaucht und gehe nun *unter* der Wasserfläche vor sich.

Wir müssen natürlich für verschiedene Zwecke einen Befehl haben der Art "Rechne dies im Kopf!"; eine Frage "Hast du es gerechnet?"; ja auch: "Wie weit bist du?"; eine Aussage des

527. Isn't it as if one were trying to imagine a facial expression not susceptible of alterations which were gradual and difficult to catch hold of, but which had, say, just five positions; when it changed it would snap straight from one to another. Now would this fixed smile, for example, really be a smile? And why not? —"Smiling" is our name for an expression in a normal play of expressions.—I might not be able to react as I do to a smile. It would e.g. not make me smile myself. One wants to say: "No wonder we have this concept in *these* circumstances".

528. An auxiliary construction. A tribe that we want to enslave. The government and the scientists give it out that the people of this tribe have no souls; so they can be used for any arbitrary purpose. Naturally we are interested in their language nevertheless; for we certainly want to give them orders and to get reports from them. We also want to know what they say to one another, as this ties up with the rest of their behaviour. But we must also be interested in what corresponds in them to our 'psychological utterances', since we want to keep them fit for work; for that reason their manifestations of pain, of being unwell, of depression, of joy in life, are important to us. We have even found that it has good results to use these people as experimental subjects in physiological and psychological laboratories, since their reactions —including their linguistic reactions—are quite those of mind-endowed human beings. Let it also have been found out that these automata can have our language imparted to them instead of their own by a method which is very like our 'instruction'.

529. These creatures now learn e.g. to calculate, they learn paper or oral calculation. But by some method we make them able to give the result of a multiplication after behaving in a 'reflective' manner for a time, though without writing or speaking. If one considers the kind of way they learn this 'calculating in the head', together with the surrounding phenomena, this suggests the picture of the process of calculating as, so to speak, submerged and going on *under* the surface.

Of course for various purposes we need an order like "Work this out in your head"; a question like "Have you worked it out?"; and even "How far have you got?"; a statement "I have worked

Automaten "Ich habe . . . . gerechnet"; etc.. Kurz: alles, was *wir* unter uns über das Kopfrechnen sagen, hat auch Interesse für uns, wenn sie es sagen. Und was für Kopfrechnen gilt, gilt auch für alle anderen Formen des Denkens.——Äußert einer von uns die Meinung, diese Wesen *müßten* doch irgendeine Art von Seele haben, in der dies und jenes vor sich ginge, so lachen wir ihn aus.

530. Die Sklaven sagen auch: "Als ich das Wort 'Bank' hörte, bedeutete es für mich . . . . .". Frage: Auf dem Hintergrund *welcher* Sprachtechnik sagen sie das? Denn darauf kommt alles an. Was hatten wir sie gelehrt, welche Benutzung des Wortes "bedeuten"? Und was, wenn überhaupt irgend etwas, entnehmen wir ihrer Äußerung? Denn wenn wir gar nichts mit ihr anfangen können, so könnte sie uns als Kuriosität interessieren. ——Denken wir uns einen Stamm von Menschen, die keine Träume kennen, und die unsere Traumerzählungen hören. Einer von uns käme zu diesen nichtträumenden Leuten und lernte nach und nach, sich mit ihnen zu verständigen.—Vielleicht denkt man, sie würden nun das Wort "träumen" nie verstehen. Aber sie würden bald eine Verwendung dafür finden. Und ihre Ärzte könnten sich sehr wohl für das Phänomen interessieren und wichtige Schlüsse aus den Träumen des Fremden ziehen.—— Auch kann man nicht sagen, daß für diese Leute das Verbum "träumen" nichts Anderes bedeuten könnte als: einen Traum erzählen. Denn der Fremde würde ja beide Ausdrücke gebrauchen: "träumen" und "einen Traum erzählen", und die Leute jenes Stammes dürften nicht "ich träumte . . . " mit "ich erzählte den Traum . . . . ." verwechseln.

531. "Ich nehme an, es schwebe ihm ein Bild vor."—Könnte ich auch annehmen, es schwebe diesem Ofen ein Bild vor?—Und warum scheint dies unmöglich? Ist denn also die menschliche Gestalt dazu nötig?—

532. Der Schmerzbegriff ist charakterisiert durch seine bestimmte Funktion in unserm Leben.

533. Schmerz liegt *so* in unserm Leben drin, hat *solche* Zusammenhänge. (D. h.: nur was *so* im Leben drinliegt, *solche* Zusammenhänge hat, nennen wir "Schmerz".)

534. Nur inmitten gewisser normaler Lebensäußerungen gibt es eine Schmerzäußerung. Nur inmitten von noch viel weitgehender

... out" on the part of the automaton; etc. In short: everything that *we* say among ourselves about calculating in the head is of interest to us when they say it. And what goes for calculating in the head goes for all other forms of thinking as well.——If one of us gives vent to the opinion that these beings *must* after all have some kind of mind, we jeer at him.

530. The slaves also say: "When I heard the word 'bank' it meant . . . to me." Question: *what* technique of using language is the background for their saying this? For everything depends on that. What have we taught them, what use for the word "mean"? And what, if anything at all, do we gather from their utterance? For if we can do nothing with it, still it might interest us as a curiosity.——Let us imagine a tribe of men, unacquainted with dreams, who hear our narrations of dreams. One of us had come to these non-dreaming people and learnt bit by bit to make himself understood to them.—Perhaps one thinks they would never understand the word "to dream". But they would soon find a use for it. And their doctors might very well be interested in the phenomenon and might make important inferences from the dreams of the stranger.——Nor can it be said that for these people the verb "to dream" could mean nothing but: to tell a dream. For the stranger would of course use both expressions, both "to dream" and "to tell a dream", and the people of that tribe would not be allowed to confuse "I dreamt . . ." with "I told the dream. . . ."

531. "I assume that a picture swims before him".—Could I also assume that a picture swims before this stove?—And why does this seem impossible? Is the human shape necessary for this?—

532. The concept of pain is characterized by its particular function in our life.

533. Pain has *this* position in our life; has *these* connexions; (That is to say: we only call "pain" what has *this* position, *these* connexions).

534. Only surrounded by certain normal manifestations of life, is there such a thing as an expression of pain. Only surrounded

bestimmter Lebensäußerung den Ausdruck der Trauer oder der Zuneigung. U. s. f..

535. Wenn ich mir, und wenn ein Andrer sich einen Schmerz vorstellen kann, oder wir doch sagen, daß wir es können,—wie kann man herausfinden, ob wir ihn uns richtig vorstellen, und wie genau?

536. Ich mag wissen, daß er Schmerzen hat, aber ich weiß nie den genauen Grad seiner Schmerzen. Hier ist also etwas, was er weiß und die Schmerzäußerung mir nicht mitteilt. Etwas rein Privates.
Er weiß genau, wie stark seine Schmerzen sind? (Ist das nicht ähnlich, als sagte man, er wisse immer genau, wo er sich befinde? Nämlich hier.) Ist denn der Begriff des Grades mit den Schmerzen gegeben?

537. Du sagst, du pflegst den Stöhnenden, weil Erfahrung dich gelehrt hat, daß du selbst stöhnst, wenn du das und das fühlst. Aber da du ja doch keinen solchen Schluß ziehst, so können wir die Begründung durch Analogie weglassen.

538. Es hat auch keinen Sinn zu sagen: "Ich kümmere mich nicht um mein eigenes Stöhnen, weil *ich weiß*, daß ich Schmerzen habe"—oder "weil ich meine Schmerzen *fühle*."
Wohl aber ist es wahr:—"Ich kümmere mich nicht um mein Stöhnen."

539. Ich schließe aus der Beobachtung seines Benehmens, daß er zum Arzt muß; aber ich ziehe diesen Schluß für mich *nicht* aus der Beobachtung meines Benehmens. Oder vielmehr: ich tue auch dies manchmal, aber *nicht* in analogen Fällen.

540. Es hilft hier, wenn man bedenkt, daß es ein primitives Verhalten ist, die schmerzende Stelle des Andern zu pflegen, zu behandlen, und nicht nur die eigene—also auf des Andern Schmerzbenehmen zu achten, wie auch, auf das eigene Schmerzbenehmen *nicht* zu achten.

541. Was aber will hier das Wort "primitiv" sagen? Doch wohl, daß die Verhaltungsweise *vorsprachlich* ist: daß ein Sprachspiel *auf ihr* beruht, daß sie das Prototyp einer Denkweise ist und nicht das Ergebnis des Denkens.

by an even more far-reaching particular manifestation of life, such a thing as the expression of sorrow or affection. And so on.

535. If I, and if anyone else, can imagine a pain, or at least we say we can—how is it to be found out whether we are imagining it right, and how accurately we are imagining it?

536. I may know that he is in pain, but I never know the exact degree of his pain. So here is something that he knows and that his expression of pain does not tell me. Something purely private.

He knows exactly how severe his pain is? (Isn't that much as if one were to say he always knows exactly where he is? Namely here.) Is the concept of the degree given with the pain?

537. You say you attend to a man who groans because experience has taught you that you yourself groan when you feel such-and-such. But as you don't in fact make any such inference, we can abandon the justification by analogy.

538. Nor does it make sense to say: "I don't bother about my own groaning because I *know* that I am in pain"—or "because I *feel* my pain".

Yet this is perfectly true:—"I don't bother about my groaning".

539. I infer that he needs to go to the doctor from observation of his behaviour; but I do *not* make this inference in my own case from observation of my behaviour. Or rather: I do this too sometimes, but *not* in parallel cases.

540. It is a help here to remember that it is a primitive reaction to tend, to treat, the part that hurts when someone else is in pain; and not merely when oneself is—and so to pay attention to other people's pain-behaviour, as one does *not* pay attention to one's own pain behaviour.

541. But what is the word "primitive" meant to say here? Presumably that this sort of behaviour is *pre-linguistic*: that a language-game is based *on it*, that it is the prototype of a way of thinking and not the result of thought.

542. "Falsch aufgezäumt" kann man von einer Erklärung sagen, wie dieser: wir pflegten den Andern, weil wir nach Analogie des eigenen Falles glaubten, auch er habe ein Schmerzerlebnis.—Statt zu sagen: Lerne also aus diesem besondern Kapitel des menschlichen Benehmens—aus dieser Sprachverwendung—eine neue Seite.

543. Zu meinem Begriff gehört hier mein Verhältnis zur Erscheinung.

544. Wenn wir dem Arzt mitteilen, wir hätten Schmerzen—in welchen Fällen ist es nützlich, daß er sich einen Schmerz vorstelle? —Und geschieht dies nicht auf sehr mannigfache Weise? (So mannigfach, wie: sich an einen Schmerz erinnern.) (Wissen, wie ein Mensch ausschaut.)

545. Angenommen, es erklärt einer, wie ein Kind den Gebrauch des Wortes "Schmerz" lernt, in dieser Weise: Wenn das Kind sich bei bestimmten Anlässen so und so benimmt, denke ich, es fühle, was ich in solchen Fällen fühle; und wenn es so ist, so assoziiert das Kind das Wort mit seinem Gefühl und gebraucht das Wort, wenn das Gefühl wieder auftritt.——*Was* erklärt diese Erklärung? Frage dich: *Welche* Art der Unwissenheit behebt sie?—Sicher sein, daß der Andre Schmerzen hat, zweifeln, ob er sie hat, u. s. f., sind soviele natürliche instinktive Arten des Verhältnisses zu den andern Menschen, und unsre Sprache ist nur ein Hilfsmittel und weiterer Ausbau dieses Verhaltens. Unser Sprachspiel ist ein Ausbau des primitiven Benehmens. (Denn unser *Sprachspiel* ist Benehmen.) (Instinkt.)

546. "Ich bin nicht sicher, ob er Schmerzen hat."—Wenn sich nun einer immer, wenn er dies sagt, mit einer Nadel stäche, um die Bedeutung des Wortes "Schmerz" lebhaft vor der Seele zu haben, (um sich nicht mit der Vorstellung begnügen zu müssen) und zu wissen, *worüber* er beim Andern im Zweifel ist!—Wäre nun der Sinn seiner Aussage gesichert?

547. Er hat also den wahren Schmerz; und der Besitz *dieses* ist es, was er beim Andern bezweifelt.—Aber wie macht er das nur? ——Es ist, als sagte man mir: "Hier hast du einen Sessel. Siehst du ihn genau?—Gut—nun übertrage ihn ins Französische!"

542. "Putting the cart before the horse" may be said of an explanation like the following: we tend someone else because by analogy with our own case we believe that he is experiencing pain too.—Instead of saying: Get to know a new aspect from this special chapter of human behaviour—from this use of language.

543. My relation to the appearances here is part of my concept.

544. When we tell a doctor that we have been having pains— in what cases is it useful for him to imagine pain?—And doesn't this happen in a variety of ways? (As great a variety as: recalling pain). (Knowing what a man looks like).

545. Suppose someone explains how a child learns the use of the word "pain" in the following way: When the child behaves in such-and-such a way on particular occasions, I think he's feeling what I feel in such cases; and if it is so then the child associates the word with his feeling and uses the word when the feeling reappears.——*What* does this explanation explain? Ask yourself: *What* sort of ignorance does it remove?—Being sure that someone is in pain, doubting whether he is, and so on, are so many natural, instinctive, kinds of behaviour towards other human beings, and our language is merely an auxiliary to, and further extension of, this relation. Our language-game is an extension of primitive behaviour. (For our *language-game* is behaviour.) (Instinct).

546. "I am not certain whether he is in pain."—Suppose now someone always pricked himself with a pin when he said this, in order to have the meaning of the word "pain" vividly before his mind (so as not to have to rest content with imagination) and to know *what* he is in doubt of about the other man.—Would the sense of his statement now be assured?

547. So he is having genuine pain, and it is the possession of *this* by someone else that he feels doubt of.—But how does he do this?——It is as if I were told: "Here is a chair. Can you see it clearly?—Good—now translate it into French!"

548. Er hat also den wirklichen Schmerz; und nun weiß er, was er beim Andern bezweifeln soll. Er hat den Gegenstand vor sich, und es ist *kein* 'Benehmen' oder dergleichen. (Aber jetzt!) Zum Bezweifeln, ob der Andre Schmerzen hat, braucht er den *Begriff* 'Schmerz', nicht Schmerzen.

549. Die Äußerung der Empfindung eine *Behauptung* zu nennen, ist dadurch irreführend, daß mit dem Wort "Behauptung" die 'Prüfung', die 'Begründung', die 'Bestätigung', die 'Entkräftung' der Behauptung im Sprachspiel verbunden ist.

550. Wozu dient etwa die Aussage: "Ich *habe* doch etwas, wenn ich Schmerzen habe"?

551. "Der Geruch ist herrlich!" Ist ein Zweifel darüber, daß der Geruch es ist, der herrlich ist?
So ist es eine Eigenschaft des Geruches?—Warum nicht? Es ist eine Eigenschaft der Zehn, durch zwei teilbar zu sein und auch, die Zahl meiner Finger zu sein.
Es könnte aber eine Sprache geben, in der die Leute nur die Augen schließen und sagen "Oh, dieser Geruch!" und es keinen Subjekt-Prädikat-Satz gibt, der dem äquivalent ist. Das ist eben eine 'spezifische' Reaktion.

552. Zu dem Sprachspiel mit den Worten "er hat Schmerzen" gehört—möchte man sagen—nicht nur das Bild des Benehmens, sondern auch das Bild des Schmerzes.—Aber hier muß man sich in Acht nehmen: Denke an mein Beispiel von den privaten Tabellen, die nicht zum *Spiel* gehören.—Es entsteht der Eindruck der 'privaten Tabelle' im Spiel durch die *Abwesenheit* einer Tabelle und durch die Ähnlichkeit des Spiels mit einem solchen, das mit einer Tabelle gespielt wird.[1]

553. Bedenke: Wir gebrauchen das Wort "Ich weiß nicht" oft in seltsamer Weise; wenn wir z. B. sagen, wir wissen nicht, ob dieser wirklich mehr fühlt als der Andere, oder es nur stärker zum Ausdruck bringt. Es ist dann nicht klar, welche Art der Untersuchung die Frage entscheiden könnte. Natürlich ist die Äußerung nicht ganz müßig: Wir wollen sagen, daß wir wohl die Gefühle des A und des B miteinander vergleichen können, aber uns die Umstände an einem Vergleich des A mit dem C irre werden lassen.

[1] S. *Philosophische Untersuchungen* § 300. Herausg.

548. So he has real pain; and now he knows what he is to doubt in someone else's case. He has the object before him and it is *not* some piece of behaviour or the like. (But now!) In order to doubt whether someone else is in pain he needs, not pain, but the *concept* 'pain'.

549. To call the expression of a sensation a *statement* is misleading because 'testing', 'justification', 'confirmation', 'reinforcement' of the statement are connected with the word "statement" in the language-game.

550. What purpose is served by the statement: "I do *have* something, if I have a pain"?

551. "The smell is marvellous!" Is there a doubt whether it is the smell that is marvellous?

Is it a property of the smell?—Why not? It is a property of ten to be divisible by two and also to be the number of my fingers.

There might however be a language in which the people merely shut their eyes and say "Oh, this smell!" and there is no subject-predicate sentence equivalent to it. That is simply a 'specific' reaction.

552. It's not merely the picture of the behaviour that belongs to the language-game with the words "he is in pain"—one would like to say—but also the picture of the pain.—But here one must take care: think of my example of the private tables that don't belong to the *game*.—The impression of a 'private table' in the game arises through the *absence* of a table and through the similarity of the game to one that is played with a table.[1]

553. Remember: we often use the phrase "I don't know" in a queer way; when for example we say that we don't know whether this man really feels more than that other, or merely gives stronger expression to his feeling. In that case it is not clear what sort of investigation might settle the question. Of course the expression is not quite idle: we want to say that we certainly can compare the feelings of A and B with one another, but that the circumstances of a comparison of A with C throw us out.

[1] See *Philosophical Investigations* § 300. Eds.

554. Nicht darauf sehen wir, daß die Evidenz das Gefühl (also das Innere) des Andern *nur* wahrscheinlich macht, sondern darauf, daß wir *dies* als *Evidenz* für irgend etwas Wichtiges betrachten, daß wir auf *diese* verwickelte Art der Evidenz ein Urteil gründen, daß *sie* also in unserm Leben eine besondere Wichtigkeit hat und durch einen Begriff herausgehoben wird. (Das 'Innere' und 'Äußere', ein *Bild*.)

555. Die 'Unsicherheit' bezieht sich eben nicht auf den besondern Fall, sondern auf die Methode, auf die Regeln der Evidenz.

556. Die Unsicherheit hat ihren Grund nicht darin, daß er seine Schmerzen nicht außen am Rock trägt. Und es ist auch gar keine Unsicherheit *in jedem besondern Fall.* Wenn die Grenze zwischen zwei Ländern strittig wäre, würde daraus folgen, daß die Landesangehörigkeit jedes einzelnen Bewohners fraglich wäre?

557. Denke, Leute könnten das Funktionieren des Nervensystems im Andern beobachten. Sie unterschieden dann echte und geheuchelte Empfindung in sicherer Weise.—Oder könnten sie doch wieder daran zweifeln, daß der Andere bei diesen Zeichen etwas spürt?—Man könnte sich jedenfalls leicht vorstellen, daß, was sie da sehen, ihr Verhalten ohne alle Skrupel bestimmt.
Und nun kann man dies doch auf das äußere Benehmen übertragen.
Diese Beobachtung bestimmt ihr Verhalten gegen den Andern vollkommen und ein Zweifel kommt nicht auf.

558. Es gibt wohl den Fall, daß einer mir später sein Innerstes durch ein Geständnis aufschließt: aber, daß es so ist, kann mir nicht das Wesen von Außen und Innen erklären, denn ich muß ja dem Geständnis doch Glauben schenken.
Das Geständnis ist ja auch etwas Äußeres.

559. Besieh dir Leute, die auch unter diesen Umständen zweifeln; und solche, die nicht zweifeln.

560. Nur Gott sieht die geheimsten Gedanken. Aber warum sollen diese so wichtig sein? Manche sind wichtig, nicht alle. Und müssen alle Menschen sie für wichtig halten?

554. That the evidence makes someone else's feeling (i.e. what is within) *merely* probable is not what matters to us; what we are looking at is the fact that *this* is taken as *evidence* for something important; that we base a judgment on *this* involved sort of evidence, and hence that *such* evidence has a special importance in our lives and is made prominent by a concept. (The 'inner' and the 'outer', a *picture*).

555. The 'uncertainty' relates not to the particular case, but to the method, to the rules of evidence.

556. The uncertainty is not founded on the fact that he does not wear his pain on his sleeve. And there is not an uncertainty *in each particular case*. If the frontier between two counties were in dispute, would it follow that the county to which any individual resident belonged was dubious?

557. Imagine that people could observe the functioning of the nervous system in others. In that case they would have a sure way of distinguishing genuine and simulated feeling.—Or might they after all doubt in turn whether someone feels anything when these signs are present?—What they see there could at any rate readily be imagined to determine their reaction without their having any qualms about it.
And now this can be transferred to outward behaviour.
This observation fully determines their attitude to others and doubt does not occur.

558. There is indeed the case where someone later reveals his inmost heart to me by a confession: but that this is so cannot offer me any explanation of outer and inner, for I have to give credence to the confession.
For confession is of course something exterior.

559. Look at people who doubt even in these circumstances, and at ones who do not doubt.

560. Only God sees the most secret thoughts. But why should these be all that important? Some are important, not all. And need all human beings count them as important?

561. *Eine* Art der Unsicherheit wäre die, die wir auch einem uns unbekannten Mechanismus entgegenbringen könnten. Bei der andern würden wir uns möglicherweise an eine Begebenheit in unserm Leben erinnern. Es könnte z. B. sein, daß einer, der gerade der Todesangst entronnen ist, sich davor scheuen würde, eine Fliege zu erschlagen und es sonst ohne Bedenken täte. Oder anderseits, daß er mit diesem Erlebnis vor Augen, das zögernd tut, was er sonst ohne Zögern täte.

562. Auch wenn ich 'nicht sicher in meinem Mitleid ruhe', muß ich nicht an die Ungewißheit seines spätern Benehmens denken.

563. Die eine Unsicherheit geht sozusagen von dir aus, die andere von ihm.

Von der einen könnte man also doch sagen, sie hinge mit einer Analogie zusammen, von der Andern nicht. Aber nicht, als ob ich aus der Analogie einen Schluß zöge!

564. Wenn ich aber zweifle, ob eine Spinne wohl Schmerz empfindet, dann ist es nicht, weil ich nicht weiß, was ich mir zu erwarten habe.

565. Wir können aber nicht umhin, uns das Bild vom seelischen Vorgang zu machen. Und *nicht*, weil wir ihn von uns her kennen!

566. Könnte nicht das Verhalten, Benehmen des Vertrauens ganz allgemein unter einer Gruppe von Menschen bestehen? So daß ihnen ein Zweifel an Gefühlsäußerungen ganz fremd ist?

567. Wie könnte man die menschliche Handlungsweise beschreiben? Doch nur, insofern man die Handlungen der verschiedenen Menschen, wie sie durcheinanderwimmeln, schilderte. Nicht, was *einer jetzt* tut, eine einzelne Handlung, sondern das ganze Gewimmel der menschlichen Handlungen, der Hintergrund, worauf wir jede Handlung sehen, bestimmt unser Urteil, unsere Begriffe und Reaktionen.

568. Wenn das Leben ein Teppich wäre, so ist dies Muster (der Verstellung z. B.) nicht immer vollständig und vielfach variiert. Aber wir, in unserer Begriffswelt, sehen immer wieder das Gleiche mit Variationen wiederkehren. So fassen es unsere Begriffe auf. Die Begriffe sind ja nicht für einmaligen Gebrauch.[1]

---

[1] S. *Philosophische Untersuchungen* S. 174. Herausg.

561. *One* kind of uncertainty is that with which we might face an unfamiliar mechanism. In another we should possibly be recalling an occasion in our life. It might be e.g. that someone who has just escaped the fear of death would shrink from swatting a fly, though he would otherwise do it without thinking twice about it. Or on the other hand that, having this experience in his mind's eye, he does with hesitancy what otherwise he does unhesitatingly.

562. Even when I 'do not rest secure in my sympathy' I need not think of uncertainty about his later behaviour.

563. The one uncertainty stems from you, so to speak, the other from him.
 The one could surely be said to connect up with an analogy, then, but not the other. Not, however, as if I were drawing a conclusion from the analogy!

564. If however I doubt whether a spider feels pain, it is not because I don't know what to expect.

565. But we cannot get away from forming the picture of a mental process. And *not* because we are acquainted with it in our own case!

566. Might not the attitude, the behaviour, of trusting, be quite universal among a group of humans? So that a doubt about manifestations of feeling is quite foreign to them?

567. How could human behaviour be described? Surely only by sketching the actions of a variety of humans, as they are all mixed up together. What determines our judgment, our concepts and reactions, is not what *one* man is doing *now*, an individual action, but the whole hurly-burly of human actions, the background against which we see any action.

568. Seeing life as a weave, this pattern (pretence, say) is not always complete and is varied in a multiplicity of ways. But we, in our conceptual world, keep on seeing the same, recurring with variations. That is how our concepts take it. For concepts are not for use on a single occasion.[1]

---

[1] See *Philosophical Investigations* p. 174. Eds.

569. Und ein Muster ist im Teppich mit vielen andern Mustern verwoben.

570. "So *kann* man sich nicht verstellen."—Und das kann eine Erfahrung sein,—daß nämlich niemand, der sich *so* benimmt, sich später so und so benehmen werde; aber auch eine begriffliche Feststellung ("Das wäre nicht mehr Verstellung"); und die beiden können zusammenhängen.

Das kann man nicht mehr "Verstellung" nennen.

(Denn man hätte nicht gesagt, die Planeten *müssen* sich in Kreisen bewegen, wenn es nicht geschienen hätte, *daß* sie sich in Kreisen bewegen.)

(Vergleiche: "So kann man nicht reden ohne zu denken", "So kann man nicht unwillkürlich handeln.")

571. "Könntest du dir nicht eine weitere Umgebung denken, in der auch das noch als Verstellung zu deuten wäre?" Muß nicht jedes Benehmen sich so deuten lassen?

Aber was heißt es: daß alles Benehmen noch immer Verstellung sein *könnte*? Hat denn Erfahrung uns das gelehrt? Und wie können wir anders über Verstellung unterrichtet sein? Nein es ist eine Bemerkung über den Begriff 'Verstellung'. Aber da wäre ja dieser Begriff unbrauchbar, denn die Verstellung hätte keine Kriterien im Benehmen.

572. Liegt hier nicht etwas Ähnliches vor, wie das Verhältnis der euklidischen Geometrie zur Sinneserfahrung? (Ich meine: es sei eine tiefgehende Ähnlichkeit vorhanden.) Denn auch die euklidische Geometrie entspricht ja der Erfahrung nur in einer durchaus nicht leicht verständlichen Weise, und nicht etwa nur wie das Exaktere dem Unexakteren.

573. Es gibt doch im Benehmen Vertrauen und Mißtrauen!

Klagt einer z. B., so kann ich mit völliger Sicherheit vertrauensvoll reagieren, oder unsicher und wie einer, der Verdacht hat. Es braucht dazu keine Worte noch Gedanken.

574. Ist das, wovon er sagt, er habe es, und wovon ich sage, ich habe es, ohne daß wir dies aus irgendeiner Beobachtung erschließen,—ist es dasselbe, wie das, was wir aus der Beobachtung des Benehmens des Andern und aus seiner Überzeugung*säußerung* entnehmen?

569. And one pattern in the weave is interwoven with many others.

570. "One *can't* pretend like that".—This may be a matter of experience—namely that no one who behaves like *that* will later behave in such-and-such a way; but it also may be a conceptual stipulation ("That wouldn't still be pretence"); and the two may be connected.
That can no longer be called "pretence".
(For it wouldn't have been said that the planets *had* to move in circles, if it had not appeared *that* they move in circles).
(Compare: "One cannot talk like that without thinking", "One cannot act like that involuntarily").

571. Couldn't you imagine a further surrounding in which this too could be interpreted as pretence? Must not any behaviour allow of such an interpretation?
But what does it mean to say that all behaviour *might* always be pretence? Has experience taught us this? How else can we be instructed about pretence? No, it is a remark about the concept 'pretence'. But then this concept would be unusable, for pretending would have no criteria in behaviour.

572. Isn't there something here like the relation between Euclidean geometry and the experience of the senses? (I mean that there is a profound resemblance here). For Euclidean geometry too corresponds to experience only in some way that is not at all easy to understand, not merely as something more exact to its less exact counterpart.

573. There is such a thing as trust and mistrust in behaviour!
If anyone complains, e.g., I may be trustful and react with perfect confidence, or I may be uncertain, like someone who has his suspicions. Neither words nor thoughts are needed for this.

574. Is what he says he has, and I say I have, without our inferring this from any sort of observation—is it the same as what we gather from observing the behaviour of someone else and from his *expressions* of conviction?

575. Kann man sagen: Ich *schließe*, daß er handeln wird, wie *er* zu handeln *beabsichtigt*?
(Fall der falschen Geste.)

576. Warum schließe ich nie von meinen Worten auf meine wahrscheinlichen Handlungen? Aus demselben Grunde, aus welchem ich nicht von meinem Gesichtsausdruck auf mein wahrscheinliches Benehmen schließe.—Denn nicht das ist das Interessante, daß ich nicht aus meinem Ausdruck der Gemütsbewegung auf meine Gemütsbewegung schließe, sondern, daß ich aus jenem Ausdruck auch nicht auf mein späteres Verhalten schließe, wie dies doch die Andern tun, die mich beobachten.

577. Willkürlich sind gewisse Bewegungen mit ihrer normalen *Umgebung* von Absicht, Lernen, Versuchen, Handeln. Bewegungen, von denen es Sinn hat zu sagen, sie seien manchmal willkürlich, manchmal unwillkürlich, sind Bewegungen in einer speziellen Umgebung.

578. Wenn einer uns nun sagte, *er* esse unwillkürlich,—welche Evidenz würde mich dies glauben machen?

579. Man ruft sich ein Niesen oder einen Hustenanfall hervor, aber nicht eine willkürliche Bewegung. Und der Wille ruft das Niesen nicht hervor und auch nicht das Gehen.

580. Mein Ausdruck[1] kam daher, daß ich mir das Wollen als ein Herbeiführen dachte,—aber nicht als ein Verursachen, sondern—ich möchte sagen—als ein direktes, nicht-kausales Herbeiführen. Und dieser Idee liegt die Vorstellung zu Grunde, daß der kausale Nexus die Verbindung zweier Maschinenteile durch einen Mechanismus, etwa eine Reihe von Zahnrädern ist.

581. Ist "Ich tue mein Möglichstes" die Äußerung eines Erlebnisses?—*Ein* Unterschied: Man sagt "Tue dein Möglichstes!"

582. Wenn einer mich auf der Straße trifft und fragt "Wohin gehst du?" und ich antworte "Ich weiß es nicht", so nimmt er an, ich habe keine bestimmte *Absicht*; nicht, ich wisse nicht, ob ich meine Absicht werde ausführen können. (Hebel.)[2]

---

[1] S. *Philosophische Untersuchungen* § 613. Herausg.
[2] *Schatzkästlein*, Zwei Erzählungen. Herausg.

575. Can it be said that I *infer* that he will act as *he intends* to act? (Case of the wrong gesture).

576. Why do I never infer my probable actions from my words? For the same reason as I do not infer my probable behaviour from my facial expression.—For the interesting thing is not that I do not infer my emotion from my expression of emotion, but that I also do not infer my later behaviour from that expression, as other people do, who observe me.

577. What is voluntary is certain movements with their normal *surrounding* of intention, learning, trying, acting. Movements of which it makes sense to say that they are sometimes voluntary and sometimes involuntary are movements in a special surrounding.

578. If someone were now to tell us that *he* eats involuntarily —what evidence would make one believe this?

579. One produces a sneeze or a fit of coughing in oneself, but not a voluntary movement. And the will does not produce sneezing, nor yet walking.

580. My expression[1] came from my thinking of willing as a sort of producing—not however as a case of causation, but—I should like to say—as a direct, non-causal producing. And the basis of this idea is our imagining that the causal nexus is the connexion of two machine parts by means of a mechanism, say a train of cog-wheels.

581. Is "I am doing my utmost" the expression of an experience? —One difference: one says "Do your utmost".

582. If someone meets me in the street and asks "Where are you going?" and I reply "I don't know", he assumes I have no definite *intention*; not that I do not know whether I shall be able to carry out my intention. (Hebel.)[2]

---

[1] See *Philosophical Investigations* § 613. Eds.
[2] *Schatzkästlein*, Zwei Erzählungen. Eds.

583.   Was ist der Unterschied zwischen diesen beiden: Einer Linie unwillkürlich folgen——Einer Linie mit Absicht folgen.

Was ist der Unterschied zwischen diesen beiden: Eine Linie mit Bedacht und großer Aufmerksamkeit nachziehen——Aufmerksam beobachten, wie meine Hand einer Linie folgt.

584.   Gewisse Unterschiede sind leicht anzugeben. Einer liegt im Voraussehen dessen, was die Hand tun wird.

585.   Die Erfahrung: neue Erfahrung kennen zu lernen. Etwa beim Schreiben. Wann sagt man, man habe eine neue Erfahrung kennen gelernt? Wie gebraucht man so einen Satz?

586.   Das Schreiben ist gewiß eine willkürliche Bewegung, und doch eine automatische. Und von einem Fühlen jeder Schreibbewegung ist natürlich nicht die Rede. Man fühlt etwas, aber könnte das Gefühl unmöglich zergliedern. Die Hand schreibt; sie schreibt nicht, weil man will, sondern man will, was sie schreibt.

Man sieht ihr nicht erstaunt oder mit Interesse beim Schreiben zu; denkt nicht "Was wird sie nun schreiben?" Aber nicht, weil man eben wünschte, sie solle das schreiben. Denn, daß sie schreibt, was ich wünsche, könnte mich ja erst recht in Erstaunen versetzen.

587.   Das Kind lernt gehen, kriechen, spielen. Es lernt nicht, willkürlich und unwillkürlich spielen. Aber was macht die Bewegungen des Spiels zu willkürlichen Bewegungen?—Wie wäre es denn, wenn sie unwillkürlich wären?—Ich könnte ebensowohl fragen: was macht denn diese Bewegung zu einem Spielen? —Ihr Charakter und ihre Umgebung.

588.   Aktiv und passiv. Kann man es befehlen oder nicht? Dies scheint vielleicht eine weithergeholte Unterscheidung, ist es aber nicht. Es ist ähnlich wie: "Kann man sich (*logische* Möglichkeit) dazu entschließen oder nicht?"—Und das heißt: Wie ist es von Gedanken, Gefühlen etc. umgeben?

589.   "Wenn ich mich anstrenge, *tue* ich doch etwas, habe doch nicht bloß eine Empfindung." Und so ist es auch; denn man befiehlt einem: "Streng dich an!" und er kann die Absicht äußern "Ich werde mich jetzt anstrengen". Und wenn er sagt "Ich kann nicht mehr!"—so heißt das nicht "Ich kann das Gefühl in meinen

583. What is the difference between these two things: Following a line involuntarily——Following a line intentionally?

What is the difference between these two things: Tracing a line with care and great attention——Attentively observing how my hand follows a line?

584. Certain differences are easy to give. One lies in foreseeing what the hand will do.

585. The experience of getting to know a new experience. E.g. in writing. When does one say one has become acquainted with a new experience? How does one use such a proposition?

586. Writing is certainly a voluntary movement, and yet an automatic one. And of course there is no question of a feeling of each movement in writing. One feels something, but could not possibly analyse the feeling. One's hand writes; it does not write because one wills, but one wills what it writes.

One does not watch it in astonishment or with interest while writing; does not think "What will it write now?" But not because one had a wish it should write that. For that it writes what I want might very well throw me into astonishment.

587. A child learns to walk, to crawl, to play. It does not learn to play voluntarily and involuntarily. But what makes its movements in play into voluntary movements?—What would it be like if they were involuntary?—Equally, I might ask: what makes this movement into a game?—Its character and its surroundings.

588. Active and passive. Can one give an order to do it or not? This perhaps seems, but is not, a far-fetched distinction. It is like: "Can one (*logical* possibility) decide to do it or not?"—And that means: How is it surrounded by thoughts, feelings, etc.?

589. "When I make an effort, I surely *do* something, I don't merely have a sensation". And that is so; for one tells someone "Make an effort" and he may express his intention: "Now I will make an effort". And if he says "I can't keep it up"—that does not mean "I can't put up with the feeling in my limbs"—e.g. of

Gliedern—den Schmerz z. B.—nicht länger ertragen".—Andererseits aber *leidet* man unter der Anstrengung wie unter Schmerzen. "Ich bin gänzlich erschöpft"—wer das sagte, sich aber so frisch bewegte wie je, den würde man nicht verstehen.

590. Die Verbindung unseres Hauptproblems mit dem epistemologischen Problem des Wollens ist mir schon früher einmal aufgefallen. Wenn in der Psychologie ein solches hartnäckiges Problem auftritt, so ist es nie eine Frage nach der tatsächlichen Erfahrung (eine solche ist immer viel gutmütiger), sondern ein logisches, also eigentlich grammatisches Problem.

591. Mein Benehmen ist eben manchmal Gegenstand meiner Beobachtung, aber doch *selten*. Und das hängt damit zusammen, daß ich mein Benehmen beabsichtige. Selbst wenn der Schauspieler im Spiegel seine eigenen Mienen beobachtet, oder der Musiker genau auf jeden Ton seines Spiels merkt und ihn beurteilt, so geschieht es doch, um seine Handlung danach zu richten.

592. Was heißt es z. B., daß Selbstbeobachtung mein Handeln, meine Bewegungen unsicher macht?
Ich kann mich nicht unbeobachtet beobachten. Und ich beobachte mich nicht zu dem gleichen Zweck wie den Andern.

593. Wenn ein Kind im Zorn mit den Füßen stampft und heult,—wer würde sagen, es täte dies unwillkürlich? Und warum? Warum nimmt man an, es täte dies nicht unwillkürlich? Was sind die *Zeichen* des willkürlichen Handelns? Gibt es solche Zeichen?—Was sind denn die Zeichen der unwillkürlichen Bewegung? Sie folgt Befehlen nicht, wie die willkürliche Handlung. Es gibt ein "Komm her!", "Geh dort hin!", "Mach diese Armbewegung!"; aber nicht "Laß dein Herz klopfen!"

594. Es gibt ein bestimmtes Zusammenspiel von Bewegungen, Worten, Mienen wie den Äußerungen des Unwillens oder der Bereitschaft, die die willkürlichen Bewegungen des normalen Menschen charakterisieren. Wenn man das Kind ruft, so kommt es nicht automatisch: Es gibt da z. B. die Gebärde "Ich will nicht!". Oder das freudige Kommen, den Entschluß zu kommen, das Fortlaufen mit dem Zeichen der Furcht, die Wirkungen des Zuredens, alle die Reaktionen des Spiels, die Zeichen des Überlegens und seine Wirkungen.

pain.—On the other hand, however, one *suffers* from making an effort as from pain. "I am completely exhausted"—if someone said that, but moved as briskly as ever, we should not understand him.

590. The connexion of our main problem with the epistemological problem of willing has occurred to me before. When such an obstinate problem makes its appearance in psychology, it is never a question about facts of experience (such a problem is always much more tractable), but a logical, and hence properly a grammatical question.

591. My own behaviour is sometimes—but *rarely*—the object of my own observation. And this is connected with the fact that I intend my behaviour. Even if an actor observes his own expressions in a glass, or a musician pays close attention to every note he plays and judges it, this is done so as to direct his action accordingly.

592. What does it mean to say e.g. that self-observation makes my action, my movements, uncertain?
I cannot observe myself unobserved. And I do not observe myself for the same purpose as I do someone else.

593. If a child stamps and roars with fury—who would say it was doing so involuntarily? And why? Why does one assume it not to be doing this involuntarily? What are the *tokens* of involuntary action? Are there such tokens?—Then what are the tokens of involuntary movement? It does not obey orders, as voluntary movement does. We have "Come here", "Go over there", "Make this arm-movement"; but not "Make your heart beat".

594. There is a particular interplay of movements, words, expressions of face, as of manifestations of reluctance or readiness, which are characteristic of the voluntary movements of a normal human being. If one calls a child, he does not come automatically: there is e.g. the gesture "I don't want to!" Or coming cheerfully, the decision to come, running away with signs of fear, the effects of being addressed, all the reactions of the game, the signs and the effects of consideration.

595. Wie könnte ich mir beweisen, daß ich meinen Arm willkürlich bewegen kann? Etwa, indem ich mir sage "Ich werde ihn jetzt bewegen" und er sich nun bewegt? Oder soll ich sagen "Einfach, indem ich ihn bewege"? Aber wie weiß ich, daß ich es getan habe, und er sich nicht nur durch Zufall bewegt hat? Fühle ich es am Ende doch? Und wie, wenn mich meine Erinnerung an frühere Gefühle täuschte, und es also gar nicht die richtigen maßgebenden Gefühle waren?! (Und welches sind die Richtigen?) Und wie weiß denn der Andere, ob *ich* den Arm willkürlich bewegt habe? Ich werde ihm vielleicht sagen "Befiehl mir, welche Bewegung du willst, und ich werde sie machen, um dich zu überzeugen".—Und was fühlst du denn in deinem Arm? "Nun, das Gewöhnliche." Es ist nichts Ungewöhnliches an den Gefühlen,—der Arm ist z. B. nicht gefühllos (wie wenn er 'eingeschlafen' wäre).

596. Eine Bewegung meines Körpers, von der ich nicht weiß, daß sie stattfindet oder stattgefunden hat, wird man unwillkürlich nennen.—Wie ist es aber, wenn ich bloß *versuche*, ein Gewicht zu heben, eine Bewegung also nicht stattfindet? Wie wäre es, wenn einer sich unwillkürlich anstrengte, ein Gewicht zu heben? Unter welchen Umständen würde man *dies* Verhalten 'unwillkürlich' nennen?

597. Kann nicht die Ruhe ebenso willkürlich sein, wie Bewegung? Kann das Unterlassen der Bewegung nicht willkürlich sein? Welch besseres Argument gegen ein Innervationsgefühl?

598. Was für ein merkwürdiger Begriff 'versuchen', 'trachten' ist; was man alles 'zu tun trachten' kann! (Sich erinnern, ein Gewicht heben, aufmerken, an nichts denken.) Aber dann könnte man auch sagen: Was für ein merkwürdiger Begriff 'tun' ist! Welches sind die Verwandtschaftsbeziehungen zwischen 'Reden' und 'Denken', zwischen 'Reden' und 'zu sich selbst reden'? (Vergleiche die Verwandtschaftsbeziehungen zwischen den Zahlenarten.)

599. Man zieht ganz andere Schlüsse aus der unwillkürlichen Bewegung, als aus der willkürlichen: das *charakterisiert* die willkürliche Bewegung.

600. Aber wie weiß ich, daß diese Bewegung willkürlich war? —Ich weiß es nicht, ich äußere es.

595. How could I prove to myself that I can move my arm voluntarily? Say by telling myself: "Now I will move it" after which it moves? Or should I say "Simply by moving it"? But how do I know that I did it, and that it did not move just by accident? Do I in the end feel it after all? And suppose my memory of previous feelings were to deceive me and these were not the right feelings to go by! (And which are the right ones?) And how does someone else know whether *I* have moved my arm voluntarily? Perhaps I shall say to him "Order me to make whatever movement you like and, to convince you, I will do it". —And what do you feel in your arm? "Well, the usual feeling". There is nothing unusual about the feelings—the arm isn't without feeling, for example (as if it had 'gone to sleep').

596. If I do not know that a movement of my body is taking place or has taken place, that movement will be called involuntary. —But how about when I merely *try* to lift a weight, and so there is a movement that does not take place? What would it be like if someone involuntarily strained to lift a weight? In what circumstances would one call *this* behaviour 'involuntary'?

597. May not rest be just as voluntary as motion? May not the cessation of movement be voluntary? What better argument against a feeling of innervation?

598. What a queer concept 'to attempt', 'to try', is: what can one not 'try to do'! (One tries to remember, to lift a weight, to attend, to think of nothing). But then it might also be said: What a remarkable concept 'doing' is! What are the relations of affinity between 'talking' and 'thinking', between 'speaking' and 'speaking inwardly'? (Compare the relation of affinity between the kinds of numbers).

599. One draws quite different conclusions from an involuntary movement and from a voluntary: this *characterizes* voluntary movement.

600. But how do I know that this movement was voluntary? —I don't know this, I manifest it.

601. "Ich ziehe so stark, wie ich kann." Wie weiß ich das? Sagt es mir mein Muskelgefühl? Die Worte sind ein Signal; und sie haben eine *Funktion*.

Aber *erlebe* ich denn nichts? Erlebe ich denn nicht etwas? Etwas Spezifisches? Ein spezifisches Gefühl der Anstrengung und des Nicht-weiter-könnens, des Anlangens an der Grenze? Freilich, aber diese Ausdrücke sagen nicht mehr, als "Ich ziehe so stark, wie ich kann."

602. Vergleiche damit diesen Fall: Jemand soll sagen, was er fühlt, wenn ihm ein Gewicht auf der flachen Hand ruht. Ich kann mir nun vorstellen, daß hier ein Zwiespalt entsteht: Einerseits sagt er sich, was er fühle, sei eine Pressung gegen die Handfläche und eine Spannung in den Muskeln seines Arms; anderseits will er sagen: "aber das ist doch nicht alles; ich empfinde doch einen Zug, ein Streben des Gewichts nach unten!"—Empfindet er denn ein solches 'Streben'? Ja: wenn er nämlich an das 'Streben' denkt. Mit dem Wort "Streben" geht hier ein bestimmtes Bild, eine Geste, ein Tonfall; und in diesem siehst du das Erlebnis des Strebens.

(Denke auch daran: Manche Leute sagen, von dem und dem 'gehe ein Fluidum aus'.—Daher fiel uns auch das Wort "*Einfluß*" ein.)

603. Die Unvorhersehbarkeit des menschlichen Benehmens. Wäre sie nicht vorhanden,—würde man dann auch sagen, man könne nie wissen, was im Andern vorgeht?

604. Aber wie wär's, wenn das menschliche Benehmen nicht unvorhersehbar wäre? Wie hat man sich das vorzustellen? (D. h.: wie auszumalen, welche Verbindungen anzunehmen?)

605. Eine der philosophisch gefährlichsten Ideen ist, merkwürdigerweise, daß wir mit dem Kopf oder im Kopf denken.

606. Die Idee vom Denken als einem Vorgang im Kopf, in dem gänzlich abgeschlossenen Raum, gibt ihm etwas Okkultes.

607. Ist das Denken sozusagen ein spezifisch *organischer* Vorgang der Seele—gleichsam ein Kauen und Verdauen in der Seele? Kann man ihn dann durch einen anorganischen Vorgang ersetzen,

601. "I am pulling as hard as I can". How do I know that? Does the feeling in my muscles tell me so? The words are a signal; and they have a *function*.

But then, don't I *experience* anything? Do I experience something, then? Something specific? A specific feeling of straining and not-being-able-to-do-any-more, of reaching the limit? Of course, but these expressions say no more than "I am pulling as hard as I can".

602. Compare this case: Someone is to say what he feels when a weight is resting on his flat hand. Now I can imagine a split here: On the one hand he tells himself that what he feels is a pressure against the surface of his hand and a tension in the muscles of his arm; on the other hand he wants to say: "But that isn't all! I surely feel a pull, a drive downwards on the part of the weight."—Does he then have a sensation of such a 'drive'? Yes: when he thinks of the 'drive'. With the word 'drive' there goes here a particular picture, a gesture, a tone of voice; and in this you can see the experience of the drive.

(Think also of this: Some people say Such-and-such a person 'gives forth a fluid'—This is the source of the word *"influence"*.)

603. The unpredictability of human behaviour. But for this— would one still say that one can never know what is going on in anyone else?

604. But what would it be like if human behaviour were not unpredictable? How are we to imagine this? (That is to say: how should we depict it in detail, what are the connexions we should assume?)

605. One of the most dangerous of ideas for a philosopher is, oddly enough, that we think with our heads or in our heads.

606. The idea of thinking as a process in the head, in a completely enclosed space, gives him something occult.

607. Is thinking a specific *organic* process of the mind, so to speak—as it were chewing and digesting in the mind? Can we replace it by an inorganic process that fulfils the same end,

der den gleichen Zweck erfüllt, sozusagen mit einer Prothese das Denken besorgen? Wie müßte man sich eine Denkprothese vorstellen?

608. Keine Annahme scheint mir natürlicher, als daß dem Assoziieren oder Denken kein Prozeß im Gehirn zugeordnet ist; so zwar, daß es also unmöglich wäre, aus Gehirnprozessen Denkprozesse abzulesen. Ich meine das so: Wenn ich rede oder schreibe, so geht, nehme ich an, ein meinem gesprochenen oder geschriebenen Gedanken zugeordnetes System von Impulsen von meinem Gehirn aus. Aber warum sollte das *System* sich weiter in zentraler Richtung fortsetzen? Warum soll nicht sozusagen diese Ordnung aus dem Chaos entspringen? Der Fall wäre ähnlich dem—daß sich gewisse Pflanzenarten durch Samen vermehrten so daß ein Same immer dieselbe Planzenart erzeugt, von der er erzeugt wurde,—daß aber *nichts* in dem Samen der Pflanze, die aus ihm wird, entspricht; so daß es unmöglich ist, aus den Eigenschaften oder der Struktur des Samens auf die der Pflanze, die aus ihm wird, zu schließen,—daß man dies nur aus seiner *Geschichte* tun kann. So könnte also aus etwas ganz Amorphem ein Organismus sozusagen ursachelos werden; und es ist kein Grund, warum sich dies nicht mit unserem Gedanken, also mit unserem Reden oder Schreiben etc. wirklich so verhalten sollte.

609. Es ist also wohl möglich, daß gewisse psychologische Phänomene physiologisch nicht untersucht werden *können*, weil ihnen physiologisch nichts entspricht.

610. Ich habe diesen Mann vor Jahren gesehen; nun sehe ich ihn wieder, erkenne ihn, erinnere mich seines Namens. Und warum muß es nun für dies Erinnern eine Ursache in meinem Nervensystem geben? Warum muß irgend etwas, was immer, *in irgendeiner Form* dort aufgespeichert worden sein? Warum *muß* er eine Spur hinterlassen haben? Warum soll es keine psychologische Gesetzmäßigkeit geben, der *keine* physiologische entspricht? Wenn das unsere Begriffe von der Kausalität umstößt, dann ist es Zeit, daß sie umgestoßen werden.

611. Das Vorurteil zugunsten des psycho-physischen Parallelismus ist eine Frucht primitiver Auffassungen unserer Begriffe. Denn wenn man Kausalität zwischen psychologischen Erscheinungen zuläßt, die nicht physiologisch vermittelt ist, so denkt man damit das Eingeständnis eines nebelhaften Seelenwesens zu machen.

as it were use a prosthetic apparatus for thinking? How should we have to imagine a prosthetic organ of thought?

608. No supposition seems to me more natural than that there is no process in the brain correlated with associating or with thinking; so that it would be impossible to read off thought-processes from brain-processes. I mean this: if I talk or write there is, I assume, a system of impulses going out from my brain and correlated with my spoken or written thoughts. But why should the *system* continue further in the direction of the centre? Why should this order not proceed, so to speak, out of chaos? The case would be like the following—certain kinds of plants multiply by seed, so that a seed always produces a plant of the same kind as that from which it was produced—but *nothing* in the seed corresponds to the plant which comes from it; so that it is impossible to infer the properties or structure of the plant from those of the seed that comes out of it—this can only be done from the *history* of the seed. So an organism might come into being even out of something quite amorphous, as it were causelessly; and there is no reason why this should not really hold for our thoughts, and hence for our talking and writing.

609. It is thus perfectly possible that certain psychological phenomena *cannot* be investigated physiologically, because physiologically nothing corresponds to them.

610. I saw this man years ago: now I have seen him again, I recognize him, I remember his name. And why does there have to be a cause of this remembering in my nervous system? Why must something or other, whatever it may be, be stored up there *in any form*? Why *must* a trace have been left behind? Why should there not be a psychological regularity to which *no* physiological regularity corresponds? If this upsets our concept of causality then it is high time it was upset.

611. The prejudice in favour of psychophysical parallelism is a fruit of primitive interpretations of our concepts. For if one allows a causality between psychological phenomena which is not mediated physiologically, one thinks one is professing belief in a gaseous mental entity.

612. Denke dir diese Erscheinung: Wenn ich will, daß jemand sich einen Text merkt, den ich ihm vorspreche, so daß er ihn mir später wiederholen kann, muß ich ihm ein Papier und einen Bleistift geben; und während ich spreche, schreibt er Striche, Zeichen auf das Papier; soll er später den Text reproduzieren, so folgt er jenen Strichen mit den Augen und sagt den Text her. Ich nehme aber an, seine Aufzeichnung sei keine *Schrift*, sie hänge nicht durch Regeln mit den Worten des Textes zusammen; und doch kann er ohne diese Aufzeichnung den Text nicht reproduzieren; und wird an ihr etwas geändert, wird sie zum Teil zerstört, so bleibt er beim 'Lesen' stecken oder spricht den Text unsicher oder unzuverlässig oder kann die Worte überhaupt nicht finden.—Das ließe sich doch denken!—Was ich die 'Aufzeichnung' nannte, wäre dann keine *Wiedergabe* des Textes, nicht eine Übersetzung sozusagen in einem anderen Symbolismus. Der Text wäre nicht in der Aufzeichnung *niedergelegt*. Und warum sollte er in unserm Nervensystem niedergelegt sein?

613. Warum soll nicht ein Naturgesetz einen Anfangs- und einen Endzustand eines Systems verbinden, den Zustand zwischen beiden aber übergehen? (Nur denke man nicht an *Wirkung!*)

614. "Wie kommt es, daß ich den Baum aufrecht sehe, auch wenn ich meinen Kopf zur Seite neige, und also das Netzhautbild das eines schiefstehenden Baums ist?" Wie kommt es also, daß ich den Baum auch unter diesen Umständen als einen aufrechten anspreche?—"Nun, ich bin mir der Neigung meines Kopfes bewußt, und ich bringe also die nötige Korrektur an der Auffassung meiner Gesichtseindrücke an."—Aber heißt das nicht, Primäres mit Sekundärem verwechseln? Denke dir, wir wüßten *gar nichts* von der innern Beschaffenheit des Auges,—würde dies Problem überhaupt auftauchen? Wir bringen ja hier in Wahrheit keine Korrekturen an, dies ist ja bloß eine Erklärung.

Wohl——aber da nun die Struktur des Auges einmal bekannt ist,—*wie kommt es*, daß wir so handeln, so reagieren? Aber muß es hier eine physiologische Erklärung geben? Wie, wenn wir sie auf sich beruhen ließen?—Aber so würdest du doch nicht sprechen, wenn du das Verhalten einer Maschine prüftest!—Nun, wer sagt, daß in diesem Sinne das Lebewesen, der tierische Leib eine Maschine ist?—

615. (Ich habe noch nie eine Bemerkung darüber gelesen, daß, wenn man ein Auge schließt und "nur mit einem Auge sieht",

612. Imagine the following phenomenon. If I want someone to take note of a text that I recite to him, so that he can repeat it to me later, I have to give him paper and pencil; while I am speaking he makes lines, marks, on the paper; if he has to reproduce the text later he follows those marks with his eyes and recites the text. But I assume that what he has jotted down is not *writing*, it is not connected by rules with the words of the text; yet without these jottings he is unable to reproduce the text; and if anything in it is altered, if part of it is destroyed, he sticks in his 'reading' or recites the text uncertainly or carelessly, or cannot find the words at all.—This *can* be imagined!—What I called jottings would not be a *rendering* of the text, not so to speak a translation with another symbolism. The text would not be *stored up* in the jottings. And why should it be stored up in our nervous system?

613. Why should there not be a natural law connecting a starting and a finishing state of a system, but not covering the inter-mediary state? (Only one must not think of *causal efficacy*.)

614. "How does it come about that I see the tree standing up straight even if I incline my head to one side, and so the retinal image is that of an obliquely standing tree?" Well, how does it come about that I speak of the tree as standing up straight even in these circumstances?—"Well, I am conscious of the inclina-tion of my head, and so I supply the requisite correction in the way I take my visual impression."—But doesn't that mean confus-ing what is primary and what is secondary? Imagine that we know *nothing at all* of the inner structure of the eye—would this problem altogether disappear? We do not supply any correction here—that explanation is gratuitous.

Well——but now that the structure of the eye is known—*how does it come about* that we act, react, in this way? But must there be a physiological explanation here? Why don't we just leave explaining alone?—But you would never talk like that, if you were examining the behaviour of a machine!—Well, who says that a living creature, an animal body, is a machine in this sense?—

615. (I have never yet read a comment on the fact that when one shuts one eye and "only sees with one eye" one does not

man die Finsternis (Schwärze) nicht zugleich mit dem geschlossenen sieht.)

616. Die Grenzenlosigkeit des Gesichtsraumes ist am klarsten, wenn wir nichts sehen bei vollständiger Dunkelheit.[1]

617. Wie verhält es sich mit dem Blinden; kann ihm ein Teil der *Sprache* nicht erklärt werden? Oder vielmehr nicht *beschrieben* werden?

618. Ein Blinder kann sagen, er sei blind und die Leute um ihn seien sehend. "Ja, aber meint er nicht doch etwas Anderes mit den Worten 'blind' und 'sehend' als der Sehende?" Worauf beruht es, daß man so etwas sagen will? Nun, wenn einer nicht wüßte, wie ein Leopard ausschaut, so könnte er doch sagen und verstehen "Dieser Ort ist sehr gefährlich, es gibt Leoparden dort". Man würde aber doch vielleicht sagen, er weiß nicht, was ein Leopard ist, also nicht oder nur unvollständig, was das Wort "Leopard" bedeutet, bis man ihm einmal ein solches Tier zeigt. Nun kommt es uns mit den Blinden ähnlich vor. Sie wissen sozusagen nicht, wie sehen ist.—Ist nun 'Furcht nicht kennen' analog dem 'nie einen Leoparden gesehen haben'? Das will ich natürlich verneinen.

619. Könnte ich denn nicht z. B. annehmen, daß er etwas Rotes sieht, wenn ich ihn auf den Kopf schlage? Es könnte das ja bei Sehenden einer Erfahrung entsprechen.

Das angenommen, so ist er doch für das praktische Leben blind. D. h., er reagiert nicht wie der normale Mensch. Wenn aber jemand mit den Augen blind wäre, dagegen sich so benähme, daß wir sagen müßten, er sieht mit den Handflächen (dieses Benehmen ist leicht auszumalen), so würden wir ihn als Sehenden behandeln und auch die Erklärung des Wortes 'rot' mit dem Täfelchen würden wir hier für möglich halten.

620. Du gibst jemandem ein Signal, wenn du dir etwas vorstellst; du benützt verschiedene Signale für verschiedene Vorstellungen. —Wie vereinbart ihr, was jedes Signal bedeuten soll?

621. Gehörsvorstellung, Gesichtsvorstellung, wie unterscheiden sie sich von den Empfindungen? Nicht durch "Lebhaftigkeit".

---

[1] S. *Philosophische Bemerkungen* § 224. Herausg.

simultaneously see darkness (blackness) with the one that is shut.)

616. The limitlessness of the visual field is clearest when we are seeing nothing in complete darkness.[1]

617. How is it with a blind man; can one part of *language* not be explained to him? Or rather not be *described*?

618. A blind man can say that he is blind and the people around him sighted. "Yes, but doesn't he after all mean something different from a sighted man when he uses the words 'blind' and 'sighted'?" What is the ground of one's inclination to say so? Well, if someone did not know what a leopard looked like, still he could say and understand "That place is very dangerous, there are leopards there". He would perhaps all the same be said not to know what a leopard is, and so not to know, or not completely, what the word "leopard" means, until he is shewn such an animal. Now it strikes us as being the same with the blind. They don't know, so to speak, what seeing is like.—Now is 'not knowing fear' analogous to 'never having seen a leopard'? That, of course, I want to deny.

619. Might I not e.g. make the assumption that he sees something red when I hit him on the head? This might correspond to an experience in the case of sighted people.

Assuming this, still he is blind for all practical purposes. That is to say he does not react like a normal human being. If, however, someone were blind of eye, but on the other hand so conducted himself that we were forced to say that he saw with the palms of his hands (this behaviour is easy to work out), we should treat him as sighted and should also find possible the use of a sample slip to explain the word 'red' to him.

620. You give someone a signal when you imagine something: you use different signals for different images.—How have you agreed together what each signal is to mean?

621. Auditory images, visual images—how are they distinguished from sensations? Not by "vivacity".

[1] *Philosophische Bemerkungen* § 224. Eds.

Vorstellungen belehren uns nicht über die Außenwelt, weder richtig noch falsch. (Vorstellungen sind nicht Halluzinationen, auch nicht Einbildungen.)

Während ich einen Gegenstand sehe, kann ich ihn mir nicht vorstellen.

Verschiedenheit der Sprachspiele: "Schau die Figur an!" und "Stell dir die Figur vor!"

Vorstellung dem Willen unterworfen.

Vorstellung nicht Bild. Welchen Gegenstand ich mir vorstelle, ersehe ich nicht aus der Ähnlichkeit des Vorstellungsbildes mit ihm.

Auf die Frage "Was stellst du dir vor", kann man mit einem Bild antworten.

622. Man möchte sagen: Der vorgestellte Klang sei in einem andern *Raum* als der gehörte. (Frage: Warum?) Das Gesehene in einem andern Raum, als das Vorgestellte.

Hören ist mit Hinhorchen verbunden; einen Klang sich vorstellen, nicht.

Darum ist der gehörte Klang in einem andern Raum als der vorgestellte.

623. Ich lese eine Geschichte und stelle mir während des Lesens, also während des aufmerksamen Schauens, also deutlichen Sehens, alles mögliche vor.

624. Es könnte Leute geben, die nie den Ausdruck gebrauchen "etwas vor dem inneren Auge sehen", oder einen ähnlichen; und diese könnten doch imstande sein, 'aus der Vorstellung', oder nach der Erinnerung zu zeichnen, zu modellieren, Andere nachzuahmen, etc.. Ein solcher möge auch, ehe er etwas aus der Erinnerung zeichnet, die Augen schließen oder wie blind vor sich hinstarren. Und doch könnte er leugnen, daß er dann vor sich *sieht*, was später zeichnet. Aber wieviel müßte ich auf diese Äußerung geben? Ist nach *ihr* zu beurteilen, ob er eine Gesichtsvorstellung hat? (Nicht nur *danach*. Denk an den Ausdruck: "Jetzt sehe ich es vor mir—jetzt nicht mehr." Es gibt da eine echte Dauer.)

625. Ich hätte früher auch sagen können: Der *Zusammenhang* zwischen Vorstellen und Sehen ist eng; eine *Ähnlichkeit* aber gibt es nicht.

Die Sprachspiele, die diese Begriffe verwenden, sind grundverschieden,—hängen aber zusammen.

Images tell us nothing, either right or wrong, about the external world. (Images are not hallucinations, nor yet fancies).

While I am looking at an object I cannot imagine it.

Difference between the language-games: "Look at this figure!" and: "Imagine this figure!"

Images are subject to the will.

Images are not pictures. I do not tell what object I am imagining by the resemblance between it and the image.

Asked "What image have you?" one can answer with a picture.

622. One would like to say: The imaged is in a different *space* from the heard sound. (Question: Why?) The seen in a different space from the imaged.

Hearing is connected with listening; forming an image of a sound is not.

That is why the heard sound is in a different space from the imagined sound.

623. I read a story and have all sorts of images while I read, i.e. while I am looking attentively, and hence seeing clearly.

624. People might exist who never use the expression "seeing something with the inner eye" or anything like it, and these people might be able to draw and model 'out of imagination' or from memory, to mimic others etc. Such a person might also shut his eyes or stare into vacancy as if blind before drawing something from memory. And yet he might deny that he then *sees* before him what he goes on to draw. But what value need I set on this utterance? Should I judge by *it* whether he has a visual image? (Not *it* alone. Think of the expression: "Now I see it before me—now no longer". Here is genuine duration.)

625. I might also have said earlier: The *tie-up* between imaging and seeing is close; but there is no *similarity*.

The language-games employing these concepts are radically different—but hang together.

626. Unterschied: 'trachten, etwas zu sehen' und 'trachten, sich etwas vorzustellen'. Im ersten Fall sagt man etwa "Schau genau hin!", im zweiten "Schließ die Augen!"

627. Weil das Vorstellen eine Willenshandlung ist, unterrichtet es uns eben nicht über die Außenwelt.

628. Das Vorgestellte nicht im gleichen *Raum* wie das Gesehene. Sehen ist mit Schauen verbunden.

629. "Sehen und Vorstellen sind verschiedene Phänomene."— Die Wörter "sehen" und "vorstellen" haben verschieden Bedeutung! Ihre Bedeutungen beziehen sich auf eine Menge wichtiger Arten und Weisen menschlichen Verhaltens, auf Phänomene des menschlichen Lebens.

630. Sag dir wieder, wenn einer darauf besteht, was er "Gesichtsvorstellung" nennt, sei ähnlich dem Gesichtseindruck: daß er sich vielleicht *irrt*! Oder: Wie, wenn er sich darin irrte? Das heißt: Was weißt du von der Ähnlichkeit seines Gesichtseindrucks und seiner Gesichtsvorstellung?! (Ich rede vom Andern, weil, was von ihm gilt, auch von mir gilt.)

Was weißt du also von dieser Ähnlichkeit? Sie äußert sich nur in den Ausdrücken, die er zu gebrauchen geneigt ist; nicht in dem, was er mit diesen Ausdrücken sagt.

631. "Es ist gar kein Zweifel: die Gesichtsvorstellung und der Gesichtseindruck sind von derselben Art!" Das mußt du aus deiner eigenen Erfahrung wissen; und dann ist es also etwas, was für dich stimmen mag und für andere nicht. (Und das gilt natürlich auch für mich, wenn *ich* es sage.)

632. Wenn wir uns etwas vorstellen, beobachten wir nicht. Daß die Bilder kommen und vergehen, *geschieht* uns nicht. Wir sind nicht überrascht von diesen Bildern und sagen "Sieh da!..." (Gegensatz z. B. zu den Nachbildern.)

633. Wir 'verscheuchen' nicht Gesichtseindrücke, aber Vorstellungen. Und wir sagen von jenen auch nicht, wir könnten sie *nicht* verscheuchen.

634. Wenn Einer wirklich sagte "Ich weiß nicht, sehe ich jetzt einen Baum, oder stelle ich mir einen vor", so würde ich zunächst glauben, er meine: "oder bilde ich mir nur ein, es stehe dort

626. A difference: 'trying to see something' and 'trying to form an image of something'. In the first case one says: "Look, just over there!", in the second "Shut your eyes!"

627. It is just because forming images is a voluntary activity that it does not instruct us about the external world.

628. What is imaged is not in the same *space* as what is seen. Seeing is connected with looking.

629. "Seeing and imaging are different phenomena".—The words "seeing" and "imaging" have different meanings. Their meanings relate to a host of important kinds of human behaviour, to phenomena of human life.

630. If someone insists that what he calls a "visual image" is like a visual impression, say to yourself once more that perhaps he is *making a mistake*. Or: Suppose he is making a mistake. That is to say: What do you know about the resemblance of his visual impression and his visual image?! (I speak of others because what goes for them goes for me too).

So what do you know about this resemblance? It is manifested only in the expressions which he is inclined to use; not in something he uses those expressions to say.

631. "There's no doubt at all: visual images and visual impressions are of the same kind!" That must be something you know from your own experience; and in that case it is something that may be true for you and not for other people. (And this of course holds for me too, if *I* say it).

632. When we form an image of something we are not observing. The coming and going of the pictures is not something that *happens* to us. We are not surprised by these pictures, saying "Look!" (Contrast with e.g. after-images).

633. We do not 'banish' visual impressions, as we do images. And we don't say of the former, either, that we might *not* banish them.

634. If someone really were to say "I don't know whether I am now seeing a tree or having an image of it", I should at first think he meant: "or just fancying that there is a tree over there".

einer". Meint er das nicht, so könnte ich ihn überhaupt nicht verstehen—wollte mir aber jemand diesen Fall erklären und sagte "Er hat eben so außergewöhnlich lebhafte Vorstellungen, daß er sie für Sinneseindrücke halten kann"—verstünde ich es jetzt?

635. Muß man aber hier unterscheiden: (a) mir das Gesicht eines Freundes z. B. vorstellen, aber nicht in dem Raum, der mich umgibt—(b) mir an dieser Wand dort ein Bild vorstellen?
Man könnte auf die Aufforderung "Stell dir dort drüben einen runden Fleck vor" sich einbilden, wirklich einen dort zu sehen.

636. Das 'Vorstellungsbild' tritt nicht dort ins Sprachspiel ein, wo man es vermuten möchte.

637. Ich lerne den Begriff 'sehen' mit dem Beschreiben dessen, was ich sehe. Ich lerne beobachten und das Beobachtete beschreiben. Ich lerne den Begriff 'vorstellen' in einer andern Verbindung. Die Beschreibungen des Gesehenen und des Vorgestellten sind allerdings von derselben Art, und eine Beschreibung könnte sowohl das Eine wie auch das Andere sein; aber sonst sind die Begriffe durchaus verschieden. Der Begriff des Vorstellens ist eher wie der eines Tuns, als eines Empfangens. Das Vorstellen könnte man einen schöpferischen Akt nennen. (Und nennt es ja auch so.)

638. "Ja, aber die Vorstellung selbst, so wie der Gesichtseindruck ist doch das innere Bild, und *du* redest nur von den Verschiedenheiten der Erzeugung, Entstehung, Behandlung des Bildes." Die Vorstellung ist nicht ein Bild, noch ist der Gesichtseindruck eines. Weder 'Vorstellung' noch 'Eindruck' ist ein Bildbegriff, obwohl in beiden Fällen ein Zusammenhang mit einem Bild statt hat, und jedes Mal ein anderer.

639. Was *nennst* du "Erlebnisinhalt" des Sehens, was "Erlebnisinhalt" der Vorstellung?

640. "Aber könnte ich mir nicht einen Erlebnisinhalt denken von der Art der visuellen Vorstellung, aber dem Willen nicht unterworfen, in dieser Beziehung also wie der Gesichtseindruck?"

641. (Daß man nämlich die Willenshandlung des Vorstellens nicht mit der Bewegung des Körpers vergleichen kann, ist klar; denn, ob die Bewegung stattgefunden hat, das zu beurteilen sind auch Andere befähigt; während es bei der Bewegung meiner

If he does not mean this, I couldn't understand him at all—but if someone tried to explain this case to me and said "His images are of such extraordinary vivacity that he can take them for impressions of sense"—should I understand it then?

635. But must one not distinguish here: (a) forming the image of a human face, for example, but not in the space that surrounds me—(b) forming an image of a picture on that wall over there?

At the request "Imagine a round spot over there" one might fancy that one really was seeing one there.

636. The 'imagination-picture' does not enter the language-game in the place where one would like to surmise its presence.

637. I learn the concept 'seeing' along with the description of what I see. I learn to observe and to describe what I observe. I learn the concept 'to have an image' in a different context. The descriptions of what is seen and what is imaged are indeed of the same kind, and a description might be of the one just as much as of the other; but otherwise the concepts are thoroughly different. The concept of imaging is rather like one of doing than of receiving. Imagining might be called a creative act. (And is of course so called).

638. "Yes, but the image itself, like the visual impression, is surely the inner picture, and *you* are talking only of differences in the production, the coming to be, and in the treatment of the picture." The image is not a picture, nor is the visual impression one. Neither 'image' nor 'impression' is the concept of a picture, although in both cases there is a tie-up with a picture, and a different one in either case.

639. What do you *call* the "experiential content" of seeing, what the "experiential content" of imaging?

640. "But couldn't I imagine an experiential content of the same kind as visual images, but not subject to the will, and so in this respect like visual impressions?"

641. (Clearly the voluntary act of forming images cannot be compared with moving the body; for someone else is also competent to judge whether the movement has taken place; whereas with the movement of my images the whole point would always

Vorstellungen immer nur darauf ankäme, was ich zu sehen behaupte,—was immer irgend ein Anderer sieht. Es würden also die sich bewegenden wirklichen Gegenstände aus der Betrachtung herausfallen, da es auf sie gar nicht ankäme.)

642. Sagte man also: "Vorstellungen sind innere Bilder, ähnlich oder ganz so wie meine Gesichtseindrücke, nur meinem Willen untertan"—so hätte das vorerst noch keinen Sinn.

Denn wenn einer zu berichten gelernt hat, was er dort sieht, oder was ihm dort zu sein *scheint*, so ist es doch nicht klar, was der Befehl bedeute, er solle jetzt *das* dort sehen, oder es solle ihm jetzt *das* dort zu sein scheinen.

643. "Durch den bloßen Willen bewegen", was heißt es? Etwa, daß die Vorstellungsbilder meinem Willen immer genau folgen, während meine zeichnende Hand, mein Bleistift, das nicht tut? Immerhin wäre es ja dann doch möglich zu sagen: "Für gewöhnlich stelle ich mir ganz genau vor, was ich will; heute ist es anders ausgefallen." Gibt es denn ein 'Mißlingen der Vorstellung'?

644. Ein Sprachspiel umfaßt ja den Gebrauch *mehrerer* Wörter.

645. Nichts könnte falscher sein als zu sagen, Sehen und Vorstellen seien verschiedene Tätigkeiten. Das ist, als sagte man im Schach ziehen und verlieren seien verschiedene Tätigkeiten.

646. Wenn wir als Kinder die Worte "sehen", "schauen", "vorstellen" gebrauchen lernen, so spielen bei dieser Abrichtung Willenshandlungen und Befehle eine Rolle. Aber für jedes der drei Wörter eine Andere. Das Sprachspiel "Schau!" und "Stell dir . . . . vor!"—Wie soll ich sie nur vergleichen?—Wenn wir jemanden abrichten wollen, daß er auf den Befehl "Schau . . . .!" reagiert, und dazu, daß er den Befehl "Stell dir . . . . vor!" versteht, so müssen wir ihn doch offenbar ganz Anderes lehren. Reaktionen, die zu diesem Sprachspiel gehören, gehören zu jenem nicht. Ja, ein enger Zusammenhang der Sprachspiele ist natürlich da, aber eine Ähnlichkeit?—Stücke des einen sind Stücken des andern ähnlich, aber die ähnlichen Stücke sind nicht homolog.

647. Ich könnte mir etwas Ähnliches für wirkliche Spiele denken.

be what I said I saw—whatever anyone else sees. So really moving objects would drop out of consideration, since no such thing would be in question).

642. If then one said: "Images are inner pictures, resembling or exactly like my visual impressions, only subject to my will"—the first thing is that this doesn't yet make sense.

For if someone has learnt to report what he sees over there, or what *seems* to him to be over there, it surely isn't clear to him what it would mean if he were ordered now to see *this* over there, or now to have *this* seem to him to be over there.

643. "To move by pure will"—What does that mean? That the image-pictures always exactly obey my will, whereas my hand in drawing, my pencil, does not? All the same in that case it would be possible to say: "Usually I form images of exactly what I want to; today it has turned out differently". Is there such a thing as 'images not coming off'?

644. A language-game comprises the use of *several* words.

645. Nothing could be more mistaken than to say: seeing and forming an image are different activities. That is as if one were to say that moving and losing in chess were different activities.

646. When we learn as children to use the words "see", "look", "image", voluntary actions and orders play a part in this training. But a different one for each of the three words. The language-game "Look" and "Form an image of . . ."—how am I ever to compare them?—If we want to train someone to react to the order "Look . . ." and to understand the order "Form an image of . . ." we must obviously teach him quite differently. Reactions which belong to the latter language-game do not belong to the former. There is of course a close tie-up of these language-games; but a resemblance?—Bits of one resemble bits of the other, but the resembling bits are not homologous.

647. I could imagine something similar for actual games.

648. Ein Sprachspiel analog einem Teil eines andern. Ein Raum in begrenzte Stücke eines Raums projiziert. Ein 'löchriger' Raum. (Zu "Innen und Aussen".)

649. Denken wir uns eine Variante des Tennisspiels: es wird in die Regeln dieses Spiels die aufgenommen, der Spieler habe sich bei gewissen Spielhandlungen das und das *vorzustellen*! (Der Zweck dieser Regel sei, das Spiel zu erschweren.) Der erste Einwand ist: man könne in diesem Spiel zu leicht schwindeln. Aber dem wird mit der Annahme begegnet, das Spiel werde nur von ehrlichen und zuverlässigen Menschen gespielt. Hier haben wir also ein Spiel mit innern Spielhandlungen.—
Welcher Art ist nun die innere Spielhandlung, worin besteht sie? Darin, daß er—der Spielregel gemäß—sich . . . . . vorstellt. —Könnte man aber nicht auch sagen: *Wir wissen nicht*, welcher Art die innere Spielhandlung ist, die er der Regel gemäß ausführt; wir kennen nur ihre Äußerungen? Die innere Spielhandlung sei ein X, dessen Natur wir nicht kennen. Oder: Es gebe auch hier nur äußere Spielhandlungen: die Mitteilung der Spielregel und das, was man die 'Äußerung des innern Vorgangs' nennt.—— Nun, kann man das Spiel nicht auf alle drei Arten beschreiben? Auch das mit dem 'unbekannten' X ist eine ganz mögliche Beschreibungsart. Der eine sagt, die sogenannte 'innere' Spiel-handlung sei mit einer Spielhandlung im gewöhnlichen Sinne nicht vergleichbar—der Andre sagt, sie *sei* mit einer solchen vergleichbar—der Dritte: sie sei vergleichbar nur mit einer Handlung, die im Geheimen geschieht, und die niemand kennt, als der Handelnde.
Wichtig ist für uns, daß wir die *Gefahren* des Ausdrucks "innere Spielhandlung" sehen. Er ist gefährlich, weil er Verwirrung anrichtet.

650. Erinnerung: "Ich sehe uns noch an jenem Tisch sitzen".— Aber habe ich wirklich das gleiche Gesichtsbild—oder eines von denen, welche ich damals hatte? Sehe ich auch gewiß den Tisch und meinen Freund vom gleichen Gesichtspunkt wie damals, also mich selbst nicht?——Mein Erinnerungsbild ist nicht Evidenz jener vergangenen Situation; wie eine Photographie es wäre, die, damals aufgenommen, mir jetzt bezeugt, daß es damals so war. Das Erinnerungsbild und die Erinnerungsworte stehen auf *gleicher* Stufe.

648. One language-game analogous to a fragment of another. One space projected into a limited extent of another. A 'gappy' space. (For "inner and outer".)

649. Let us imagine a variant of tennis: it is included in the rules of this game that the player has to *form such-and-such images* as he performs certain moves in the game. (Let the purpose of this rule be to make the game more difficult.) The first objection is: it is too easy to cheat in this game. But this is met by the assumption that the game is played only by honest and reliable people. So here we have a game with inner moves of the game.—
What sort of move is the inner move of the game, what does it consist in? In this, that—according to the rule—he forms an image of. . . .—But might it not also be said: We *do not know* what kind of inner move of the game he does perform according to the rule; we only know its manifestations. Let the inner move of the game be an X, whose nature we do not know. Or again: Even here there are only external moves of the game; the communication of the rule and what is called the 'manifestation of the inner process'.——Now may one not describe the game in all three different ways? Even the one with the 'unknown' X is a quite possible kind of description. One man says that the so-called 'inner' move in the game is not comparable with a move in the game in the ordinary sense—the next says it *is* so comparable—and the third: it is comparable only with an action happens in secret and which no one knows but the agent.
It is important for us to see the *dangers* of the expression "inner move of the game". It is dangerous because it produces confusion.

650. Memory: "I see us still, sitting at that table".—But have I really the same visual image—or one of those that I had then? Do I also certainly see the table and my friend from the same point of view as then, and so not see myself?——My memory-image is not evidence for that past situation, like a photograph which was taken then and convinces me now that this was how things were then. The memory-image and the memory-words stand on the *same* level.

651. Das Achselzucken, Kopfschütteln, Nicken u.s.f. nennen wir Zeichen vor allem darum, weil sie in dem Gebrauch unsrer *Wortsprache* eingebettet sind.

652. Wenn man es für selbstverständlich hält, daß der Mensch sich an seiner Phantasie vergnügt, so bedenke man, daß die Phantasie nicht einem gemalten Bild, einer Plastik oder einem Film entspricht, sondern einem komplexen Gebilde aus heterogenen Bestandteilen—Zeichen und Bildern.

653. Manche Menschen erinnern sich an ein musikalisches Thema in der Weise, daß das Notenbild vor ihnen auftaucht, und sie es herunterlesen.
Es wäre denkbar, daß, was wir "Erinnern" bei einem Menschen nennen, darin bestünde, daß er sich im Geiste ein Buch nachschlagen sähe, und daß, was er in diesem Buch liest, eben das Erinnerte wäre. (Wie *reagiere* ich auf eine Erinnerung?)

654. Kann man ein Erinnerungserlebnis beschreiben?—Gewiß.
—Aber kann man das Erinnerungshafte an diesem Erlebnis beschreiben? *Was heißt das?* (Das unbeschreibliche Aroma.)

655. "Ein Bild (Vorstellungsbild, Erinnerungsbild) der Sehnsucht". Man denkt, man habe schon alles damit getan, daß man von einem 'Bild' redet; denn die Sehnsucht ist eben ein Bewußtseinsinhalt, und dessen Bild ist etwas, was ihm (sehr) ähnlich ist, wenn auch undeutlicher als das Original.
Und man könnte ja wohl von einem, der die Sehnsucht auf dem Theater spielt, sagen, er erlebe oder habe ein Bild der Sehnsucht: nämlich nicht als *Erklärung* seines Handelns, sondern zu dessen Beschreibung.

656. Sich eines Gedankens schämen. Schämt man sich dessen, daß man den und den Satz zu sich selbst in der Vorstellung gesprochen hat?
Die Sprache hat eben eine vielfache Wurzel; sie hat Wurzeln, nicht *eine* Wurzel. [*Randbemerkung:* ((Sich eines Gedankens, einer Absicht erinnern.)) *Keim.*]

657. "Es schmeckt genau wie Zucker". Wie kommt es, daß ich dessen so sicher sein kann? Und zwar auch, wenn es sich dann als falsch herausstellt.—Und was erstaunt mich daran? Daß ich den Begriff Zucker in eine so *feste* Verbindung mit der Geschmacksempfindung bringe. Daß ich die Substanz Zucker direkt im Geschmack zu erkennen scheine.

651. Shrugging of shoulders, head-shakes, nods and so on we call signs first and foremost because they are embedded in the use of our *verbal language*.

652. If one takes it as obvious that a man takes pleasure in his own fantasies, let it be remembered that fantasy does not correspond to a painted picture, to a sculpture or a film, but to a complex formation out of heterogeneous components—signs and pictures.

653. Some men recall a musical theme by having an image of the score rise before them, and reading it off.

It could be imagined that what we call "memory" in some man consisted in his seeing himself looking things up in a book in spirit, and that what he read in that book was what he remembered. (How do I *react* to a memory?)

654. Can a memory-experience be described?—Certainly.— But can what is memory-like about this experience be described? *What does that mean?* (The indescribable aroma.)

655. "A picture (imagination-picture, memory-image) of longing." One thinks one has already done everything by speaking of a 'picture'; for longing is a content of consciousness, and a picture of it is something that is (very) like it, even though less clear than the original.

And it might well be said of someone who plays longing on the stage, that he experiences or has a picture of longing: not as an *explanation* of his action, but as a description of it.

656. To be ashamed of a thought. Is one ashamed at the fact that one has spoken such-and-such a sentence in one's imagination?

Language is variously rooted; it has roots, not a single root. [*Marginal note*: ((Remembering a thought, an intention.)) A *seed*.]

657. "It tastes exactly like sugar." How is it I can be so sure of this? Even if it turns out wrong.—And what astonishes me about it? That I bring the concept sugar into so *firm* a connexion with the taste sensation. That I seem to recognize the substance sugar directly in the taste.

Aber statt des Ausdrucks "Es schmeckt genau . . . ." könnte ich ja primitiver "Zucker!" ausrufen. Und kann man denn sagen, bei dem Wort 'schwebe mir die Substanz Zucker vor'? Wie tut sie das?

658. Kann ich sagen, dieser Geschmack brächte gebieterisch den Namen "Zucker" mit sich; oder aber das Bild eines Stücks Zucker? Keines von beiden scheint richtig. Ja, gebieterisch ist das Verlangen nach dem Begriff 'Zucker' allerdings und zwar ebenso, wie nach dem Begriff 'rot', wenn wir ihn zur Beschreibung des Gesehenen verwenden.

659. Ich erinnere mich, daß Zucker so geschmeckt hat. Es kommt mir das Erlebnis zurück ins Bewußtsein. Aber freilich: wie weiß ich, daß es das frühere Erlebnis ist? Das Gedächtnis hilft mir da nicht mehr. Nein, diese Worte,—das Erlebnis komme zurück . . . . ,—sind nur eine Umschreibung, keine Beschreibung des Erinnerns.

Aber wenn ich sage "Es schmeckt genau wie Zucker", so findet in einem wichtigen Sinne gar kein Erinnern statt. Ich *begründe* also mein Urteil oder meinen Ausruf *nicht*. Wer mich fragt, "Was meinst du mit 'Zucker'?"—dem werde ich allerdings ein Stück Zucker zu zeigen trachten. Und wer fragt "Wie weißt du, daß Zucker so schmeckt", werde ich allerdings antworten "ich habe tausende Male Zucker gegessen"—aber das ist nicht eine Rechtfertigung, die ich mir selbst gebe.

660. "Es schmeckt wie Zucker." Man erinnert sich genau und mit Sicherheit, wie Zucker schmeckt. Ich sage nicht "Ich glaube, so schmeckt Zucker". Welch merkwürdiges Phänomen! Eben das Phänomen des Gedächtnisses.—Aber ist es richtig, es ein merkwürdiges Phänomen zu nennen?

Es ist ja nichts weniger als merkwürdig. Jene Sicherheit ist ja nicht (um ein Haar) merkwürdiger, als es die Unsicherheit wäre. Was ist denn merkwürdig? Das, daß ich mit Sicherheit sage "Das schmeckt wie Zucker"? oder, daß es dann wirklich Zucker ist? Oder, daß andere dasselbe finden?

Wenn das sichere Erkennen des Zuckers merkwürdig ist, so wäre es also das Nichterkennen weniger.

661. "Welcher seltsame und furchtbare Laut. Ich werde ihn nie vergessen." Und warum sollte man das nicht vom Erinnern

But instead of the expression "It tastes exactly . . ." I might more primitively exclaim "Sugar!" And can it be said that 'the substance sugar comes before my mind' at the word? How does it do that?

658. Can I say that this taste brought the name "sugar" along with it in a peremptory fashion? Or the picture of a lump of sugar? Neither seems right. The demand for the concept 'sugar' is indeed peremptory, just as much so, indeed, as the demand for the concept 'red' when we use it to describe what we see.

659. I remember that sugar tasted like this. The experience returns to consciousness. But, of course: how do I know that this was the earlier experience? Memory is no more use to me here. No, in those words—that the experience returns to consciousness. . . .,—I am only transcribing my memory, not describing it.
But when I say "It tastes exactly like sugar", in an important sense no remembering takes place. So I do *not have grounds for* my judgment or my exclamation. If someone asks me "What do you mean by 'sugar'?"—I shall indeed try to shew him a lump of sugar. And if someone asks "How do you know that sugar tastes like that?" I shall indeed answer him "I've eaten sugar thousands of times"—but that is not a justification that I give myself.

660. "It tastes like sugar". One remembers exactly and with certainty what sugar tastes like. I do not say "I believe sugar tastes like this". What a remarkable phenomenon! It just is the phenomenon of memory.—But is it right to call it a remarkable phenomenon?
It is anything but remarkable. That certainty is not (by a hair's breadth) more remarkable than uncertainty would be. For what is remarkable? My saying with certainty "This tastes like sugar", or its then really being sugar? Or that other people find the same thing?
If the certain recognition of sugar is remarkable, then the failure to recognise it would be less so.

661. "What a queer and frightful sound. I shall never forget it". And why should one not be able to say that of remembering

sagen können ("Welche seltsame . . . . Erfahrung . . . ."), wenn man zum ersten Mal in die Vergangenheit gesehen hat?—

662. Erinnern: ein Sehen in die Vergangenheit. *Träumen* könnte man so nennen, wenn es uns Vergangenes vorführt. Nicht aber Erinnern; denn auch wenn es uns Szenen mit halluzinatorischer Klarheit zeigte, so lehrt es uns nun doch erst, daß dies das Vergangene sei.

663. Aber wenn uns nun das Gedächtnis die Vergangenheit zeigt, wie zeigt es uns, daß es die Vergangenheit ist?
Es zeigt uns eben *nicht* die Vergangenheit. So wenig, wie unsere Sinne die Gegenwart.

664. Man kann auch nicht sagen, sie teile uns die Vergangenheit mit. Denn selbst, wäre das Gedächtnis eine hörbare Stimme, die zu uns spräche,—wie könnten wir sie verstehen? Sagt sie uns z. B. "Gestern war schönes Wetter", wie kann ich lernen, was "gestern" bedeutet?

665. Ich führe mir selbst nur *so* etwas vor, wie ich es auch den Andern vorführe.

666. Ich kann dem Andern mein gutes Gedächtnis vorführen, und auch mir selbst vorführen. Ich kann mich selbst ausfragen. (Vokabeln, Daten.)

667. Aber wie führe ich mir das Erinnern vor? Nun, ich frage mich "Wie verbrachte ich den heutigen Morgen?" und antworte mir darauf.—Aber was habe ich mir nun eigentlich vorgeführt? War es das Erinnern? Nämlich, wie das ist, sich an etwas zu erinnern?—Hätte ich denn damit einem *Andern* das Erinnern vorgeführt?

668. Die Bedeutung eines Wortes vergessen—sich wieder an sie erinnern. Was für Vorgänge gibt es da? An was erinnert man sich, was fällt einem da ein, wenn man sich wieder daran erinnert, was das englische Wort "perhaps" bedeutet.

669. Wenn man mich fragt: "Weißt du das ABC?" und ich antworte mit "ja", so sage ich doch nicht, daß ich jetzt im Geist das ABC durchgehe, oder in einem besondern Gemütszustand bin, der irgendwie dem Hersagen des ABC äquivalent ist.

("What a queer . . . experience . . .") when one has seen into the past for the first time?—

662. Remembering: a seeing into the past. *Dreaming* might be called that, when it presents the past to us. But not remembering; for, even if it shewed scenes with hallucinatory clarity, still it takes remembering to tell us that this is past.

663. But if memory shews us the past, how does it shew us that it is the past?
It does *not* shew us the past. Any more than our senses shew us the present.

664. Nor can it be said to communicate the past to us. For even supposing that memory were an audible voice that spoke to us —how could we understand it? If it tells us e.g. "Yesterday the weather was fine", how can I learn what "yesterday" means?

665. I give myself an exhibition of something only *in the same way* as I give one to other people.

666. I can display my good memory to someone else and also to myself. I can subject myself to an examination. (Vocabulary, dates).

667. But how do I give myself an exhibition of remembering? Well, I ask myself "How did I spend this morning?" and give myself an answer.—But what have I really exhibited to myself? Remembering? That is, what it's like to remember something?— Should I have exhibited remembering to *someone else* by doing that?

668. Forgetting the meaning of a word—and then remembering it again. What sort of processes go on here? What does one remember, what occurs to one, when one recalls what the French word "peut-être" means?

669. If I am asked "Do you know the ABC?" and I answer "Yes" I am not saying that I am now going through the ABC in my mind, or that I am in a special mental state that is somehow equivalent to the recitation of the ABC.

670. Man kann doch einen Spiegel besitzen; besitzt man dann auch das Spiegelbild, das sich in ihm zeigt?

671. Etwas sagen, ist eine Tätigkeit, geneigt sein, etwas zu sagen, ein *Zustand*. "Aber warum besteht der?"—Gib dir darüber Rechenschaft, wie der Ausdruck verwendet wird!

672. "Solange die Temperatur des Stabes nicht unter . . . . . herabsinkt, kann man ihn schmieden." Es hat also Sinn zu sagen: "ich kann ihn von 5 bis 6 Uhr schmieden". Oder: "Ich kann von 5 bis 6 Schach spielen", d. h., ich habe von 5 bis 6 Zeit. —"Solange mein Puls nicht unter . . . . herabsinkt, kann ich die Rechnung ausführen." Diese Rechnung braucht 1½ Minuten; wielange braucht es aber: sie ausführen *können*? Und wenn du sie eine Stunde lang rechnen *kannst*, fängst du da immer wieder von Frischem an?

673. Die Aufmerksamkeit ist dynamisch, nicht statisch—möchte man sagen. Ich vergleiche das Aufmerken zuerst mit einem Hinstarren: das ist es aber nicht, was ich Aufmerksamkeit nenne; und will nun sagen, ich finde, man *könne* nicht statisch aufmerken.

674. Wenn ich in einem bestimmten Falle sage: die Aufmerksamkeit besteht in der Bereitschaft, jeder kleinsten Bewegung, die sich zeigen mag, zu folgen,—so siehst du schon, daß die Aufmerksamkeit nicht das starre Hinschauen ist, sondern ein Begriff anderer Art.

675. Zustände: 'Einen Berg ersteigen können', kann man einen Zustand meines Körpers nennen. Ich sage: "Ich kann hinaufsteigen—ich meine: ich bin stark genug dazu". Vergleiche damit diesen Zustand des Könnens: "Ja, ich kann dorthin gehen—ich meine: ich habe Zeit dazu."

676. Welche Rolle spielen falsche Sätze in einem Sprachspiel? Ich glaube, es gibt verschiedene Fälle.

(1) Einer hat die Signallaternen an einer Straßenkreuzung zu beobachten, und einem Andern zu sagen, welche Farben sie zeigen. Er verspricht sich dabei und sagt die falsche Farbe.

(2) Es werden meteorologische Beobachtungen angestellt und nach gewissen Regeln aus ihnen das Wetter für den nächsten Tag vorhergesagt. Die Vorhersage trifft ein oder nicht.

Im ersten Fall kann man sagen, er spielt falsch; im zweiten nicht—wie ich seinerzeit glaubte.

670. One can own a mirror; does one then own the reflection that can be seen in it?

671. Saying something is an activity, being inclined to say something a *state*. "But why does it exist?"—Give yourself an account of how the expression is used.

672. "So long as the temperature of the rod does not fall below . . . it can be forged." So it makes sense to say: "I can forge it from five till six o'clock." *Or*: "I can play chess from five till six," i.e. I have time from five till six.—"So long as my pulse does not fall below . . . I can do the calculation." This calculation takes one and a half minutes; but how long does *being able to do* it take? And if you *can* do it for an hour, do you keep on starting afresh?

673. Attention is dynamic, not static—one would like to say. I begin by comparing attention to gazing but that is not what I call attention; and now I want to say that I find it is *impossible* that one should attend statically.

674. If in a particular case I say: attention consists in preparedness to follow each smallest movement that may appear—that is enough to shew you that attention is not a fixed gaze: no, this is a concept of a different kind.

675. States: 'Being able to climb a mountain' may be called a state of my body. I say: "I can climb it—I mean I am strong enough." Compare with this the following condition of being able. "Yes, I can go there"—I mean I have enough time.

676. What is the role of false propositions in a language-game? I believe there are various cases.

(1) Someone has to observe the signal lights at a street-crossing and to tell someone else what colours are shewing. He makes a slip of the tongue and says the wrong colour.

(2) Meteorological observations are put in train and the weather for the next day is predicted from them by certain rules. The prediction comes off or does not.

In the first case one can say he plays wrong; in the second one cannot—as at one time I thought.

Man wird hier (nämlich) von einer Frage geplagt, die etwa so lautet: Gehört die Verifikation noch (mit) zum Sprachspiel?

677. Ich behaupte: "Wenn *dies* eintrifft, so wird *das* eintreffen. Habe ich darin Recht, so zahlst du mir einen Schilling, habe ich Unrecht, so zahle ich dir einen, bleibt es unentschieden, so zahlt keiner." Das könnte man auch so ausdrücken: Der Fall, in welchem die Prämisse *nicht* eintrifft, interessiert uns nicht, wir reden nicht von ihm. Oder auch: es ist uns hier nicht natürlich, die Wörter "ja" und "nein" so zu gebrauchen, wie in dem Fall (und solche Fälle gibt es), in welchem uns die materielle Implikation interessiert. Mit "Nein" wollen wir hier sagen "p und nicht q", mit "Ja" nur "p und q". Es gibt keinen Satz vom ausgeschlossenen Dritten, der *so* lautet: Du gewinnst die Wette oder verlierst sie—ein Drittes gibt es nicht.

678. Einer wirft im Würfelspiel etwa 5, dann 4 und sagt "Hätte ich bloß statt der 5 eine 4 geworfen, so hätte ich gewonnen"! Die Bedingtheit ist nicht physikalisch sondern nur mathematisch, denn man könnte antworten: "Hättest du zuerst 4 geworfen,— wer weiß, was du danach geworfen hättest!"

679. Sagst du nun "Die Verwendung des Konjunktivs beruht auf dem Glauben an ein Naturgesetz"—so kann man entgegnen: "Sie *beruht* nicht auf diesem Glauben; sie und dieser Glaube stehen auf gleicher Stufe." (Ich hörte im Film einen Vater zu seiner Tochter sagen, er hätte eine Andre zur Frau nehmen sollen: "*Sie* hätte deine Mutter sein sollen"! Warum ist das unrichtig?)

680. Das Schicksal steht im Gegensatz zum Naturgesetz. Das Naturgesetz will man ergründen und verwenden, das Schicksal nicht.

681. "Wenn p eintrifft, so trifft q ein" könnte man eine bedingte Vorhersage nennen. D. h.: für den Fall nicht-p mache ich *keine* Vorhersage. Aber darum wird, was ich sage, durch "nicht-p und nicht-q" auch nicht wahrgemacht.

Oder auch *so*: es gibt bedingte Vorhersagen, und "p impliziert q" ist *keine* solche.

682. Den Satz "Wenn p eintrifft, so trifft q ein", will ich "S" nennen.—"S oder nicht-S" ist eine Tautologie: aber ist es (auch) der Satz vom ausgeschlossenen Dritten?—Oder auch so: Wenn

Here one is tormented by a question running something like: Is the verification too part of the language-game?

677. I assert: "If *this* happens, *that* will happen. If I am right, you pay me a shilling, if I am wrong, I pay you one, if it remains undecided, neither pays". This might also be expressed like this: The case in which the antecedent does *not* come true does not interest us, we aren't talking about it. Or again: we do not find it natural to use the words "yes" and "no" in the same way as in the case (and there are such cases) in which we are interested in the material implication. By "No" we mean here "p and not q", by "Yes", only "p and q". There is no law of excluded middle running: Either you win the bet or you lose it—there is no third possibility.

678. Someone playing at dice throws first five, then four and says "If only I'd thrown a four instead of the five I'd have won!" The condition is not physical but only mathematical, for one might reply: "If you had thrown a four first,—who knows what you would have thrown after?"

679. If you say now "The use of the subjunctive is founded on belief in natural law—the rejoinder may be: "It is not *founded* on that belief; it and that belief are on the same level". (In a film I heard a father tell his daughter that he ought to have married a different woman: "*She* ought to have been your mother"! Why is this wrong?)

680. Fate stands in contrast to natural law. One seeks to find grounds for natural law and to use it, but not fate.

681. "If p occurs, then q occurs" might be called a conditional prediction. That is, I make *no* prediction for case not-p. But for that reason what I say also remains unverified by "not-p and not-q".

Or even: there are conditional predictions and "p implies q" is *not* one.

682. I will call the sentence "If p occurs then q occurs" "S".— "S or not S" is a tautology; but is it (also) the law of excluded middle?—Or again: If I want to say that the prediction "S"

ich sagen will, daß die Vorhersage "S" richtig, falsch oder unentschieden sein kann, wird das durch den Satz ausgedrückt "nicht
(S oder nicht-S)"?

683. Ist die Verneinung eines Satzes identisch mit der Disjunk-
tion der nicht ausgeschlossenen Fälle? Sie ist es in manchen
Fällen. (Z. B. in diesem: "Die Permutation der Elemente A B C,
die er anschrieb, war nicht A C B.")

684. Der wichtige Sinn des Fregeschen Behauptungszeichens
wird vielleicht am besten dadurch gefaßt, daß wir sagen: es
bezeichnet deutlich den *Anfang des Satzes*.—Das ist *wichtig*: denn
unsere philosophischen Schwierigkeiten, das Wesen der 'Negation' und des 'Denkens' betreffend, hängen damit zusammen, daß
ein Satz "⊢nicht p", oder "⊢ich glaube p" wohl den Satz "p"
enthält, aber nicht "⊢p". (Denn wenn ich jemanden sagen höre:
"es regnet", so weiß ich nicht, was er gesagt hat, wenn ich nicht
weiß, ob ich den *Anfang* des Satzes gehört habe.)[1]

685. Ein Widerspruch verhindert mich, im Sprachspiel zur Tat
zu kommen.

686. Nehmen wir aber an, das Sprachspiel bestünde eben darin,
mich fortwährend von einem Entschluß in den entgegengesetzten
zu werfen!

687. Der Widerspruch ist nicht als Katastrophe aufzufassen,
sondern als eine Mauer, die uns anzeigt, daß wir hier nicht weiter
können.

688. Ich möchte nicht so sehr fragen "Was müssen wir tun, um
einen Widerspruch zu vermeiden?", als "Was sollen wir tun,
wenn wir zu einem Widerspruch gelangt sind?"

689. Warum ist ein Widerspruch mehr zu fürchten als eine
Tautologie?

690. Unser Motto könnte sein: "Lassen wir uns nicht behexen!"

691[2]. "Der Kretische Lügner". Statt zu sagen "ich lüge",
könnte er auch hinschreiben "dieser Satz ist falsch". Die Antwort
darauf wäre: "Wohl, aber welchen Satz meinst du?"—"Nun,
diesen Satz."—"Ich verstehe, aber von welchem Satz ist in *ihm* die
Rede?"—"Von *diesem*."—"Gut, und auf welchen Satz spielt

---

[1] S. *Philosophische Untersuchungen* § 22. Herausg.
[2] S. *Philosophische Untersuchungen* § 16. Herausg.

may be right, wrong, or undecided, is that expressed by the sentence "not (S or not-S)"?

683. Is the negation of a proposition identical with the disjunction of the cases it does not exclude? In some cases it is. (E.g. in this one: "The permutation of the elements ABC that he wrote down was not ACB").

684. The important sense of Frege's assertion-sign is perhaps best grasped if we say: it signalises clearly the *beginning of the sentence*.—This is *important*: for our philosophical difficulties about the nature of 'negation' and of 'thinking' hang together with the fact that a proposition "⊢ not-p" or "⊢ I believe p" does contain the proposition "p" but not "⊢ p". (For if I hear someone say: "it's raining" I don't know what he said if I don't know whether I heard the *beginning* of the sentence).[1]

685. A contradiction prevents me from getting to act in the language-game.

686. But suppose the language-game consisted in my continuously being driven from one decision to the contrary one!

687. Contradiction is to be regarded, not as a catastrophe, but as a wall indicating that we can't go on here.

688. I should like to ask, not so much "What must we do to avoid a contradiction?" as "What ought we to do if we have arrived at a contradiction?"

689. Why is a contradiction more to be feared than a tautology?

690. Our motto might be: "Let us not be bewitched".

691[2]. "The Cretan Liar". He might have written "This proposition is false" instead of "I am lying". The answer would be: "Very well, but which proposition do you mean?"—"Well, *this* proposition".—"I understand, but which is the proposition mentioned in *it*?"—"*This* one"—"Good, and which proposition

---

[1] See *Philosophical Investigations* § 22. Eds.
[2] See *Philosophical Investigations* § 16. Eds.

dieser an?" u.s.w.. Er könnte uns so nicht erklären, was er meint, ehe er zu einem kompletten Satz übergeht.—Man kann auch sagen: Der fundamentale Fehler liegt darin, daß man denkt, ein Wort, z. B. "dieser Satz", könne auf seinen Gegenstand gleichsam anspielen (aus der Entfernung hindeuten), ohne ihn vertreten zu müssen.

692. Stellen wir uns die Frage: Welchem praktischen Zweck kann Russell's Theorie der Typen dienen?—R. macht uns darauf aufmerksam, daß wir manchmal den Ausdruck der Allgemeinheit einschränken müssen um zu vermeiden, daß unerwünschte Konsequenzen aus ihm gezogen werden.

693. Das Raisonnement, das zu einem endlosen Regreß führt, ist nicht darum aufzugeben, 'weil wir so nie das Ziel erreichen können', sondern, weil es hier ein Ziel nicht gibt; so daß es gar keinen Sinn hat zu sagen "wir können es nicht erreichen".

Wir meinen leicht, wir müßten den Regreß ein paar Stufen weit durchlaufen und ihn dann sozusagen in Verzweiflung aufgeben. Während seine Ziellosigkeit (das Fehlen des Zieles im Kalkül) aus der Anfangsposition zu entnehmen ist.

694. Eine Variante des Cantor'schen Diagonalbeweises: $N = F(k, n)$ sei die Form der Gesetze für die Entwicklung von Dezimalbrüchen. N ist die n-te Dezimalstelle der k-ten Entwicklung. Das Gesetz der Diagonale ist dann: $N = F(n, n) = Def. F'(n)$.

Zu beweisen ist, daß $F'(n)$ nicht eine der Regeln $F(k, n)$ sein kann. Angenommen, es sei die 100ste. Dann lautet die Regel zur Bildung von $F'(1)$ $F(1,1)$
          von $F'(2)$ $F(2,2)$ etc.
aber die Regel zur Bildung der 100sten Stelle von $F'(n)$ wird $F(100,100)$; d. h., sie sagt uns nur, daß die 100ste Stelle sich selber gleich sein soll, ist also für $n = 100$ *keine* Regel.

Die Spielregel lautet "Tu das Gleiche, wie . . . .!"—und im besondern Fall wird sie nun "Tu das Gleiche, wie das, was du tust!"

695. Das *Verstehen* der mathematischen Frage. Wie wissen wir, ob wir eine mathematische Frage verstehen?

Eine Frage—kann man sagen—ist ein Auftrag. Und einen Auftrag verstehen, heißt: wissen, was man zu tun hat. Ein

does *it* refer to?" and so on. Thus he would be unable to explain what he means until he passes to a complete proposition.— We may also say: The fundamental error lies in one's thinking that a phrase e.g. "This proposition" can as it were allude to its object (point to it from far off) without having to go proxy for it.

692. Let us raise the question: What practical purpose can be served by Russell's Theory of Types?—Russell makes us realize that we must sometimes put restrictions on the expression of generality in order to avoid having undesirable consequences drawn from it.

693. The reasoning that leads to an infinite regress is to be given up not 'because in this way we can never reach the goal', but because here there is no goal; so it makes no sense to say "we can never reach it".

We readily think that we must run through a few steps of the regress and then so to speak give it up in despair. Whereas its aimlessness (the lack of a goal in the calculus) can be derived from the starting position.

694. A variant of Cantor's diagonal proof: Let $N = F(k, n)$ be the form of a law for the development of decimal fractions. N is the nth decimal position of the kth development. The law of the diagonal is then: $N = F(n, n) = \text{Def. } F'(n)$.

To prove: that $F'(n)$ cannot be one of the rules $F'(k, n)$. Assume it is the 100th. Then the rule for the construction of $F'(1)$ runs $F(1,1)$
of $F'(2)$ $F(2, 2)$ etc.
but the rule for the construction of the 100th position of $F'(n)$ becomes $F(100,100)$ i.e. it shews only that the 100th place is supposed to be the same as itself, and so for n = 100 it is *not* a rule.

The rule of the game runs "Do the same as . . ."—and in the special case it becomes "Do the same as what you do".

695. The *understanding* of a mathematical question. How do we know if we understand a mathematical question?

A question—it may be said—is a commission. And under-standing a commission means: knowing what one has got

Auftrag kann natürlich ganz vag sein—z. B., wenn ich sage: "Bring ihm etwas, was ihm gut tut!" Aber dies kann heißen: denk an ihn, seinen Zustand etc. in freundlicher Weise und dann bring ihm etwas, was deiner Gesinnung gegen ihn entspricht.

696. Die mathematische Frage ist eine Herausforderung. Und man könnte sagen: sie hat Sinn, wenn sie uns zu einer mathematischen Tätigkeit anspornt.

697. Man könnte dann auch sagen, eine Frage in der Mathematik habe Sinn, wenn sie die mathematische Phantasie anregt.

698. Übersetzen von einer Sprache in die andere, ist eine mathematische Aufgabe, und das Übersetzen eines lyrischen Gedichts z. B. in eine fremde Sprache ist ganz analog einem mathematischen *Problem*. Denn man kann wohl das Problem stellen "Wie ist dieser Witz (z. B.) durch einen Witz in der andern Sprache zu übersetzen?", d. h. zu ersetzen; und das Problem kann auch gelöst sein; aber eine Methode, ein System zu seiner Lösung gab es nicht.

699. Denk dir Menschen, die mit 'äußerst komplizierten' Zahlzeichen rechnen. Diese stellen sich aber dar als Figuren, welche entstehen, wenn man unsere Zahlzeichen aufeinander schreibt.

Sie schreiben z. B. π bis zur fünften Stelle so: ⬚ Wer ihnen zusähe, fände es schwer zu erraten, *was* sie tun. Und sie könnten es vielleicht selbst nicht erklären. Es kann ja dieses Zahlzeichen, in etwas anderer Schrift geschrieben, seine Erscheinung (für uns) zur Unkenntlichkeit ändern. Und was die Leute täten, erschiene uns rein intuitiv.

700. Warum zählen wir? Hat es sich als praktisch erwiesen? Haben wir unsere Begriffe, z. B. die psychologischen, weil es sich als vorteilhaft erwiesen hat?—Und doch haben wir *gewisse* Begriffe eben deswegen, haben sie deswegen eingeführt.

701. Übrigens tritt der Unterschied zwischen dem, was man Sätze der Mathematik nennt und Erfahrungssätzen zu Tage, wenn man bedenkt, ob es Sinn hat zu sagen: "ich wünschte, 2 × 2 wäre 5!"

to do. Naturally, a commission can be quite vague—e.g., if I say "Bring him something that'll do him good". But that may mean: think about him, about his state etc. in a friendly way and then bring him something corresponding to your sentiment towards him.

696. A mathematical question is a challenge. And we might say: it makes sense, if it spurs us on to some mathematical activity.

697. We might then also say that a question in mathematics makes sense if it stimulates the mathematical imagination.

698. Translating from one language into another is a mathematical task, and the translation of a lyrical poem, for example, into a foreign language is quite analogous to a mathematical *problem*. For one may well frame the problem "How is this joke (e.g.) to be translated (i.e. replaced) by a joke in the other language?" and this problem can be solved; but there was no systematic method of solving it.

699. Imagine human beings who calculate with 'extremely complicated' numerals. These present themselves as figures which arise if our numerals are written on top of one another.

They write e.g. π up to the fifth place like this: . If you watch them you find it difficult to guess *what* they are doing. And they themselves perhaps cannot explain it. For this numeral, written in a somewhat different notation, may alter its appearance to the point of unrecognizability by us. And what the people were doing would seem to us purely intuitive.

700. Why do we count? Has it proved practical? Do we have the concepts we have, e.g. our psychological concepts, because it has proved advantageous?—And yet we do have *certain* concepts on that account, we have introduced them on that account.

701. At any rate the difference between what are called propositions of mathematics and empirical propositions comes to light if one reflects whether it makes sense to say: "I wish twice two were five!"

702. Wenn man bedenkt, daß die Gleichung $2 + 2 = 4$ ein Beweis des Satzes ist "es gibt gerade Zahlen", so sieht man, wie lose hier das Wort "Beweis" gebraucht ist. Aus der Gleichung $2 + 2 = 4$ soll der Satz "es gibt gerade Zahlen" hervorgehen?!—Und was ist der Beweis der Existenz von Primzahlen?—Die Methode der Zerlegung in Primfaktoren. Aber in dieser Methode wird ja *überhaupt nicht geredet*, auch nicht von 'Primzahlen'.

703. "Die Kinder müßten, um das Rechnen der Volksschule zu verstehen, bedeutende Philosophen sein; in Ermanglung dessen brauchen sie die Übung."

704. Russell und Frege fassen den Begriff gleichsam als Eigenschaft eines Dings auf. Aber es ist sehr unnatürlich, die Worte "Mensch", "Baum", "Abhandlung", "Kreis" als Eigenschaften eines Substrats aufzufassen.

705. Die Dirichlet'sche Auffassung der Funktion ist nur dort möglich, wo sie nicht ein unendliches Gesetz durch eine Liste ausdrücken will, denn eine unendliche Liste gibt es nicht.

706. Die Zahlen sind der Mathematik nicht fundamental.

707. Der Begriff des 'Ordnens' der Rationalzahlen z. B. und der 'Unmöglichkeit', die Irrationalzahlen so zu ordnen. Vergleiche das mit dem, was man 'Ordnen' von Ziffern nennt. Gleichermaßen der Unterschied zwischen dem 'Zuordnen' einer Ziffer (oder Nuß) zu einer andern und dem 'Zuordnen' aller ganzen Zahlen zu den geraden Zahlen; etc.. Überall Begriffsverschiebungen.

708. Es gibt offenbar eine Methode, ein gerades Lineal anzufertigen. Diese Methode schließt ein Ideal ein, ich meine, ein Näherungsverfahren mit unbegrenzter *Möglichkeit*, denn eben dieses Verfahren *ist* das Ideal.
    Oder vielmehr: Nur, wenn es ein Näherungsverfahren mit unbegrenzter Möglichkeit ist, kann (nicht muß) die Geometrie dieses Verfahrens die euklidische sein.[1]

709. Die Rechnung als Ornament zu betrachten, das ist auch Formalismus, aber einer guten Art.

710. Man kann die Rechnung als Ornament betrachten. Eine Figur in der Ebene kann an eine andere passen oder nicht, mit

---

[1] S. *Philosophische Bemerkungen* § 178. Herausg.

702.   If one considers that $2 + 2 = 4$ is a proof of the proposition "there are even numbers", one sees how loosely the word "proof" is used here. The proposition "there are even numbers" is supposed to proceed from the equation $2 + 2 = 4$!—And what is the proof of the existence of prime numbers?—The method of reduction to prime factors. But in this method *nothing is said*, not even about "prime numbers".

703.   "To understand sums in the elementary school the children would have to be important philosophers; failing that, they need practice".

704.   Russell and Frege take concepts as, as it were, properties of things. But it is very unnatural to take the words man, tree, treatise, circle, as properties of a substrate.

705.   Dirichlet's conception of a function is only possible where it does not seek to express an infinite rule by a list, for there is no such thing as an infinite list.

706.   Numbers are not fundamental to mathematics.

707.   The concept of the 'order' of the rational numbers, e.g., and of the impossibility of so ordering the irrational numbers. Compare this with what is called an 'ordering' of digits. Likewise the difference between the 'co-ordination' of one digit (or nut) with another and the 'co-ordination' of all whole numbers with the even numbers; etc. Everywhere distortion of concepts.

708.   There is obviously a method of making a straight-edge. This method involves an ideal, I mean an approximation-procedure of unlimited *possibility*, for this very procedure *is* the ideal.
  Or rather: only if there is an approximation-procedure of unlimited possibility can (not must) the geometry of this procedure be Euclidean.[1]

709.   To regard a calculation as an ornament is also formalism, but of a good sort.

710.   A calculation can be regarded as an ornament. A figure in a plane may fit another one or not, may be taken with other ones

_____
[1] See *Philosophische Bemerkungen* § 178. Eds.

anderen in verschiedener Weise zusammengefaßt werden. Wenn die Figur noch gefärbt ist, so gibt es dann noch ein Passen. (Die Farbe ist nur eine weitere Dimension.)

711. Es gibt eine Betrachtungsweise der elektrischen Maschinen und Apparate (Dynamos, Radiostationen, etc. etc.), die sozusagen ohne vorgefaßtes Verständnis diese Gegenstände als eine Verteilung von Kupfer, Eisen, Gummi, etc. im Raum ansieht. Und diese Betrachtungsweise könnte zu manchem interessanten Resultat führen. Sie ist ganz analog der eines mathematischen Satzes als Ornament.—Es ist natürlich eine durchaus strenge und korrekte Auffassung; und das Charakteristische und Schwierige an ihr ist, daß sie den Gegenstand ohne jede vorgefaßte Idee betrachtet (sozusagen von einem Marsstandpunkt), oder vielleicht richtiger: die normale vorgefaßte Idee zerstört (durchkreuzt).

712. (Der Stil meiner Sätze ist außerordentlich stark von Frege beeinflußt. Und wenn ich wollte, so könnte ich wohl diesen Einfluß feststellen, wo ihn auf den ersten Blick keiner sähe.)

713. "Leg es *hier* hin"—wobei ich mit dem Finger den Platz bezeichne—dies ist eine *absolute* Ortsangabe. Und wer sagt, der Raum sei absolut, möchte als Argument dafür vorbringen: "Es gibt doch einen *Ort: Hier.*" [*Randbemerkung:* ((Vielleicht zu den ersten Sprachspielen.))]

714. Man könnte sich eine Geisteskrankheit denken, in welcher Einer Namen nur in Anwesenheit ihrer Träger gebrauchen und verstehen kann.

715. Es könnte von Zeichen ein Gebrauch gemacht werden solcher Art, daß die Zeichen nutzlos würden (daß man sie vielleicht vernichtete), sobald der Träger aufhörte zu existieren.
In diesem Sprachspiel hat sozusagen der Name den Gegenstand an einer Schnur; und hört der Gegenstand auf zu existieren, so kann man den Namen, der mit ihm zusammen gearbeitet hat, wegwerfen. (Das Wort "handle" für den Eigennamen.)

716. Wie ist es mit den beiden Sätzen: "dieses Blatt ist rot" und "dieses Blatt hat die Farbe, die auf Deutsch 'rot' heißt"? Sagen beide *dasselbe*?

in various ways. If further the figure is coloured, there is a further fit according to colour. (Colour is only another dimension).

711. There is a way of looking at electrical machines and installations (dynamos, radio stations, etc., etc.) which sees these objects as arrangements of copper, iron, rubber etc. in space, without any preliminary understanding. And this way of looking at them might lead to some interesting results. It is quite analogous to looking at a mathematical proposition as an ornament. —It is of course an absolutely strict and correct conception; and the characteristic and difficult thing about it is that it looks at the object without any preconceived idea (as it were from a Martian point of view), or perhaps more correctly: it upsets the normal preconceived idea (runs athwart it).

712. (The style of my sentences is extraordinarily strongly influenced by Frege. And if I wanted to, I could establish this influence where at first sight no one would see it).

713. "Put it *here*"—indicating the place with one's finger —that is giving an *absolute* spatial position. And if someone says that space is absolute he might produce this as an argument for it: "There is a *place*: here". [*Marginal note*: ((Perhaps belongs with the first language-games.))]

714. A mental illness could be imagined in which one can use and understand a name only in the presence of the bearer.

715. There might be a use of signs made, such that they become useless (they are perhaps abolished) as soon as the bearer has ceased to exist.
  In this language-game the name has the object on a string, so to speak; and if the object ceases to exist, the name, which has done its work in conjunction with the object, can be thrown away. (The word "handle" for a proper name).

716. What about these two sentences: "This sheet is red" and "this sheet is the colour called 'red' in English"? Do they both say *the same*?

Hängt das nicht davon ab, was das Kriterium dafür ist, daß eine Farbe auf Deutsch 'rot' heißt?

717. "Gott kannst du nicht mit einem Andern reden hören, sondern nur, wenn du der Angeredete bist."—Das ist eine grammatische Bemerkung.

Doesn't this depend on what the criterion is for a colour's being called 'red' in English?

717. "You can't hear God speak to someone else, you can hear him only if you are being addressed".—That is a grammatical remark.